Dez teorias da natureza humana

Dez teorias da natureza humana
Leslie Stevenson
David L. Haberman

Tradução
ADAIL UBIRAJARA SOBRAL

Martins Fontes
São Paulo 2005

Esta obra foi publicada originalmente em inglês com o título
TEN THEORIES OF HUMAN NATURE, por Oxford University Press, Nova York, 1998
e está sendo publicada por acordo com Oxford University Press, Inc.
This translation of Ten Theories of Human Nature, originally published in English
in 1998, is published by arrangement with Oxford University Press, Inc.
Copyright © 1974, 1987, 1998 by Oxford University Press, Inc., New York, NY, USA.
Copyright © 2005, Livraria Martins Fontes Editora Ltda.,
São Paulo, para a presente edição.

1ª edição
maio de 2005

Tradução
ADAIL UBIRAJARA SOBRAL

Acompanhamento editorial
Luzia Aparecida dos Santos
Revisões gráficas
Ana Maria de O. M. Barbosa
Maria Regina Ribeiro Machado
Dinarte Zorzanelli da Silva
Produção gráfica
Geraldo Alves
Paginação/Fotolitos
Studio 3 Desenvolvimento Editorial

Dados Internacionais de Catalogação na Publicação (CIP)
(Câmara Brasileira do Livro, SP, Brasil)

Stevenson, Leslie Forster
Dez teorias da natureza humana / Leslie Stevenson, David
L. Haberman ; tradução Adail Ubirajara Sobral. – São Paulo :
Martins Fontes, 2005. – (Tópicos)

Título original: Ten theories of human nature.
Bibliografia.
ISBN 85-336-2143-4

1. Antropologia filosófica I. Haberman, David L. II. Título.
III. Série.

05-2669   CDD-128

Índices para catálogo sistemático:
1. Natureza humana : Antropologia : Filosofia   128

Todos os direitos desta edição para o Brasil reservados à
Livraria Martins Fontes Editora Ltda.
Rua Conselheiro Ramalho, 330 01325-000 São Paulo SP Brasil
Tel. (11) 3241.3677 Fax (11) 3101.1042
e-mail: info@martinsfontes.com.br http://www.martinsfontes.com.br

ÍNDICE

Prefácio IX

PARTE I
INTRODUÇÃO

1. Teorias rivais – e sua avaliação crítica 5

PARTE II
TRÊS TRADIÇÕES RELIGIOSAS ANTIGAS

2. Confucionismo: o Caminho dos Sábios (*por David L. Haberman*) 35
3. Hinduísmo upanixádico: a busca do conhecimento último (*por David L. Haberman*) 64
4. A Bíblia: a humanidade com relação a Deus 96

PARTE III
CINCO PENSADORES FILOSÓFICOS

5. Platão: o regime da razão 127

6. Kant: razão e liberdade, história e graça............ 158
7. Marx: a base econômica da natureza humana... 187
8. Freud: a base inconsciente da mente................. 214
9. Sartre: a liberdade radical.................................... 243

PARTE IV
DOIS EXEMPLOS DE TEORIZAÇÃO CIENTÍFICA
SOBRE A NATUREZA HUMANA

10. Psicologia comportamentalista: Skinner e o condicionamento... 271
11. Psicologia evolutiva: Lorenz e a agressão.......... 298

PARTE V
CONCLUSÃO

12. Para uma compreensão unificada: nove tipos de psicologia.. 323

Índice remissivo.. 337

*Às minhas filhas, Sonia e Lydia, que
com certeza muito me ensinaram sobre
a natureza humana*
L.S.

*Aos meus pais, Reuben e Ruth,
sob muitos aspectos as fontes de minha própria
natureza humana*
D.H.

PREFÁCIO

No começo da década de 1970, na qualidade de jovem conferencista iniciante da St. Andrews University, vi-me diante de um grande número de alunos do primeiro ano de faculdade que, nos termos do sistema escocês tradicional, tinham de atender ao requisito de cursar uma disciplina de filosofia. (A St. Andrews mais tarde tomou a sábia decisão de que a compulsão de praticar filosofia vem melhor do interior do que do exterior.) Fiquei imaginando o que poderia ser apropriado para um tal público de conscritos, a maioria dos quais não daria continuidade aos estudos filosóficos. Minha reação foi a de dar a um curso convencional de filosofia da mente o escopo mais amplo de uma discussão de várias teorias da natureza humana (e sou grato à pessoa que ocupava na época o cargo de chefe do departamento, Len Goddard, por permitir que eu assim agisse). A primeira edição deste livro foi uma decorrência dessa experiência pedagógica.

Faz agora um quarto de século a primeira publicação, e o livro ainda é julgado útil para cursos introdutórios em muitas instituições de vários países. A segunda edição apresentava um novo capítulo final, mas fazia apenas umas quantas alterações cosméticas nas outras seções do livro, deixando de modo bastante complacente os sete capítulos principais praticamente intocados (eu também tinha então a impressão errônea de que a economia exigia alterações mínimas na composição tipográfica). O tempo passou – o conhecimento filosófico avançou, o feminismo e o pós-modernismo passaram a ter uma enorme influência no campo das ciências humanas, as pesquisas científicas nas áreas de psicologia e de biologia passaram por um igual avanço, e há em nossos dias mais uma onda de teorização evolucionária acerca da natureza humana.

Depois de mais vinte e cinco anos de estudo – e de vida –, é de esperar que eu encontre algo mais a dizer acerca da natureza humana. Mas o assunto é infinito, a tarefa titânica e meus conhecimentos e capacidades finitos. Dou-me conta do raro privilégio que é ser lido por tantos milhares de estudantes, e Robert Miller, da Oxford University Press, me convenceu a aceitar a correspondente responsabilidade de aprimorar o livro o máximo que puder neste momento.

A primeira dúvida consistia em permanecer ou não com o número mágico sete. A idéia de expor algumas teorias não-ocidentais era atraente. Mas não tenho qualificações para fazê-lo pessoalmente: é preciso para isso alguém que disponha do conhecimento especializado relevante, que simpatize com o espírito do projeto e tenha condições de escrever num nível introdutório usando a estrutura de quatro partes formada por teoria do universo, teoria da humanidade, diagnóstico e prescrição que os leitores e professores parecem ter considerado útil. Agrada-me dizer que David Haberman, da Indiana University em Bloomington, atendeu perfeitamente a esses requisitos e colaborou com dois novos capítulos, sobre o confucionismo e o hinduísmo, capítulos que, tenho certeza, vão ampliar consideravelmente o alcance e o atrativo intercultural do livro. Os outros capítulos continuam a ser trabalho meu – o "eu" autoral se refere assim a Leslie Stevenson.

Claro que, quando se começa a sugerir mais teorias a ser consideradas, não se sabe onde parar – Aristóteles, o estoicismo, o islamismo, Tomás de Aquino, Hobbes, Espinosa, Hume, Nietzsche, Heidegger, Chomsky etc. etc.! O feminismo requer uma reação que vá além das diminutas alterações que fiz na segunda edição. Pareceu porém difícil escolher uma única figura ou teoria feminista representativa a ser examinada. O que tentamos fazer foi indicar o que diz clara ou implicitamente cada teoria examinada acerca das mulheres, e usamos uma linguagem neutra no tocante a gênero em todo o livro.

Decidi acrescentar um capítulo sobre Kant, o filósofo a que dediquei a maior parte do tempo nos outros momentos de meu trabalho, ainda que só recentemente eu tenha começado a valorizar o lado mais prático de seu pensamento. Boa parte dos escritos de Kant é formidavelmente abstrata e técnica, mas tentei apresentar um resumo inteligível de sua teoria das faculdades humanas, da base de sua abordagem da ética, da política e da religião, de seu reconhecimento do mal radical que perpassa a natureza humana, bem como de suas esperanças de progresso nos assuntos humanos. Minha inclinação pessoal consiste em defender uma versão adequadamente modernizada de seu apelo iluminista tardio à razão, em contraste com as abordagens pós-modernistas ou culturalmente relativistas que há pouco tempo começaram a entrar na moda.

No caso das sete teorias originais, desta vez reescrevi cada capítulo de modo bem abrangente, aumentando sua extensão em até a metade da original e (espero) aprofundando o tratamento ao mesmo tempo que os conservava em nível introdutório. Tenho porém a dolorosa consciência de que não posso afirmar ser especialista em nenhum desses tópicos e de que a discussão que faço tende a se interromper no ponto em que as coisas começam a se complicar, o que é na verdade o destino de um livro introdutório.

Comentários feitos por vários árbitros evitaram que eu cometesse erros e me sugeriram um tratamento mais adequado em alguns pontos. Sou especialmente grato a Julia Annas por me ter feito ver o quanto eu deixara de perceber a respeito da *República* de Platão, sobretudo o argumento moral fundado em sua teoria tripartite da "alma", que ainda hoje tem relevância para nós. Meu relato anterior por certo estava abertamente influenciado pela crítica feita por Popper ao programa político de Platão. Agradeço a Allen Wood os comentários ao meu capítulo sobre Kant, a Richard W. Miller sobre Marx, a um comentador anônimo sobre Freud e a Stephen P. Stich sobre Skinner e Lorenz. Ao voltar a esses temas, também ouço na mente fracos ecos da voz tonitruante de Isaiah Berlin fazendo palestras em Oxford vários anos atrás (o que foi, para começar, uma das inspirações para que eu me dedicasse à filosofia).

Muitos leitores afirmaram que Skinner e Lorenz são figuras datadas: com efeito, nada há de tão datado quanto o passado recente! Eu concordaria que, *sub specie eternitatis*[1], é provável que nenhum deles merecesse estar num pan-

---

1. Em latim no original: "da perspectiva da eternidade". (N. do T.)

teão ao lado dos outros autores tratados aqui. Não obstante, pesquisar candidatos mais recentes a teorização científica sobre a natureza humana pareceu-me um empreendimento acima de meu conhecimento e que ultrapassava a extensão pretendida deste livro. Assim, depois de uma certa hesitação, decidi manter abordagens atualizadas de Skinner e Lorenz. Espero que a discussão crítica desses autores (e, em particular, de sua extrapolação dos animais para os seres humanos) equipe os alunos para examinar teorias mais recentes com olhos igualmente céticos. No novo capítulo de conclusão, forneço um breve panorama de alguns desenvolvimentos recentes e estabeleço uma distinção entre não menos que nove diferentes tipos de psicologia.

Os dois capítulos de introdução anteriores foram fundidos num único. Tentei fazer que a epistemologia e a teoria da ciência aí contidas assumissem uma estatura menos primitiva, porém é função de outros livros oferecer introduções sistemáticas a essas áreas. Pareceu ser essa a seção do livro em que era próprio abordar, embora em breves linhas, o desafio do relativismo, que tanto tem afetado os estudos acadêmicos humanísticos a partir da primeira edição deste livro.

Com o acréscimo dos capítulos sobre o confucionismo, o hinduísmo e Kant, e a decisão de não dar uma atenção proporcional a teorizações muito recentes, o livro na realidade avançou antes para trás do que para a frente. Embora isso possa ser um reflexo de minha própria especialização filosófica, talvez não seja ruim oferecer um contraste à obsessão prevalecente de estar em dia com as últimas pesquisas e especulações. Em nossa marcha acelerada rumo ao futuro, há sem dúvida o risco de um paroquialismo do presente que se esqueça da sabedoria do passado.

Gostaria de agradecer a Anne Cameron e a Barbara Orton a digitação da segunda edição para que eu me ocupasse das tarefas de processamento de textos, e a Nora Bartlett a assistência na edição final. Gostaria de trazer afetuosamente à lembrança aqui meu pai, Patric Stevenson (que faleceu em 1983), pela sua exigente atenção a questões de estilo na primeira edição, que com certeza contribuiu para o sucesso obtido, e que espero tenha sido transferida, por meu intermédio, às edições subseqüentes. Gostaria ainda de agradecer a Robert Miller o seu contínuo estímulo e apoio na redação desta edição revista e ampliada.

St. Andrews L. S.
Agosto de 1997

DEZ TEORIAS DA
NATUREZA HUMANA

PARTE I
INTRODUÇÃO

1. TEORIAS RIVAIS – E SUA AVALIAÇÃO CRÍTICA

1. Concepções rivais da natureza humana

Há muitas coisas que dependem de nossa concepção da natureza humana: no caso dos indivíduos, o significado e o propósito de nossa vida, o que devemos fazer ou nos empenhar por conseguir, o que podemos alimentar a esperança de realizar ou de vir a ser; no caso das sociedades humanas, rumo a que visão de comunidade humana podemos esperar caminhar ou que tipo de mudanças sociais deveríamos fazer. Nossas respostas a todas essas perguntas tão complexas dependem de pensarmos se existe ou não alguma natureza "verdadeira" ou "inata" dos seres humanos. Se existe, qual é essa natureza? Ela difere entre homens e mulheres? Ou não existe nenhuma natureza humana "essencial", mas apenas uma capacidade de ser moldado pelo ambiente social – por forças econômicas, políticas e culturais?

Há muitíssimas divergências acerca dessas questões fundamentais sobre a natureza humana. "O que é o homem, para dele te lembrares? ... Tu o fizeste pouco menos do que um deus, e o coroaste de glória e esplendor" – escreveu o autor do Salmo 8 no Antigo Testamento. A Bíblia vê os seres humanos como tendo sido criados por um Deus transcendente com um propósito definido para nossa vida. "A real natureza do homem é a totalidade das relações sociais", escreveu Karl Marx em meados do século XIX. Marx negou a existência de Deus e sustentou que toda pessoa é o produto do estágio econômico particular da sociedade em que vive. "O homem está condenado a ser livre", afirmou Jean-Paul Sartre, que escreveu na França ocupada pela Alemanha, nos anos 1940. Sartre também era ateu, mas diferia de Marx ao sustentar que nossa natureza não é determinada pela sociedade, nem por nenhuma outra coisa. Ele sustentava que toda pessoa individual é completamente livre para decidir o que quer ser e fazer. Em contraste com isso, recentes teóricos sociobiológicos trataram os seres humanos como um produto da evolução, sendo nós dotados de padrões de comportamento biologicamente determinados específicos da espécie.

Não há de escapar à atenção dos leitores contemporâneos que essas três citações, da Bíblia, de Marx e de Sartre, usam todas elas a palavra masculina "homem" (em tradução para o português) quando a intenção era presumivelmente fazer referência a *todos* os seres humanos, incluindo mulheres e crianças. Esse uso tem sido generalizado e costuma ser defendido como uma abreviação conveniente, mas viu-se recentemente criticado por contribuir para pressupostos questionáveis acerca do domínio da natureza humana masculina e para a conseqüente negligência com relação à natureza feminina – ou para a conseqüente opressão desta. Há aqui importantes questões, que implicam bem mais do que o uso lingüístico. Tocamos em temas feministas em pontos específicos deste livro, mas não os abordamos diretamente: não há um capítulo sobre teorias especificamente feministas da natureza humana. Esforçamo-nos por evitar linguagem sexista em nossos próprios textos, mas dificilmente a podemos evitar quando se trata de citações.

Concepções diferentes da natureza humana levam a distintas idéias sobre o que devemos fazer e sobre como podemos fazer. Se um Deus todo-poderoso e supremamente bom nos criou, então é Seu propósito que define o que podemos ser e o que devemos fazer, e temos de buscar Sua ajuda. Se, por outro lado, somos produtos da sociedade, e se julgamos nossa vida insatisfatória, não pode haver uma solução real até que a sociedade humana seja transformada. Se somos radicalmente livres e nunca podemos fugir à necessidade da escolha individual, temos de aceitar essa condição e fazer nossas opções com plena consciência do que fazemos. Se nossa natureza biológica nos predispõe ou nos determina a pensar, a sentir e a agir de uma dada maneira, temos de levar isso em conta de forma realista.

Crenças rivais acerca da natureza humana são tipicamente personificadas em diferentes modos de vida individuais, bem como em sistemas políticos e econômicos. A teoria marxista (em alguma de suas versões) dominou a tal ponto os países de regime comunista no século XX que qualquer questionamento dela poderia trazer sérias conseqüências para seu autor. Podemos facilmente nos esquecer de que, há alguns séculos, o cristianismo exerceu uma posição dominante similar na sociedade ocidental: os hereges e não-crentes eram discriminados, perseguidos e até queimados na fogueira. Mesmo em nossos dias, em alguns países e comunidades há um consenso cristão socialmente estabelecido a que as pessoas só podem se opor pagando algum preço. Na República da Irlanda, por exemplo, a doutrina católica romana tem sido aceita (até recentemente) como uma limitação imposta a políticas relativas a questões sociais como o aborto, a contracepção e o divórcio. A Igreja Católica exerce uma forte influência semelhante na Polônia pós-comunista. Nos Estados Unidos, um *ethos* cristão protestante informal afeta boa parte das discussões públicas, apesar da separação oficial entre a Igreja e o Estado.

Uma filosofia "existencialista" como a de Sartre pode dar a impressão de ter menos implicações sociais. Mas uma maneira de justificar a moderna democracia "liberal" consiste em recorrer à concepção filosófica segundo a qual *não há* valores objetivos para a vida humana, mas apenas escolhas individuais subjetivas. Esse pressuposto (que é incompatível tanto com o cristianismo quanto com o marxismo) tem grande influência na sociedade ocidental moderna, indo bem além de sua manifestação particular na filosofia existencialista francesa da metade do século XX. A democracia liberal se acha entronizada na Declaração de Independência dos Estados Unidos, que apresenta uma separação entre a política e a religião e reconhece o direito de cada pessoa individual no sentido de buscar sua própria concepção de liberdade. (Deve-se, no entanto, observar que alguém que acredita que *existem* padrões morais objetivos ainda pode dar apoio a um sistema liberal se pensar que não é aconselhável tentar *pô-los em prática*.)

2. Uma comparação entre o cristianismo e o marxismo

Examinemos um pouco mais detalhadamente o cristianismo e o marxismo como teorias rivais da natureza humana. Embora sejam radicalmente diferentes no tocante ao conteúdo, apresentam notáveis semelhanças em termos de estrutura, na maneira como as partes de cada uma das doutrinas se integram entre si e dão origem a modos de vida. Em primeiro lugar, as duas doutrinas fazem alegações sobre a natureza do universo como um todo. É claro que o cristianismo está comprometido com a crença em Deus, num ser pessoal onipotente, onisciente e perfeitamente bom, o Criador, Dirigente e Juiz de tudo o que existe. Marx condenou a religião como "o ópio do povo", um sistema de crenças ilusório que desvia as pessoas de seus reais problemas sociais. Ele sustentava que o universo existe sem ninguém por trás ou além dele, e que sua natureza é fundamentalmente material.

Tanto o cristianismo como o marxismo têm crenças acerca da história. Para o cristão, o significado da história é dado pela relação desta com o eterno. Deus usa os eventos da história para concretizar Seus propósitos, revelando-Se ao Seu povo prometido (no Antigo Testamento), mas sobretudo na vida e na morte de Jesus. Marx afirmava ter descoberto um padrão de progresso na história humana que é inteiramente intrínseco a ela. Julgava haver um desenvolvimento inevitável de um estágio econômico para outro, de maneira que, assim como o sistema econômico do feudalismo tinha sido superado pelo capitalismo, este seria substituído pelo comunismo. Ambas as concepções vêem na história um padrão e um significado, embora concebam de modos distintos a natureza e a direção da força motriz.

Em segundo lugar, como decorrência das alegações conflitivas acerca do universo, há diferentes descrições da natureza essencial de seres humanos individuais. De acordo com o cristianismo, somos feitos à imagem de Deus, e nosso destino depende de nossa relação com Ele. Todas as pessoas são livres para aceitar ou rejeitar os desígnios de Deus, e serão julgadas de acordo com o modo pelo qual exerceram essa liberdade. Esse juízo ultrapassa tudo o que existe nesta vida, dado que cada um de nós vai sobreviver à morte física. O marxismo nega que exista vida depois da morte e qualquer juízo eterno desse gênero. Também descarta a liberdade individual e diz que nossas idéias e atitudes morais são determinadas pelo tipo de sociedade em que vivemos.

Em terceiro lugar, há diferentes diagnósticos sobre o que há de errado com a vida humana e a humanidade. O cristianismo afirma que o mundo não está de acordo com os propósitos de Deus, que nossa relação com Deus se acha desfeita, porque abusamos de nossa liberdade, rejeitamos a vontade de Deus e estamos contaminados pelo pecado. Marx substitui a noção de pecado pelo conceito de "alienação", que também sugere algum padrão ideal a que a vida humana concreta não atende. A idéia de Marx, porém, parece ser de alienação do homem com relação a si mesmo, de sua verdadeira natureza: ele alega que os seres humanos têm um potencial que as condições socioeconômicas do capitalismo não lhes permite desenvolver.

A prescrição para um problema depende do diagnóstico. Assim, por último, o cristianismo e o marxismo oferecem respostas completamente divergentes aos males da vida humana. O cristão acredita que só o poder do Próprio Deus pode nos salvar de nosso estado de pecado. A declaração surpreendente é a de que, na vida e na morte de Jesus, Deus agiu com vistas a redimir o mundo. Todos precisam aceitar esse perdão divino para então poder iniciar uma nova vida regenerada. A sociedade humana só será de fato redimida quando os indivíduos se transformarem dessa maneira. O marxismo diz o oposto: não pode haver real melhoria das vidas individuais enquanto não ocorrer uma radical mudança da sociedade. O sistema socioeconômico do capitalismo tem de ser substituído pelo comunismo. Afirma o marxismo que essa mudança revolucionária é inevitável como decorrência das leis do desenvolvimento histórico; o que as pessoas têm de fazer é integrar-se ao movimento progressista e ajudar a abreviar as dores do parto da nova era.

Acham-se implícitas nessas prescrições rivais diferentes concepções de um futuro no qual a humanidade estará redimida ou regenerada. A visão cristã é a das pessoas restauradas ao estado que Deus lhes destina, amando e obedecendo livremente ao seu Criador. A vida nova começa assim que o indivíduo aceita a salvação de Deus e se integra à comunidade cristã, mas o processo tem de se completar para além da morte, visto que os indivíduos e as comunidades são eternamente imperfeitos nesta vida. A visão marxista é a de um futuro neste mundo, de uma sociedade perfeita em que as pessoas possam ser quem de fato são, já não alienadas pelas condições econômicas mas livremente ativas na cooperação de umas com as outras. É essa a meta da história, embora não se deva esperar que seja alcançada imediatamente depois da revolução: vai ser necessário um estágio de transição antes que a fase superior da sociedade comunista possa se concretizar.

Temos aqui dois sistemas de crença de alcance total. Tradicionalmente, cristãos e marxistas alegam ser portadores da verdade essencial sobre a totalidade da vida humana; fazem alguma declaração sobre a natureza de todos os seres humanos, em todas as épocas e em todos os lugares. E essas visões de mundo pedem não apenas assentimento intelectual como ação prática; quem de fato acredita em alguma dessas teorias deve aceitar suas implicações no que se refere ao seu próprio modo de viver e agir de acordo com isso.

Como último ponto de comparação, observe-se que, para cada um desses sistemas de crença, tem havido uma organização humana que pede a adesão dos fiéis e afirma ser dotada de uma certa autoridade tanto em termos de doutrina como de prática. Para o cristianismo há a Igreja, e, para o marxismo, o Partido Comunista. Ou, para ser mais preciso, há muito tempo existem igrejas cristãs rivais e uma variedade de partidos marxistas ou comunistas. Cada uma dessas igrejas ou partidos faz declarações concorrentes de que segue a verdadeira doutrina de seu fundador, definindo versões rivais da teoria básica como ortodoxas e seguindo diferentes políticas práticas.

3. Outras "ideologias" sobre a natureza humana

Muitas pessoas têm chamado a atenção para essa semelhança estrutural entre o cristianismo e o marxismo, tendo algumas sugerido que este último é tão religião quanto o primeiro. Há aqui alimento para a mente de fiéis de ambos os tipos – bem como para alguém não comprometido com nenhum deles. Por que deveriam relatos tão distintos da natureza e do destino do homem apresentar estruturas tão semelhantes?

Há no entanto muitas outras concepções da natureza humana além dessas duas. As teorias dos gregos antigos, em especial a dos grandes filósofos Platão e Aristóteles, ainda hoje têm influência sobre nós. A partir da ascensão da ciência moderna no século XVII, uma variedade de pensadores tem tentado aplicar os métodos da ciência (tal como eles os compreendiam) à natureza humana – por exemplo, Hobbes, Hume e os pensadores franceses da Ilustração do século XVIII. Mais recentemente, a teoria da evolução de Darwin e as especulações psicanalíticas de Freud causaram um impacto fundamental na nossa compreensão de nós mesmos. A biologia e a psicologia modernas oferecem uma série de teorizações alegadamente científicas sobre a natureza animal e humana. Alguns renomados cientistas, aí incluídos Skinner e Lorenz, ofereceram seus próprios diagnósticos sobre a condição humana, supostamente com base em seu conhecimento científico especializado.

Fora da tradição ocidental, existem concepções chinesas, indianas e africanas da natureza humana, algumas das quais ainda bastante influentes em nossos dias. O islamismo, que costuma ser considerado "oriental", tem na origem estreitos vínculos com o cristianismo e com o judaísmo. O islamismo em particular está passando por um revigoramento em termos de apelo popular, na medida em que os povos do Oriente Médio exprimem sua rejeição de alguns aspectos da cultura ocidental, tendo igualmente ganho proeminência entre pessoas de origem afro-americana. Com o declínio da influência do marxismo, algumas pessoas na Rússia buscaram a orientação de seu passado cristão ortodoxo, e outras uma variedade de formas modernas de espiritualidade; na China, o confucionismo tem merecido certo revigoramento oficial.

Algumas dessas concepções se acham personificadas em instituições e sociedades humanas, tal como tem ocorrido com o cristianismo e o marxismo. Sendo assim, não se trata de teorias puramente intelectuais, mas de modos de vida, sujeitos a mudanças, a ascensão e a declínio. Um sistema de crenças sobre a natureza humana tido por algum grupo de pessoas como sendo a base de seu modo de vida é em geral chamado de "ideologia". O cristianismo e o marxismo são sem dúvida ideologias nesse sentido; mesmo o subjetivismo no tocante aos valores pode, como se observou, constituir a base ideológica do liberalismo político.

Assim, uma ideologia é mais do que uma teoria, mas envolve efetivamente alguma concepção teórica da natureza humana. O que podemos nos propor a fazer neste livro é examinar certas teorias influentes que alegam ter implicações práticas nos assuntos humanos. Nem todas elas são ideologias, dado que nem todas dispõem de um grupo de pessoas que sustentam ser a teoria a base de seu modo de vida. Não obstante, todas as teorias que escolhemos para submeter a discussão apresentam os principais elementos da estrutura comum que vimos no cristianismo e no marxismo:

1. uma teoria de fundo sobre o mundo;
2. uma teoria básica sobre a natureza dos seres humanos;
3. um diagnóstico sobre o que há de errado conosco; e
4. uma prescrição para corrigir esse estado de coisas.

Somente teorias que combinam esses elementos constituintes nos oferecem esperanças de soluções para os problemas da humanidade. Por exemplo, a declaração isolada de que todos são egoístas constitui um breve diagnóstico, mas não oferece uma compreensão dos motivos de sermos egoístas nem alguma sugestão sobre se e como podemos superar o egoísmo. A declaração de que devemos amar-nos uns aos outros é uma breve prescrição, mas não explica por que julgamos isso tão difícil nem um auxílio para que o consigamos. A teoria da evolução, embora tenha muito a dizer sobre os seres humanos e sobre o nosso lugar no universo, não oferece por si só nenhum diagnóstico e nenhuma prescrição.

Entre as teorias que examinamos estão a do cristianismo e a de Marx. Examinamos ainda o hinduísmo e o confucionismo, as antigas tradições da Índia e da China, respectivamente, cuja influência ainda é considerável. Analisamos a filosofia de Platão (principalmente na expressão que recebe em sua *República*, um dos grandes livros de todos os tempos e que ainda é uma obra legível) e de Kant (um dos mais grandiosos filósofos). Entre os pensadores do século XX, examinamos Freud (cujas teorias psicanalíticas afetaram grande parcela do pensamento do século XX); o filósofo existencialista francês Sartre; B. F. Skinner (psicólogo americano que alegou ser detentor do segredo do condicionamento do comportamento humano); e Konrad Lorenz (biólogo austríaco que tentou explicar a natureza humana nos termos da evolução darwiniana).

Em cada caso, tentamos esboçar em breves linhas o pano de fundo essencial, mas não temos condições de fazer um levantamento das muitas variedades de cada tipo de teoria, especialmente no caso de uma 'teoria" que advém de toda uma cultura religiosa, e não de um pensador isolado. No caso das teorias psicológicas e biológicas modernas, não podemos alimentar a esperança de estar atualizados com os desenvolvimentos mais recentes, dado que as fronteiras da ciência e da especulação se acham sujeitas a um constante deslocamento. Todavia, talvez seja mais importante, num livro introdutório, que nos concentremos em questões fundamentais de metodologia, de conceitos e de valores, na esperança de dotar os leitores de condições para aplicar essas lições a novas teorizações no futuro. Desse modo, tentamos fornecer resumos claros das idéias-chaves de cada teoria, interpretando-as por meio da estrutura de quatro partes acima esboçada. Sugerimos uma cuidadosa seleção de leituras adicionais relevantes para cada teoria.

4. A crítica de teorias

Além de expor as idéias básicas de cada teoria, queremos sugerir algumas das principais dificuldades que elas enfrentam. Logo, em cada capítulo há um pouco de discussão crítica que, esperamos, vai estimular os leitores a fazer por conta própria reflexões mais aprofundadas. (Em alguns capítulos, a crítica vem depois da exposição; em outros, está combinada com a própria exposição.) Antes de iniciar nosso principal empreendimento, passemos em revista as perspectivas de uma avaliação racional de questões tão controversas. Mais uma vez, podemos examinar com proveito, em primeiro lugar, os casos do cristianismo e do marxismo, a fim de verificar o que tende a acontecer quando fazemos a crítica de teorias da natureza humana.

A alegação mais essencial do cristianismo acerca do universo, a de que Deus existe, encontra, naturalmente, muitas objeções céticas. Para tomar uma delas, o sofrimento e o mal que existem no mundo por certo se opõem à existência de Deus em sua concepção tradicional. Porque, se é onisciente, Ele tem de saber que o mal existe, e, se é onipotente, tem de ser capaz de removê-lo, de modo que, se é perfeitamente benevolente, por que Deus não o faz? De modo específico, por que Deus não atende às orações dos fiéis em favor do alívio dos múltiplos sofrimentos que assolam o mundo inteiro?

A asserção marxista básica sobre o mundo – a de que há um progresso inevitável na história humana por estágios de desenvolvimento econômico – está igualmente sujeita ao ceticismo. Haverá algo de plausível na idéia de que esse progresso seja inevitável; não depende ele de muitos fatores não econômicos, que não são predeterminados, como as contingências da política e as guerras? De modo particular, não ocorreram revoluções comunistas no coração do capitalismo – nos Estados Unidos e nos países industrializados da Europa Ocidental –, e os regimes comunistas do Leste Europeu entraram em colapso no final do século XX. Não haverá à luz disso evidências contra a teoria marxista?

Alegações cristãs e marxistas acerca da natureza de pessoas individuais também levantam graves problemas filosóficos. Seremos nós de fato livres e responsáveis por nossas ações? Ou tudo o que se refere a nós é determinado por nossa hereditariedade, nossa educação e nosso ambiente? Pode a pessoa individual continuar a existir depois da morte? Diante do fato universal e incontestável da mortalidade humana, a alegada evidência em favor da sobrevivência é altamente controversa. Mas pode a concepção materialista de que os seres humanos são compostos apenas de matéria ser verdadeira se levarmos em consideração nossas capacidades mentais distintivas de perceber e sentir, de pensar e de raciocinar, de debater e de decidir?

Também surgem dúvidas a respeito das respectivas prescrições para os problemas humanos. A alegação cristã segundo a qual um homem específico é divino e se configura como o meio de reconciliação de Deus com o mundo desafia a racionalidade humana. A crença marxista de que a revolução comunista é a resposta para os problemas da humanidade atribui uma importância quase tão grande a um evento histórico específico. Em nenhum dos casos a alegação cósmica recebe apoio na história subseqüente das comunidades, instituições ou nações em que se supõe que a regeneração esteja ocorrendo. As igrejas cristãs ao longo dos séculos e os vários países de regime comunista no século XX mostram uma mescla de aspectos positivos e negativos semelhante à que é evidente em todas as demais manifestações da história humana. Nem a prática cristã nem a comunista eliminaram os desacordos, o egoísmo, a perseguição, a tirania, a tortura, o assassinato e a guerra.

5. Defesas contra objeções – "sistemas fechados"

Essas objeções comuns ao cristianismo e ao marxismo estão a esta altura bem desgastadas. O que é interessante é o fato de a crença não ter desaparecido diante delas. O cristianismo sofreu uma erosão de influência nos últimos séculos, mas ainda mostra ter grande fôlego. Numa ou noutra forma, conserva a capacidade de convencer e de converter. O marxismo tem reconhecidamente bem menos partidários do que antes (exceto, talvez, na China), mas obteve a adesão de muitas pessoas durante boa parte do século XX, apesar de seus evidentes problemas de princípio e de prática. Mesmo hoje alguns alegam que os regimes do Leste Europeu não colocaram adequadamente em prática a teoria de Marx e que suas teorias básicas ainda podem ser válidas.

Como pode alguém continuar a acreditar no cristianismo ou no marxismo diante das objeções-padrão? Em primeiro lugar, os fiéis procuram alguma maneira de explicar que as objeções não fazem sentido. Os cristãos alegam que Deus nem sempre remove o mal nem atende às nossas orações – o que nos parece ruim pode em última análise vir para bem. Alguns marxistas sugerem que não ocorreram revoluções comunistas no Ocidente porque os trabalhadores foram "comprados" mediante a concessão de melhores padrões de vida e não se deram conta de que seu verdadeiro interesse reside na derrubada do capitalismo. Com relação às dúvidas que incidem sobre as respectivas prescrições, os fiéis podem replicar que a plena regeneração da natureza humana ainda está por vir e que as coisas terríveis que ocorreram na história do cristianismo ou do marxismo são apenas uma etapa no caminho para a perfeição. Ao afastar dessa maneira as dificuldades da teoria e ao apelar ao futuro para justificá-la, os fiéis podem manter seu compromisso com alguma demonstração de plausibilidade. Os teóricos das igrejas e das "repúblicas populares" adquiriram uma enorme experiência em justificar dessa maneira os desígnios de Deus ou do partido dirigente.

Em segundo lugar, o fiel pode tomar a ofensiva ao atacar a motivação do crítico. Os cristãos tendem a afirmar que aqueles que persistem em levantar objeções intelectuais contra o cristianismo estão cegos pelo pecado, que é seu próprio orgulho que os impede de ver a luz. O marxista pode alegar que aqueles que não reconhecem a verdade da análise marxista da história e da sociedade estão iludidos por sua "falsa consciência", e que o modo capitalista de produção tende a impedir os que se beneficiam em seu âmbito de reconhecer a verdade sobre sua sociedade. Logo, em ambos os casos, as motivações do crítico podem ser analisadas nos termos da própria teoria que está sendo criticada, e o fiel pode desse modo tentar descaracterizar a crítica. No caso da teoria freudiana, que oferece suas próprias formas distintivas de explicar as ações e atitudes humanas, esse método de contra-atacar a crítica tem sido amplamente usado.

Há duas maneiras típicas por meio das quais é possível manter uma crença apesar de dificuldades intelectuais. Se uma teoria é defendida através destes artifícios:

1. não permitir que nenhuma evidência possa se opor à teoria, isto é, sempre encontrar alguma maneira de descartar contra-evidências aceitas; ou

2. responder às críticas mediante a análise das motivações do crítico em termos da própria teoria criticada,

dizemos que a teoria está sendo mantida como um "sistema fechado". Parece que o cristianismo, o marxismo e a teoria freudiana *podem* ser mantidos como sistemas fechados – mas isso não significa dizer que todos os cristãos, todos os marxistas ou todos os freudianos sustentem sua crença dessa maneira.

Por que deveriam as pessoas querer manter uma crença apesar de dificuldades conceptuais e de contra-evidências? A inércia e a recusa a admitir que se está errado tem de desempenhar aqui um importante papel. Quando se foi educado em uma dada crença e no modo de vida que lhe é associado, ou quando houve uma conversão a essa crença e o seguimento de seus preceitos, é preciso coragem para questionar ou abandonar o compromisso de toda uma vida. Quando uma crença é uma ideologia, usada para justificar o modo de vida de um grupo social, é difícil aos membros dessa comunidade examiná-la objetivamente. Há fortes pressões sociais para que se continue a reconhecer essa crença, e é muito natural que os fiéis a mantenham na forma de um sistema fechado. As pessoas vão apresentar a tendência de sentir que sua crença, ainda que sujeita a algumas dificuldades teóricas, contém alguma iluminação vital, alguma concepção de verdades essenciais dotadas de importância prática. Questioná-la pode ser ameaçar aquilo que dá sentido, propósito e esperança à vida de cada um, bem como pôr em risco a própria posição social.

6. A esperança de uma discussão e de uma avaliação racionais

É possível então discutir várias teorias da natureza humana de modo racional e objetivo da maneira como estamos nos propondo a fazer neste livro? Porque, quando essas teorias se acham personificadas em modos de vida, a crença nelas parece ir além do mero raciocínio. A última instância a que apelar pode ser a fé ou a autoridade, a pertinência à comunidade, a lealdade ou o compromisso: pode não haver respostas para as perguntas "Por que eu deveria acreditar nisso?" e "Por que eu deveria aceitar essa autoridade?" que satisfaçam alguém que ainda não seja membro do grupo ou da tradição em questão nem se sinta atraído por eles. No mundo contemporâneo, tradições e ideologias rivais têm tanta influência quanto sempre tiveram. Afirmam-se dogmas religiosos, cultuais, políticos, nacionais, étnicos, psicoterapêuticos e baseados em gêneros com vários graus de agressão ou delicadeza, de crueza ou de sofisticação. Ao que parece, os meios de comunicação da chamada "aldeia global" só põem duas culturas juntas em termos de confronto, não de diálogo.

Os atrativos da certeza, do compromisso, da "identidade" e da pertinência a uma comunidade fortemente definida mantêm todo o seu vigor.

Como reação a isso, o ceticismo é tentador. Nos últimos tempos, ele assume a forma intelectual de "relativismo cultural" ou "pós-modernismo", atitude de acordo com a qual nenhuma tradição cultural (ou concepção da natureza humana) particular tem uma justificação mais racional do que quaisquer outras. Um dos mais influentes profetas dessa tendência foi o filósofo alemão do século XIX Friedrich Nietzsche, que tem sido descrito como "o mestre da suspeita" por sempre estar pronto (tal como Marx antes dele e Freud depois) a diagnosticar um compromisso ideológico ou uma necessidade psicológica não reconhecidos por trás de alegações supostamente "objetivas" de verdade ou de moralidade. Se passamos à conclusão de que não pode haver discussão objetiva, racional, de teorias rivais da natureza humana, o projeto deste livro pode parecer fadado ao fracasso desde o começo.

Desejo, no entanto, sugerir que seria prematuro um tal desespero. Afinal, nem todas as teorias que discutimos são ideologias de algum grupo identificável, e nesses casos é menos provável que venham a ser defendidas dessa maneira estreita. Contudo, o mais importante é que, mesmo que uma crença se torne de fato uma ideologia e seja sustentada como um sistema fechado, uma avaliação racional dela ainda pode ser feita por quem estiver preparado para tentá-la. Porque sempre podemos distinguir aquilo que alguém diz da motivação que a pessoa teve para dizê-lo. A motivação pode ser relevante se quisermos compreender a personalidade de quem fala, ou talvez algo acerca da sociedade de quem fala. Mas, se o nosso principal interesse é a verdade ou a falsidade daquilo que é dito, e a existência ou não de boas razões para acreditar no que é dito, a motivação passa a ser irrelevante. As razões que quem fala pode oferecer com relação a alguma coisa não são necessariamente as melhores razões disponíveis para esse fim. Nada há que nos impeça de discutir o que é dito levando-se em conta os seus próprios méritos.

Apesar do desdém pela teoria do conhecimento e pela filosofia moral (expressa de modo espirituoso, como costuma ser), Nietzsche apresenta um duplo padrão agindo em seu próprio pensamento, porque precisa pressupor que tem alguma maneira de saber ou justificar o que ele mesmo afirma. "A falsidade de um juízo não constitui para nós necessariamente uma objeção a um juízo" – escreveu ele –, "a questão é até que ponto ele faz a vida avançar, preserva a vida, preserva a espécie, talvez mesmo reproduz a espécie". De um lado, ele descreve um juízo como *falso*, e, do outro, sugere que esse juízo pode apresentar outra espécie de virtude capaz de melhorar a vida. Mas como ele *sabe* que o juízo é falso? Pode-se naturalmente aceitar uma declaração e agir de acordo com ela, embora reconhecendo que ela *pode* vir a mostrar-se falsa – é essa a condição humana comum. Mas, se Nietzsche pensa que uma asserção é falsa ou um julgamento moral é inaceitável, deve ter alguma idéia do que lhe serve de *justificativa* para pensar assim. Ninguém pode fazer uma opção sem raciocínio nem justificação: todos temos de fazer nossos próprios julgamentos à luz das evidências de que dispomos, incluindo o que outras pessoas dizem sobre o assunto.

A segunda característica dos sistemas fechados – a técnica de receber toda crítica atacando as razões do crítico – é assim racionalmente insatisfatória. Porque, se o que está sendo discutido é se a teoria é verdadeira ou se há bons motivos para crer nela, as objeções que qualquer pessoa elabore contra ela devem ser respondidas em termos de seus próprios méritos, pouco importando suas possíveis motivações. A motivação de determinada pessoa pode ser peculiar ou passível de objeções, mas o que a pessoa diz pode ainda assim ser verdadeiro e justificável por boas razões. (Não se refuta a crítica por não se gostar do crítico. Os críticos mais incômodos são aqueles que – ao menos em parte – *têm razão*!) E, se a motivação *é* considerada, examiná-la em termos da teoria sob discussão é supor a verdade dessa teoria e, portanto, incorrer em petição de princípio. Uma objeção a determinada teoria não pode ser derrubada racionalmente por meio da simples reafirmação de parte da teoria.

7. A validade das declarações

A primeira característica dos sistemas fechados, descartar todas as provas existentes contra a teoria, tem de ser considerada com alguma suspeita. Muitas vezes sentimos que essa "explicação" é apenas "fugir à explicação", que ela não é muito convincente a não ser para quem já está propenso a crer na teoria. (Pense na maneira como os cristãos tentam resolver o problema de por que Deus não evita o sofrimento, e, os marxistas, o problema de por que não ocorreram revoluções no Ocidente.) Temos de tentar perceber quando essa explicação é racionalmente justificável e quando é mera "fuga à explicação". Para fazê-lo, cumpre distinguir entre vários *tipos* diferentes de declarações que podem ser apresentadas como parte de uma teoria.

7.1 Juízos de valor

Em primeiro lugar, uma declaração pode ser um juízo de valor, dizendo o que *deveria* ser o caso, em vez de ser uma asserção factual sobre o que *é* o caso. Por exemplo, suponha que alguém diz que a homossexualidade é antinatural. Pode-se objetar que em quase todas as sociedades conhecidas há uma porcentagem de homossexuais. Suponha que a pessoa diga que isso não refuta a declaração, uma vez que a homossexualidade envolve apenas uma minoria em cada sociedade. Talvez o objetor sugira que é possível que a maioria da sociedade se dedique tanto à atividade homossexual como à heterossexual (como parece ter sido o caso dos homens na Grécia Antiga). A réplica pode ser "Eu *ainda* diria que é antinatural". Tal réplica sugere que o falante não está afirmando coisa alguma acerca do que as pessoas de fato fazem, mas exprimindo uma opinião acerca do que elas deveriam fazer (seria possível confirmar isso se descobríssemos que o falante reage com repugnância à atividade homossexual). Se o que está sendo dito é, desse modo, antes avaliativo do que factual, as provas acerca do que de fato acontece não o refutam. Mas, para ser impermeável dessa maneira às evidências factuais, a declaração tem de ser reconhecida como um juízo de valor, como algo que nem sequer *tenta* dizer o que é o caso. E, se assim é, essa alegação também não pode ser *sustentada* por evidências factuais, dado que o que de fato acontece não é necessariamente o que deveria acontecer.

As declarações sobre a natureza humana se acham especialmente sujeitas a esse tipo de ambigüidade. Na verdade, as palavras "natureza" e "natural" deveriam ser consideradas sinais de perigo, a indicar uma possível ambigüidade ou confusão. Se alguém diz "Os seres humanos são naturalmente X", devemos perguntar imediatamente "Você quer dizer que todos os seres humanos ou a maioria deles *são* de fato X, que todos *deveríamos* ser X ou o quê?" ("X" pode ser, por exemplo, heterossexual, altruísta ou gentil com crianças.)

Em algumas ocasiões, o que pode estar sendo dito com isso é algo como "Nas condições Y, os seres humanos *seriam* X". Considere, por exemplo, a alegação de que todas as crianças apropriadamente educadas são gentis e atenciosas ou que, numa sociedade mais igualitária, os seres humanos do sexo masculino não seriam tão agressivos. Mas nesse caso temos de perguntar quais se supõem ser as condições relevantes Y (o que, nos exemplos, constitui "educação apropriada" ou "sociedade mais igualitária"?) e que provas há para sustentar as alegações hipotéticas (como pode alguém saber o que aconteceria em tais situações contrafactuais?).

Pode ser que se esteja dizendo algo como "Sempre que não são X, os seres humanos sofrem as conseqüências Z". Nesse caso, podemos ter *tanto* uma generalização factual como um juízo de valor implícito sobre o caráter indesejável de Z, e temos de pedir que sejam fornecidas provas que sustentem a generalização e razões que justifiquem o juízo de valor. A objetividade dos juízos de valor é, naturalmente, uma das questões fundamentais da filosofia, e eu não a estou prejulgando aqui. Apenas indico a necessidade desse tipo de pergunta esclarecedora quando se discute a natureza humana.

7.2 Declarações analíticas

Há uma segunda maneira bem distinta pela qual uma declaração pode ser alvo de evidências em contrário; trata-se dos casos em que a declaração é uma questão de definição. Por exemplo, se alguém diz que todos os seres humanos são animais, não fica claro como alguma evidência concebível poderia ser apresentada contra isso. Suponha que alguém diga (opondo-se à teoria da evolução) que não temos ancestral comum com os animais. Não continuaríamos a ser considerados animais, embora de um tipo especial – dado que dificilmente seria possível negar que vivemos, nos alimentamos, nos reproduzimos e morremos? Suponha que se construíssem robôs capazes de andar e de falar mas não de comer e de se reproduzir como nós – eles não seriam animais. Poderíamos tratá-los como pessoas se interagissem conosco de maneira apropriada, com desejos, sentimentos e responsabilidade pelas próprias ações, porém eles sem dúvida não poderiam ser considerados humanos. (Alienígenas inteligentes também poderiam ser considerados pessoas, mas não *humanos*.) Parece que nada pode ser *chamado* de humano a menos que também seja animal. Se é assim, a declaração de que todos os seres humanos são animais não faz nenhuma asserção sobre os fatos, mas apenas revela parte do que queremos dizer com a palavra "humano". Ela é verdadeira por definição; na terminologia dos filósofos, é "analítica", isto é, sua verdade depende apenas da análise do significado de seus termos. Uma declaração analítica nesse sentido não pode ser refutada por nenhuma evidência concebível, mas também não pode ser provada por meio de evidências, porque não *tenta* dizer coisa alguma sobre o mundo.

Uma declaração que parece estar dizendo alguma coisa sobre os fatos da natureza humana pode, portanto, ser na verdade apenas uma definição disfarçada. Se uma palavra já é usada na língua com um significado-padrão, é enganoso usá-la com um significado diferente sem alertar para esse fato. Às vezes, teorias científicas ou filosóficas introduzem novos termos ou usam palavras antigas de uma nova maneira, sendo então necessário fornecer definições e deixar claro que não se trata de declarações factuais. Nem todas as questões de significado são triviais. As definições podem ter conseqüências que não são imediatamente óbvias. Por exemplo, é analítico que todos os animais morrem e que todos os seres humanos são animais, sendo portanto analítico que todos os seres humanos morrem. Logo, declarações analíticas podem ter seus usos, porém apenas se distinguidas claramente de "declarações sintéticas" que fazem declarações factuais. (Vem se debatendo entre filósofos sobre se a distinção analítico-sintética é tão clara quanto parece ser à primeira vista, mas não é preciso entrar aqui nessa difícil questão teórica.) Logo, se alguém sustenta que todos os seres humanos são X e descarta toda sugestão de que alguns podem não ser X, temos de perguntar "É parte de sua definição de ser humano que ele ou ela tem de ser X ou você admite a possibilidade de que alguém não seja X?". Só se pode deixar que a pessoa descarte toda evidência factual sem investigação se ela admitir que se trata apenas de uma questão de definição.

7.3 Declarações empíricas, incluindo teorias científicas

Os juízos de valor e as declarações analíticas não podem, portanto, ser provados nem refutados por meio da descoberta de fatos acerca do mundo. Uma declaração que pode ser confirmada ou negada por tal investigação – que envolve em última análise a experiência perceptual, aquilo que observamos com nossos sentidos – é chamada pelos filósofos de declaração "empírica". Mediante o uso das questões de esclarecimento que acabamos de sugerir, deveria ser possível elucidar se uma declaração é valorativa ou analítica em vez de empírica.

A ciência sem dúvida depende de modo crucial de relatos empíricos de fatos observáveis. Mas a teorização científica alcança as amplas extensões do espaço e do tempo e a microestrutura da matéria. Os filósofos da ciência têm tentado elucidar qual o elemento que permite que as teorias *científicas* nos forneçam um conhecimento confiável sobre tais aspectos do mundo que não são humanamente observáveis. É claro que a ciência tem de se apoiar naquilo que podemos perceber, como, por exemplo, quando se faz um experimento; mas como podem as teorias científicas sobre entidades imperceptíveis obter o assentimento racional? A resposta é que elas devem ser testadas *indiretamente* – elas têm conseqüências (ao lado de outros pressupostos empíricos) cuja verdade ou falsidade *podem* ser observadas.

O filósofo da ciência do século XX Karl Popper enfatizou aqui antes a falsificação do que a verificação. Ele sustentou que a essência do método científico consiste no fato de que as teorias são *hipóteses*, que nunca podem ser consideradas certamente verdadeiras, mas que são deliberadamente submetidas ao teste da observação e da experimentação, sendo revisadas ou rejeitadas se suas previsões se mostrarem falsas. É possível que uma falsificação absolutamente conclusiva de uma hipótese, para além de toda possível dúvida ou reconsideração, seja tão pouco atingível quanto uma verificação conclusiva. Permanece contudo o essencial: para que uma declaração seja considerada científica, alguma evidência observável possível *tem de* contar racionalmente em seu favor ou contra ela, e quem defende essa declaração tem de estar preparado para avaliar racionalmente toda evidência que possa ter relevância para ela. Nesse sentido, as declarações das teorias científicas têm de ser empíricas, sujeitas ao teste de nossas percepções.

7.4. Declarações metafísicas

Os casos difíceis são aqueles nos quais uma declaração não parece se enquadrar em nenhuma dessas três categorias. Pense de novo na asserção cristã da existência de Deus e na asserção marxista do progresso da história humana. Parece que essas asserções desejam alegar alguma verdade fundamental acerca da natureza do universo. Seus proponentes dificilmente vão admitir que elas sejam juízos de valor ou mera questão de definição. Também não é claro, porém, que essas asserções sejam genuinamente empíricas, pois, como vimos, embora haja muitas evidências que parecem contrariar cada uma delas, seus proponentes tendem a não aceitar essas evidências como refutação, mas a buscar maneiras de fugir a uma explicação delas. Ora, se um fiel de uma teoria se mostra pronto a fugir a uma explicação de *todas as* evidências *possíveis* contra essa teoria (fazendo acréscimos à teoria, de acordo com sua própria vontade, sempre que necessário), começamos a sentir que esse ou essa fiel está ganhando fácil demais mediante a quebra das regras do jogo.

É por esse motivo que alguns filósofos do século XX foram atraídos pelo "princípio de verificação", que afirmava que nenhuma declaração não-analítica pode ter significado se não for verificável – ou ao menos testável – pela percepção. Isso implicaria que toda declaração "metafísica" que não seja analítica nem empírica é literalmente sem sentido, uma espécie de absurdo disfarçado. Essas supostas declarações não seriam na realidade declarações; elas não poderiam ser verdadeiras e nem mesmo falsas, e padeceriam do defeito ainda mais radical de não exprimir nenhuma proposição inteligível. Alegações acerca da existência de Deus ou do progresso inevitável da história, ao lado de muitas outras (incluindo algumas que tratam de modo mais direto da natureza humana, como as que falam da existência de uma alma imortal ou de causas predeterminantes na base de toda ação humana) foram na verdade descartadas como privadas de sentido pelos "positivistas lógicos" (os proponentes do princípio de verificação nos anos 1920 e 1930). Os juízos de valor também foram descartados como "cognitivamente sem sentido", como expressões de emoções ou de atitudes, não reivindicações da verdade.

Muitos filósofos chegaram desde então à conclusão de que essa é uma maneira demasiado abreviada de formular questões de tão amplo alcance. Embora seja muito importante distinguir as declarações analíticas ou empíricas das que não são nem uma coisa nem outra, não podemos simplesmente descartar estas últimas como desprovidas de sentido. Elas são uma mistura muito confusa e merecem atenção individual. A escolha sumária entre "com sentido" e "sem sentido" parece um instrumento demasiado grosseiro para examinar declarações sobre a existência de Deus, o progresso da história, a imortalidade da alma ou o determinismo na base da escolha humana. Afinal, essas alegações não são sem sentido da maneira como "Os fogunchos mosquerdos presbaram" o é – nem da maneira diferente como o é "Idéias verdes dormem furiosamente"; assim como não são autocontraditórias como o é "Algumas folhas são ao mesmo tempo verdes e incolores".

Contudo, permanece o desafio que é o fato de que toda declaração que não é um juízo de valor nem analítica, e que também não parece testável pela observação, tem um estatuto profundamente problemático. Os exemplos já mencionados sugerem que algumas declarações controversas sobre a natureza humana podem não ser em absoluto alegações científicas e hipóteses empiricamente testáveis. Isso não precisa condená-las sem apelação, mas esta é uma característica muito importante a estabelecer, já que, nessas circunstâncias, elas não podem gozar das vantagens do *status* científico – *status* que permite que os partidários apontem para as evidências observáveis e para os argumentos de ligação e desafiem quem acredita que pode rejeitar racionalmente as alegações que eles fazem. Essas declarações podem ter alguma outra espécie de função, e pode haver outros tipos de razões para aceitá-las, mas o melhor que temos a fazer é investigar cuidadosamente o que elas são em cada caso.

Os manuais e cursos convencionais de filosofia levam essas questões bem mais longe (e permanecem na fronteira da pesquisa filosófica), porém o objetivo deste livro é diferente: examinar teorias da natureza humana em detalhes concretos. Assim sendo, talvez seja isso o máximo que podemos fazer aqui de modo útil em termos de metodologia preparatória; passemos ao nosso exame crítico de teorias particulares.

PARTE II
TRÊS TRADIÇÕES RELIGIOSAS ANTIGAS

2. CONFUCIONISMO: O CAMINHO DOS SÁBIOS

Nenhuma outra figura tem tido mais influência sobre o pensamento e a civilização chineses do que Confúcio (551-479 a.C.). Pouco se sabe com certeza dessa importante personalidade que veio a ser considerada "o mestre" em muitos períodos da história chinesa. Ele nasceu na família Kung, aristocrática porém pobre, no Estado de Lu, hoje parte da província de Chantung. Conta-se que, quando jovem, Confúcio cedo ficou órfão, e que era muito dedicado ao estudo. Tempos depois, deixou seu Estado natal de Lu e viajou por várias regiões da China oferecendo seus serviços de conselheiro a senhores feudais; não obstante, nunca conseguiu obter uma posição que lhe permitisse pôr suas idéias em prática e por isso voltou a Lu a fim de dedicar-se, pelo resto da vida, ao ensino. É útil ter esse fracasso em mente ao se considerar alguns aspectos de seus ensinamentos. Confúcio veio a ser honrado nas crônicas chinesas como o Grande Mestre Kung, ou Kung Fu-tzu, mais conhecido no Ocidente na forma latinizada "Confucius".

Tudo indica que o texto conhecido como *Lun Yu* – de modo geral traduzido como *Os Analectos* – é a fonte mais confiável do pensamento de Confúcio. *Os Analectos* se compõem de ditos do Mestre não vinculados entre si, compilados por seus discípulos depois de sua morte. É uma discussão acadêmica saber se algum ou todos os *Analectos* podem ser considerados como palavras autênticas de Confúcio, e muitos vão alegar que alguns capítulos são adições subseqüentes. Embora o confucionismo seja uma tradição complexa, com uma longa história de desenvolvimento, os *Analectos* dão voz às idéias iniciais e centrais de Confúcio que continuaram a definir a tradição durante muitos séculos. Em conseqüência, para os propósitos desta introdução, concentro-me exclusivamente nos *Analectos*, tratando o texto como um todo, usando o nome "Confúcio" para fazer referência à fonte dos ditos registrados nos *Analectos*. Dois desenvolvimentos ulteriores no âmbito do confucionismo que dizem respeito a teorias da natureza humana são examinados perto do final do capítulo.

Teoria do universo

A principal ênfase dos *Analectos* é o humanismo, não a metafísica. Isso quer dizer que Confúcio preocupava-se primordialmente com o bem-estar humano básico e falava pouco da natureza última do mundo em que vivemos. Quando interrogado certa vez sobre o culto aos deuses e espíritos, Confúcio respondeu: "Não podes nem mesmo servir aos homens. Como podes servir aos espíritos?" (XI.12). E, quando o interpelaram a respeito da morte, disse: "Não entendes nem mesmo a vida. Como podes entender a morte?" (XI.12). Evitando a especulação metafísica, Confúcio defendeu em vez disso o bom governo que promova o bem-estar das pessoas comuns e estabeleça relações harmoniosas entre os cidadãos. Mas Confúcio reconhecia, no entanto, que há forças no universo que determinam a nossa vida. Ele as caracterizava empregando dois significados relacionados ao termo *ming*: o Decreto do Céu (*t'ien ming*) e o Destino (*ming*).

Confúcio insistia que vivemos num mundo moral. A moralidade é parte do próprio tecido do universo; para Confúcio, há algo último e transcendente no comportamento ético. Ele certa vez observou: "O Céu é autor da virtude que há em mim" (VII.23). O conceito de Decreto do Céu era amplamente aceito na China na época de Confúcio. Era de modo geral compreendido como um imperativo moral para o governo, baseado na crença de que o Céu se preocupa profundamente com o bem-estar das pessoas comuns. O Céu só apóia um imperador na medida em que ele reine tendo esse propósito superior em vista e não em seu próprio benefício. Confúcio contribuiu para essa doutrina ao estender o alcance do mandato celestial de modo que incluísse cada pessoa; a partir de então, todos – e não somente o imperador – estavam sujeitos à lei universal que obrigava as pessoas a agir moralmente a fim de estar em harmonia com o Decreto do Céu. A perfeição última, então, tinha para Confúcio relação com o cultivo de uma moralidade transcendente cujo autor era o Céu. É contudo possível resistir ou desobedecer ao Decreto do Céu.

Mesmo assim, há certas dimensões da vida que se acham fora do controle humano, áreas nas quais o esforço humano não tem nenhum efeito. Essa dimensão indeterminada da vida humana enquadra-se na rubrica do Destino, o aspecto do desígnio do Céu que está além da compreensão humana. O lugar que se tem na vida, o sucesso social, a riqueza e a longevidade devem-se todos ao Destino. Nenhuma quantidade de esforço vai fazer diferença no seu resultado; essas coisas são simplesmente determinadas pelo destino de cada um. Enquanto o Decreto do Céu pode ser compreendido – embora com enormes dificuldades –, o Destino está além da compreensão. A distinção entre o Decreto do Céu (ao qual os seres humanos podem se conformar ou não) e o Destino (que está além do agir humano) é fundamental para Confúcio, uma vez que, se se compreender que os confortos da vida material são decorrência do Destino, vai-se reconhecer a futilidade de buscá-los e vai-se dedicar todos os esforços à busca da moralidade do Céu. Assim, a moralidade – que não tem nenhuma relação com o sucesso social – é a única coisa que vale a pena buscar na vida. Confúcio afirmava que é necessário compreender a natureza tanto do Decreto do Céu (II.4) como do Destino (XX.3), mas por razões diferentes. O Decreto do Céu é o verdadeiro objeto da preocupação última, ao passo que o Destino tem apenas de ser aceito corajosamente.

Antes de passarmos ao exame das concepções da natureza humana de Confúcio, é útil examinar outro conceito seu: o Caminho (*tao*). Embora tenha vindo a ser usado na China como um princípio metafísico abstrato (especialmente pelos taoístas), o termo *tao* significava primordialmente para Confúcio o "Caminho dos Sábios", os antigos dirigentes de épocas ideais anteriores. O conceito confuciano do Caminho tem íntimas ligações com o conceito de Céu, visto que envolve a maneira adequada de conduzir-se. Embora difícil de discernir, o Caminho do Céu pode ser conhecido por meio das ações anteriores dos sábios. Com relação ao sábio Yao, registrou-se a seguinte afirmação de Confúcio: "Grandioso foi de fato Yao como dirigente! Como foi elevado! É o Céu que é grandioso, e foi Yao quem se modelou por ele. Era tão virtuoso que o povo comum não conseguia nomear suas virtudes" (VIII.19). Em consonância com isso, os sábios antigos – que se modelaram pelo Céu – se tornam modelos do Caminho para a perfeição humana no presente, o Caminho a ser seguido por todas as pessoas (VI.17). De acordo com Confúcio, no final três coisas relacionadas entre si garantem a reverência. Registra-se que ele disse: "O cavalheiro se prostra por respeito diante de três coisas. Ele se prostra diante do Decreto do Céu. Ele se prostra diante dos grandes homens. Ele se prostra diante das palavras dos sábios" (XVI.8).

Teoria da natureza humana

Confúcio parece ter sido bem otimista com relação às potenciais realizações humanas. Na verdade, a meta de boa parte da filosofia chinesa consiste em ajudar as pessoas a se tornar sábias. A observação de Confúcio de que "O Céu é autor da virtude que há em mim" demonstra sua convicção de que os seres humanos têm acesso à realidade última da moralidade do Céu. Para Confúcio, toda pessoa é potencialmente um sábio, que se define como alguém que age com extrema benevolência (VI.30). Ou seja, todos os seres humanos têm a capacidade de cultivar a virtude e entrar em harmonia com o Decreto do Céu. Confúcio indica que o resultado de seguir o Caminho do Céu é a experiência subjetiva do júbilo. Mas o otimismo com respeito ao potencial humano não equivale ao otimismo sobre o *real* estado dos assuntos humanos. A verdade é que, como comprovou Confúcio, um sábio é um ser muito raro. Ele declarou: "Não tenho esperança de conhecer um sábio" (VII.26). Embora todos os seres humanos sejam sábios potenciais, na realidade essa é uma ocorrência incomum. A maioria dos seres humanos vive numa condição terrível.

O que permite que sábios potenciais se desviem dessa maneira? Confúcio disse muito pouca coisa diretamente sobre a natureza humana, o que levou seu discípulo Tzu-kung a observar: "Pode-se ouvir sobre as realizações do Mestre, mas não se pode ouvir suas idéias sobre a natureza humana e o Caminho do Céu" (V.13). Sua escassez em declarações sobre a natureza humana permitiu que se desenvolvessem teorias amplamente divergentes no confucionismo ulterior. Apesar dessa falta de afirmações explícitas acerca da natureza humana, está claro nos ditos de Confúcio que em certas áreas da vida os seres humanos exercem uma liberdade de vontade. Embora não tenhamos controle sobre nosso Destino – não podemos, por exemplo, determinar nosso *status* social nem nossa longevidade –, somos livres para rejeitar ou seguir a moralidade e a conduta adequada. Isto é, temos a capacidade de aceitar ou resistir ao Decreto do Céu, a própria fonte da virtude. Embora reconhecesse que os seres humanos não têm escolha significativa quanto às circunstâncias da vida que levam, Confúcio acentuava que temos escolha quanto a *como* viver em toda situação dada.

Embora não tenha definido a natureza humana em detalhe, Confúcio insistia em que todos os seres humanos são substancialmente iguais. A única coisa que nos diferencia é simplesmente nosso modo de viver. "Os homens são próximos uns dos outros por natureza. Divergem em decorrência da prática repetida" (XVII.2). Isso significa, entre outras coisas, que os seres humanos são extremamente maleáveis. Podemos nos tornar praticamente qualquer coisa. Somos inacabados e suscetíveis a impressões, e precisamos de uma constante moldagem a fim de alcançar a meta última da perfeição moral. Em concordância com sociólogos e psicólogos modernos, Confúcio parece estar sugerindo que nosso ambiente e nossos modos de vida determinam nosso caráter de maneira significativa. Disso advém sua grande preocupação com figuras paradigmáticas – os sábios – e com o papel que desempenham na moldagem da vida humana ideal. A vida humana sem uma cultura cuidadosamente elaborada leva a resultados desastrosos. O estado subseqüente de condições sociais problemáticas é tratado na próxima seção.

Vale a pena mencionar mais dois aspectos relativos às concepções de Confúcio sobre a natureza humana. Em primeiro lugar, a figura moral ideal para Confúcio é o "cavalheiro" (*chun-tzu*). Trata-se de um termo inegavelmente masculino. Embora se possa aplicar esse termo de uma maneira que inclua os dois gêneros, está claro que Confúcio o empregava de forma exclusiva. Ele tem pouco a dizer sobre as mulheres, e, quando de fato se refere a elas, com freqüência o faz de modo nada lisonjeiro. Numa ocasião, por exemplo, ele as põe na companhia de "homens medíocres" e alerta para o fato de que no lar é "difícil lidar" tanto com uns como com as outras (XVII.25).

Em segundo lugar, embora nos diga que a natureza humana é fundamentalmente uniforme, Confúcio não esclarece se se trata de uma boa natureza que precisa ser cuidadosamente preservada ou de uma má natureza que precisa de uma séria reforma. Sua falta de especificidade no tocante a isso gerou muitos debates acirrados no confucionismo ulterior. Na última seção deste capítulo, vamos ver o que dois importantes pensadores da tradição confuciana têm a dizer sobre essa relevante questão.

Diagnóstico

Embora sejam predominantemente prescritivos, os ditos de Confúcio dão uma clara indicação do que há de errado na vida humana. Em termos gerais, a condição humana é de discórdia social causada pelo egoísmo e pela ignorância do passado. De maneira talvez mais sucinta, os seres humanos estão em desacordo com o Decreto do Céu. Como decorrência, a interação humana é desfigurada pelo conflito, os dirigentes governam voltados somente para o benefício pessoal, as pessoas comuns padecem sob encargos injustos e o comportamento social em geral é determinado pelo egoísmo e pela ganância. Eis a deprimente condição dos seres humanos.

Quais os motivos dessas tenebrosas circunstâncias? Podem ser discernidas nos *Analectos* pelo menos cinco causas: (1) as pessoas estão apegadas ao lucro; (2) a sociedade carece do respeito da devoção filial; (3) não se pode confiar na ligação entre a palavra e a ação; (4) prevalece a ignorância no tocante ao Caminho dos Sábios; e (5) a benevolência está ausente dos assuntos humanos. Examinemos essas causas uma por uma.

Confúcio disse: "Aquele que é guiado pelo lucro em suas ações vai gerar muita má vontade" (IV.12). Um dos pilares centrais do pensamento de Confúcio é a oposição entre a retidão e o lucro. "O cavalheiro entende o que é moral. O homem medíocre entende o que é lucrativo" (IV.16). O comportamento humano comum é impelido por uma forte preocupação com o resultado de uma ação particular em relação ao eu. Ou seja, as pessoas habitualmente perguntam "O que vou obter desta ação?". Assim, o objetivo comum da ação é um objetivo egoísta. As ações costumam ser realizadas para aumentar a riqueza ou o poder que se tem. É isso que Confúcio designa por ação guiada pelo lucro. Confúcio alerta nos *Analectos*: "É vergonhoso fazer do salário o único objeto" (XIV.1). Como acreditava que a moralidade deveria ser o guia exclusivo de toda ação, alegava que a ação guiada pelo lucro leva a circunstâncias imorais e a uma desarmonia social no âmbito das quais todas as pessoas cuidam egoisticamente apenas de si mesmas. Os benefícios materiais derivados do trabalho que se faz não são ruins em si, mas os meios pelos quais são obtidos têm importância crucial para Confúcio. "Riqueza e posição obtidos com meios imorais têm tanta importância para mim quanto nuvens passageiras" (VII.16).

A conduta egoísta motivada pelo lucro pessoal implica uma falta de verdadeiro respeito pelos outros numa dada sociedade. Para Confúcio, essa falta de respeito revela relações impróprias no seio das famílias, o que por sua vez demonstra uma falta de autodisciplina. Isso acontece porque os indivíduos perderam seus fundamentos morais, o que leva a problemas na família, que é a própria base de uma boa sociedade. Nesse sentido, o confucionismo tem muito de uma tradição de valores familiares. Um homem que não sabe como tratar o pai vai ser um cidadão bastante limitado. Assim, indivíduos corruptos, que não cultivaram a virtude pessoal necessária às relações familiares adequadas, disseminam a má vontade por toda a sociedade. Por outro lado, "É raro que um homem cujo caráter é tal que ele seja bom como filho e obediente como jovem tenha a inclinação de cometer transgressões contra seus superiores" (I.2).

Outro problema observado por Confúcio é o fato de que há em geral uma diferença entre aquilo que se diz e aquilo que se faz. Ele disse: "Eu costumava confiar nas ações de um homem depois de ouvir suas palavras. Agora, ao ouvir as palavras de um homem, vou observar suas ações" (V.10). Confúcio reconhecia que as pessoas não costumam merecer confiança. Sem um vínculo direto entre palavra e ação, não há base para a confiança, já que esta se sustenta na premissa de que o que foi dito será feito. Sem essa confiança básica, os indivíduos perdem a capacidade de se mostrar com sinceridade e de confiar nos outros com algum grau de certeza. Dessas condições decorre a perda da base da sociedade.

A ignorância do passado também constitui uma causa importante da problemática condição humana. O que Confúcio designa especificamente com essa noção é o desconhecimento do Caminho dos Sábios. Assinalou-se antes que os sábios modelam seu comportamento de acordo com o Céu, estabelecendo assim um paradigma para a senda que leva à perfeição moral. Sem conhecer o Caminho dos Sábios, as pessoas se vêem apartadas das percepções morais do passado. Nessa condição, tornam-se moralmente desorientadas e propensas a agir de modo errôneo. Confúcio tinha tanta confiança no Caminho dos Sábios que observou: "Não viveu em vão aquele que morreu no dia em que tomou conhecimento do Caminho" (IV.8).

Ao ver de Confúcio, a mais importante virtude que um ser humano pode possuir é a benevolência (*jen*). Personificar a benevolência é atingir a perfeição moral. Essa idéia central de Confúcio é representada por um caractere chinês que tem sido explicado pictograficamente como consistindo de duas partes: o componente que designa "humano" e o componente que designa "dois". Ou seja, representa duas pessoas juntas em harmonia. A benevolência se refere essencialmente às relações humanas. Vários estudiosos alegaram que *jen* é mais bem traduzido como "calor humano" ou "humanitarismo". Seja como for, *jen* é um termo moral de amplo alcance que, ao ver de Confúcio, representa o próprio pináculo da excelência humana. E, de acordo com ele, trata-se sem dúvida de algo que está ao alcance dos seres humanos. "O Mestre disse: 'É a benevolência realmente coisa distante? Tão logo a desejo, eis que ela já se faz presente'" (VII.30). Assim, o âmago de um ser humano que alcançou a perfeição é a benevolência. Infelizmente, observa Confúcio, essa virtude é demasiado rara no mundo: "Jamais conheci um homem que julgue a benevolência atraente" (IV.6). Por conseguinte, a harmonia social potencial é substituída pelo conflito.

Prescrição

A prescrição confuciana para os males da existência humana se baseia na autodisciplina. Quando interrogado sobre o homem perfeito, Confúcio disse: "Ele cultiva a si mesmo e, assim agindo, traz paz e segurança para o povo" (XIV.42). O governante ideal para Confúcio dirige com base no exemplo moral pessoal. Mas o que significa de fato cultivo de si nesse contexto? A resposta a essa pergunta pode ser encontrada pelo exame das soluções propostas para os cinco males esboçados na seção precedente.

A fim de sobrepujar a tendência humana de agir a partir da busca do lucro, Confúcio propôs o "agir desinteressado". Especificamente, isso implica fazer o que é certo simplesmente porque é moralmente certo, e não por quaisquer outras razões. Para Confúcio, a batalha moral é um fim em si; por meio dela, alcança-se a união da vontade com o Decreto do Céu. Agir com vistas a fazer o que é certo, em vez do que é lucrativo, pode também servir de escudo contra as frustrações da vida. O estado de benevolência se caracteriza por uma serenidade e uma equanimidade interiores, bem como por uma indiferença com relação a questões de sorte e de infortúnio, sobre as quais não se tem nenhum controle direto. A retidão é sua própria recompensa, uma jubilosa recompensa que transcende toda situação social particular. Mesmo que os esforços de alguém não sejam reconhecidos, o seguimento do princípio do "agir desinteressado" faz com que esse alguém jamais fique descontente. "Não é próprio do cavalheiro não se ofender quando os outros não conseguem apreciar suas capacidades?" (I.1). Além disso, esse princípio motiva a continuar agindo em favor da retidão num mundo que pouco a aprecia. O próprio Confúcio é descrito como alguém "que continua a se empenhar por um objetivo cuja realização sabe ser inalcançável" (XIV.38). A fé no Caminho do Céu não depende dos resultados obtidos no mundo social em termos de posição e de reconhecimento. Lembre-se de que Confúcio fracassou pessoalmente em garantir uma posição política que lhe teria trazido reconhecimento e lhe permitido pôr em prática suas idéias. Ele diz nos *Analectos* que o homem deve se esforçar por entrar na política simplesmente porque sabe que isso é certo, mesmo quando está bem consciente de que seus princípios não vão prevalecer (XVIII.7). Isso tem relação com a noção de Destino discutida na primeira seção deste capítulo. O sucesso social é uma questão de Destino; Confúcio conclui, portanto, que é fútil buscá-lo. Mas a integridade moral está sujeita ao controle de cada um, e é na verdade a única coisa na vida que vale a pena buscar. Podemos nos empenhar em compreender os desígnios do

Céu, mas é claro que devemos agir humanisticamente, não obstante o que o Céu nos mande. Mais uma vez, o importante é o cultivo de si mesmo, não o reconhecimento social. "O cavalheiro se perturba com sua própria falta de habilidade, não com a incapacidade alheia de admirá-lo" (XV.19).

O cultivo de si como um bom membro da família é outra das prescrições de Confúcio para uma sociedade harmoniosa. Ele acreditava que ser um bom membro da família tinha uma tremenda influência para além das fronteiras da família imediata de cada um. "Pelo simples fato de ser um bom filho e amigo dos irmãos pode o homem exercer influência sobre o governo" (II.21). A transformação da sociedade começa pelo cultivo de si no ambiente familiar; esse cultivo então se dissemina como as ondas causadas pela queda de uma pedra na superfície de um lago calmo. As regras e os relacionamentos que governam a família devem ser estendidos para incluir toda a sociedade. A benevolência para com pessoas de fora do ambiente familiar deve ser uma extensão do amor que se sente pelos membros da própria família. Para Confúcio, o mais importante relacionamento é o do filho com o pai. Quando interrogado sobre a devoção filial, Confúcio aconselhou: "Nunca deixe de concordar" (II.5). A maneira pela qual o bom filho honra o pai consiste em seguir seu modo de agir. "Se [depois da morte do pai], durante três anos, um homem não altera o modo de agir do pai, pode-se dizer que ele é um bom filho" (I.11). Claro que isso depende das qualidades virtuosas do pai. Confúcio é inflexível no tocante à exigência de que o pai da família, ou, por extensão, o imperador do Estado, governe por meio do exemplo moral. "Se dás o exemplo ao seres correto, quem se atreverá a permanecer incorreto?" (XII.17).

Perguntaram certa vez a Confúcio o que ele faria em primeiro lugar se fosse posto à frente da administração de um Estado. Ele replicou: "Se algo tem de vir antes, trata-se talvez da retificação de nomes" (XIII.3). A retificação de nomes significa que há um acordo entre nome e realidade. Essa correção é necessária porque, sem o acordo entre nome e realidade, ou entre palavras e atos, muita coisa se perde. Para Confúcio, um nome traz certas implicações que constituem a própria essência do objeto nomeado. Por exemplo, quando um duque lhe perguntou sobre o bom governo, Confúcio respondeu dizendo: "Que o governante seja governante, o súdito súdito, o pai pai, o filho filho" (XII.11). O conceito de "filho", por exemplo, é, como acabamos de ver, mais do que uma designação biológica. O nome implica certas atitudes e responsabilidades essenciais à existência harmoniosa. Além disso, sem o vínculo entre palavra e realidade, não há confiança genuína. Essa é a definição da mentira. Depois de ouvir a observação de Confúcio sobre o bom governo, o duque exclamou: "Esplêndido! Na verdade, se o governante não for governante, nem o súdito súdito, o pai pai e o filho filho, ainda que existam grãos, poderei eu comê-los?" Ou seja, a palavra "grãos" e a disponibilidade dos grãos são duas coisas distintas. Se não há ligação entre uma coisa e outra, pode-se ficar com fome por causa de um silo trancado ou, talvez, vazio. É fácil produzir palavras; se uma pessoa ou um governo as usar para ocultar a verdade, a decorrência será o caos social. A confiança é um ingrediente crítico de toda interação social segura. Logo, o cavalheiro que se dedica ao cultivo de si é "confiável naquilo que diz" (I.7) e "transforma suas palavras em ações" (II.13).

O antídoto para a ignorância do passado referida na seção anterior é o estudo. O confucionismo é uma tradição acadêmica de estudos. Na China, é conhecido como Escola Ju – o termo *ju* significa "estudioso, erudito" – e é registrado em fontes chinesas como a escola que se deleita com o estudo dos Seis Clássicos (*Lui Yî*). Evidencia-se a partir disso que Confúcio acentuava sobremaneira a aprendizagem. Ele aconselhou: "Dedica-te com firme fé a aprender, e segue a morte no bom caminho" (VII.13). Mas qual o conteúdo dessa aprendizagem que permite seguir o bom caminho? Fica claro na representação do confucionismo que acabamos de mencionar que o conteúdo da aprendizagem confuciana são os Clássicos, uma coletânea de livros que constitui o legado cultural do passado. E, o mais importante para Confúcio, os Clássicos dão expressão ao Caminho dos Sábios e, desse modo, asseguram o acesso à conduta exemplar que leva à perfeição moral. Por causa disso, o estudo dos Clássicos é entendido como um elemento vital para se atingir a excelência e como um empreendimento sagrado que aprimora a natureza de cada pessoa. É igualmente um importante aspecto do bom governo. "Quando descobre que pode fazer mais do que lidar com seus estudos, o estudante assume o cargo" (XIX.13).

A excelência é definida pela tradição confuciana primordialmente como a personificação da benevolência. A maneira pela qual cada um personifica a benevolência constitui a última das cinco soluções exploradas. Esse processo envolve na realidade três elementos: o apego ininterrupto à benevolência enquanto se segue a "regra de ouro" e se observam os "ritos".

Confúcio disse: "O cavalheiro nunca deixa de lado a benevolência, nem mesmo pelo tempo que leva para fazer uma refeição" (IV.5). Ou seja, deve-se ter presente a benevolência em tudo aquilo que se faz. A meta confuciana é deixar que a benevolência determine todos os aspectos da vida, já que ela é a virtude perfeita que denota o Decreto do Céu. O próprio Confúcio é descrito nos *Analectos* como alguém que mantinha a correção e a benevolência em todos os momentos (VII.4). Mas como saber o que constitui a benevolência?

A prática da benevolência consiste num equilibrado respeito por si e pelos outros. Uma medida do respeito pelos outros é determinada pelo tratamento que cada qual deseja receber. Confúcio diz: "O homem benevolente ajuda os outros a manter a opinião na medida em que ele mesmo deseja manter sua própria opinião" (VI.30). Em outras palavras, esta é a regra de ouro: "Faz aos outros o que desejas que te façam a ti." Confúcio também afirma essa regra em termos negativos: "Não impõe aos outros o que não desejas para ti" (XII.2). Num sentido geral, portanto, o próprio ser de cada um se torna a medida do comportamento decente. Mas Confúcio tem mais a dizer acerca da medida da conduta excelente. Mesmo que o coração de uma pessoa esteja no lugar certo, é possível que ela ofenda os outros por falta de conhecimento sobre o que é a conduta apropriada numa situação particular. O conhecimento é um componente essencial da ação ética. No caso específico de Confúcio, isso significa conhecer o comportamento ritualmente correto, ou os ritos (*li*). Estes consistem em regulamentações das ações em todos os aspectos da vida, bem como do que é cerimonialmente adequado, por exemplo, quando se fazem oferendas aos ancestrais. Os ritos destinam-se a ensinar as pessoas a agir bem, sendo portanto um componente fundamental da educação moral. O conhecimento dos ritos funciona como um guia da ação, para além da decência geral advinda do uso do próprio eu como medida de conduta. Em última análise, o interesse pessoal deve ser submetido aos ritos para se poder alcançar a perfeição moral. "Voltar à observância dos ritos por meio da subjugação do eu constitui benevolência" (XII.1). Observando essas regras, a pessoa transcende o interesse pessoal. Os ritos são um corpo de regras coligidas a partir das percepções morais do passado, e guiam a ação no rumo da perfeição. Em que se baseiam os ritos e como se chega a conhecê-los? Eles têm por base os Clássicos, e chega-se a conhecê-los por meio do estudo. Logo, vem para o primeiro plano a inter-relação entre as idéias de Confúcio. A perfeição moral, ou benevolência, é alcançada pelo seguimento dos ritos, que são conhecidos por meio do estudo dos Clássicos, e estes dão expressão ao Caminho do Céu tal como personificado pelos sábios.

A passagem mais importante de todas as que foram registradas nos *Analectos* talvez seja aquela que oferece uma indicação sumária do caminho da perfeição tal como compreendido pelo confucionismo inicial. "O Mestre disse: 'Aos quinze, dediquei o coração ao estudo; aos trinta, tomei uma posição; aos quarenta, libertei-me das dúvidas; aos cinqüenta, compreendi o Decreto do Céu; aos sessenta, aprendi a ouvir; após os setenta, segui o desejo do coração sem sair da linha" (II.4). Aqui Confúcio está dizendo que aos quinze iniciou o estudo sério dos Clássicos. Isso lhe deu acesso ao conhecimento do Caminho dos Sábios e, portanto, à consciência dos ritos, à forma institucional de seu comportamento perfeito. Aos trinta, ele pôde tomar a sua própria posição nos ritos ou colocá-los em prática do modo correto. Através da prática dos ritos, ele passou, aos quarenta, da mera observação dos ritos à verdadeira compreensão deles. Isso o levou à concomitante compreensão do Decreto do Céu aos cinqüenta. Aos sessenta, Confúcio vivenciou uma união da vontade com o Decreto do Céu, de modo que, aos setenta, pôde seguir seu próprio desejo – agora em harmonia com o Decreto –, disso resultando sua ação espontânea com perfeita benevolência.

Está indicado aqui o caminho salvador da ação paradigmática. Na qualidade de seres perfeitos, os sábios agem naturalmente com benevolência. Sua benevolência é a expressão exterior de um estado interior de perfeição. Assim sendo, suas ações benevolentes se tornam modelos de e para a perfeição de confucianos que desejem atingir o estado realizado do sábio. Mais uma vez, o Caminho dos Sábios está à disposição nos Clássicos; disso decorre a grande atenção dada ao estudo na tradição confuciana. Aquilo que os sábios realizam naturalmente torna-se o modelo para a autodisciplina consciente que leva à perfeição moral. A ação disciplinada adequada é representada na tradição confuciana pelos ritos (*li*). Da perspectiva de alguém fora dessa tradição, a ação benevolente natural do sábio e a da pessoa autodisciplinada que segue os ritos parecem ser as mesmas, mas a motivação interior é distinta. O comportamento do sábio é a expressão natural de um estado interior de perfeição, enquanto o comportamento da pessoa disciplinada consiste em ações estudadas – os ritos – que são modeladas na benevolência dos sábios. A meta da ação disciplinada é, no entanto, atingir um estado em que a ação moral perfeita se torne natural e espontânea. Trata-se da condição do "cavalheiro", e é isso que se diz que Confúcio atingiu perto do final de sua vida. Os sábios exprimem a perfeição moral naturalmente, ao passo que o cavalheiro alcançou a perfeição ao modelar seu comportamento no comportamento dos sábios. As ações de um cavalheiro e de um estudante confuciano disciplinado também parecem ser as mesmas vistas de fora, do mesmo modo como um mestre de música e um discípulo parecem estar fazendo os mesmos movimentos. Porém, mais uma vez, as motivações são diferentes. O mestre de música internalizou de tal maneira a seqüência de execução do instrumento que toca que já não tem consciência dela, ao passo que o discípulo ainda segue conscientemente o registro da seqüência. Do mesmo modo, o cavalheiro internalizou de tal maneira o Caminho dos Sábios que agora age espontaneamente, enquanto o estudante confuciano que "pratica os ritos" segue de modo consciente a conduta adequada que os ritos representam. Em ambos os casos, ao seguir os ritos, tanto o cavalheiro como o estudante aplicado personificaram a benevolência, o próprio pináculo da perfeição moral.

Como tradição paradigmática, o confucionismo produz uma cadeia de ação moral aperfeiçoada que torna o benevolente Caminho dos Sábios presente para a pessoa comum e cria exemplos morais para quem não está envolvido na tradição de estudo textual da elite. Deve estar claro a esta altura que a perfeição moral para a tradição confuciana é representada pelos sábios e que, como o ideal da perfeição humana, o cavalheiro alcançou a perfeição moral por meio do estudo dos Clássicos e da internalização do Caminho dos Sábios. O praticante confuciano está idealmente se movendo nesse mesmo caminho. A observação direta de praticantes humanos da atualidade toma o lugar do estudo textual para quem não sabe ler. Na medida em que um praticante pode personificar a benevolência pelo seguimento dos ritos confucianos, o Caminho dos Sábios se faz então presente para que toda a sociedade o observe e o siga. Assim, uma linha de perfeição moral vem do tempo dos sábios e continua no presente. Se todas as pessoas seguissem esse Caminho, acreditava Confúcio, os indivíduos alcançariam a perfeição, a sociedade seria radicalmente transformada e a benevolência seria soberana.

Desenvolvimentos ulteriores

Como Confúcio não exprimiu suas concepções sobre a natureza humana com detalhes, surgiu um enorme debate no âmbito da tradição, pouco depois de sua morte, com respeito à questão: A natureza humana é originalmente boa ou má? Foram dadas respostas antagônicas por duas figuras importantes da tradição confuciana. Representando a "tendência idealista", Mêncio (371-289 a.C.) alegou que a natureza humana é originalmente boa. Representando a "tendência realista", Hsun-tzu (298-238 a.c.) afirmou que a natureza humana é originalmente má. Ainda que não possamos aqui fazer justiça à tradição confuciana, um breve exame desse debate fornece mais indicações da complexidade dessa tradição e acrescenta elementos à nossa consideração geral da natureza humana.

Os escritos e as idéias de Mêncio só são menos importantes na tradição confuciana do que os do próprio Confúcio, e seu nome se acha associado sobretudo com sua teoria da bondade original da natureza humana. Numa coletânea de escritos registrados num livro que leva seu nome, Mêncio articula sua posição na controvérsia sobre a natureza humana, posição que veio a ser considerada ortodoxa na tradição confuciana e normativa para boa parte da cultura chinesa. No *Mêncio*, Mêncio refuta um filósofo chamado Kao-tzu, que alega que a natureza humana não é intrinsecamente nem boa nem má, e que a moralidade é por conseguinte algo que tem de ser adicionado artificialmente a partir de fora. "A natureza humana", sustenta Kao-tzu, "é como a água que jorra. Demos-lhe uma saída no leste e ela vai fluir na direção do leste; uma saída no oeste e ela vai fluir na direção do oeste. A natureza humana não mostra nenhuma preferência nem pelo bem nem pelo mal, da mesma maneira como a nem pelo oeste." Mêncio, no entanto, insiste que a natureza humana é inatamente boa. Ele contesta Kao-tzu explicando que: "É bem certo que a água não mostra preferência nem pelo leste nem pelo oeste. Mas mostra ela a mesma indiferença com relação ao alto e ao baixo? A natureza humana é boa da mesma maneira como a água procura o terreno baixo. Não há homem que não seja bom, assim como não há água que não flua para baixo" (VI.A.2).

O núcleo da teoria de Mêncio sobre a natureza humana inata tem relação com seu entendimento do coração humano. Para ele, o coração pensante compassivo é uma dádiva do Céu (VI.A.5). É isso que define a nossa condição humana essencial e nos distingue dos animais. De modo específico, o coração é um receptáculo de quatro tendências ou "sementes" incipientes, como Mêncio as nomeia. Ele sustenta que "O homem tem esses quatro germes do mesmo modo como tem quatro membros" (II.A.6.). Se não forem obstruídas e forem alimentadas adequadamente, essas sementes brotam na forma das quatro qualidades tão prezadas pela tradição confuciana, do mesmo modo como árvores imponentes vêm de pequenas sementes. As quatro sementes da compaixão, da vergonha, da cortesia e do senso do certo e do errado se desenvolvem respectivamente nas virtudes da benevolência, do cumprimento do dever, da observância dos ritos e da sabedoria (II.A.6). E Mêncio insiste que essas quatro sementes não "me são implantadas a partir de fora" (VI.6). Para ele, nosso coração original nos identifica a todos como sábios potenciais.

Mêncio concorda no entanto com muitos filósofos de sua época que os seres humanos são criaturas de desejo. O desejo egoísta, de modo especial, ameaça sobrepujar as quatro sementes que definem a fonte de nossa natureza moral superior. A dádiva celestial do coração pensante é portanto reconhecida como frágil, podendo-se perdê-la se ela não for usada e cultivada. Isso, naturalmente, é a norma. Mêncio diz: "O Céu não enviou homens dotados de capacidades tão distintas. A diferença se deve ao que se apossa de seu coração" (VI.A.7). A captura do coração humano é para Mêncio a fonte de todos os males; disso decorre a grande preocupação com o cultivo de suas qualidades inatas. "Se se der a nutrição correta, não existe coisa nenhuma que não se desenvolva, e, privada dela, não há coisa nenhuma que não feneça" (VI.8).

De acordo com Mêncio, toda a esperança da humanidade reside no coração humano. Nossa natureza desejante é algo que temos em comum com os animais, mas é o nosso coração pensante – uma dádiva especial do Céu – que nos leva a ser sábios benevolentes. Mêncio apresenta uma prova da bondade inata de todas as pessoas. "Meu motivo para dizer que nenhum homem é privado de um coração sensível ao sofrimento alheio é o seguinte: suponha que um homem visse de repente uma criancinha prestes a cair num poço. Ele certamente seria movido pela compaixão, não porque desejasse obter as boas graças dos pais, nem porque desejasse ser louvado por seus conterrâneos ou amigos ou porque não lhe agradasse o grito da criança" (II.A.6). O que Mêncio parece estar dizendo aqui é que toda pessoa nessa situação sentiria uma vontade imediata, espontânea e não refletida de salvar a criança. Isso revela um impulso puro para a retidão, em oposição ao lucro egoísta. Mêncio nada diz sobre a ação que se segue. É possível que o homem em questão, depois de alguma reflexão na seqüência do "de repente", se enrede em pensamentos interesseiros movidos pelo egoísmo. Contudo, independentemente do que ocorre depois, a vontade momentânea indicada nessa declaração é tudo o que Mêncio precisa para demonstrar o que quer dizer ao falar de semente da compaixão. Para ele, isso prova que a natureza humana é intrinsecamente boa.

O mais forte oponente de Mêncio era Hsun-tzu, um importante autor confuciano que nasceu perto do final da vida de Mêncio. Hsun-tzu sustentava que nosso mundo interior é dominado por impulsos dinâmicos de desejo. O problema humano básico é para Hsun-tzu o fato de que os impulsos humanos libidinosos não têm um limite claro. A natureza nos deu desejos ilimitados num mundo com recursos limitados; daí que, entre seres humanos necessariamente competitivos, surja o conflito social. Num texto por ele mesmo elaborado, Hsun-tzu escreve: "O homem nasce com desejos. Se seus desejos não são satisfeitos, ele não pode deixar de buscar algum meio de satisfazê-los por conta própria. Se não há limites nem graus nessa sua busca, ele vai inevitavelmente acabar em conflito com outros homens" (seção 19, p. 89). Essa concepção levou Hsun-tzu a formular uma posição sobre a natureza humana diametralmente oposta à de Mêncio: "A natureza do homem é má; a bondade é o resultado da atividade consciente" (seção 23, p. 157). Hsun-tzu conhecia bem as idéias de Mêncio, mas insistia que elas estavam erradas. "Mêncio afirma que a natureza humana é boa, e que o mal vem porque o homem perde a natureza original. Essa idéia é na minha opinião errônea" (158). Hsun-tzu substitui a teoria de Mêncio das quatro sementes por sua própria teoria de quatro tendências incipientes: para o lucro, para a inveja, para o ódio e para o desejo, tendências que, se deixadas em seu estado natural, geram os quatro males da disputa, da violência, do crime e da devassidão. Ele insiste que esses males são inatos a todos os seres humanos, de modo que o caminho que parte de nossa natureza só leva ao mal. "Todo homem que segue a própria natureza e se abandona às emoções vai inevitavelmente envolver-se na luta e no conflito, violar as normas e as regras da sociedade, e vai acabar como criminoso" (157).

Hsun-tzu compara o ser humano caracteristicamente criminoso com um pedaço de madeira torto. "Um pedaço de madeira torto tem de esperar até ser posto na bancada da serraria, passado a ferro e moldado antes de ser endireitado, porque é de sua natureza ser torto" (164). Surpreendentemente, Hsun-tzu é bastante otimista com respeito a realizações humanas potenciais, porque também ele crê que, com a educação e o treinamento adequados, todas as pessoas podem tornar-se sábias. "O homem da rua pode tornar-se um Yu [sábio]" (166). O que é, podemos perguntar, que transforma as peças tortas de madeira que são os seres humanos nas tábuas retas dos sábios – ou ao menos em cidadãos adequados? Ou seja, o que é para os seres humanos a bancada? Depois de sua afirmação sobre a madeira torta, Hsun-tzu escreve: "Do mesmo modo, como a natureza do homem é má, ele deve esperar a força ordenadora de reis sábios e o poder transformador de princípios rituais; só então pode ele alcançar a ordem e conformar-se à bondade" (164). Hsun-tzu confirma aqui o valor absoluto da idéia confuciana fundamental; a bancada consiste nos ritos, no que é aqui traduzido como "princípios rituais". Para ele, os ritos são o produto da pura atividade intelectual dos sábios e foram criados para restringir e canalizar os impulsos ilimitados dos seres humanos. Quando declara que "a bondade é o resultado da atividade consciente", Hsun-tzu quer se referir a um esforço consciente de autotransformação por meio da observação diligente dos ritos, princípios diretores criados e personificados por sábios passados. Ele é claramente defensor da cultura em contraposição à natureza, porque os ritos não são parte essencial da natureza humana. Tudo o que é bom é produto do esforço humano consciente. O fato de termos dois braços é natural, mas a virtude só surge do esforço humano assíduo. Para Hsun-tzu, a atenta aplicação dos ritos não naturais é o segredo para se atingir a perfeição humana. "No tocante à natureza humana, o sábio é igual a todos os outros homens e não os supera; é só em sua atividade consciente que ele difere dos outros homens e os supera" (160). Logo, o sábio é para Hsun-tzu um ser humano cuja natureza foi radicalmente transformada por meio dos ritos confucianos.

É dramático o contraste entre Mêncio e Hsun-tzu. Mêncio acreditava que a moralidade está naturalmente presente em nosso coração, ao passo que Hsun-tzu acreditava que ela é artificialmente instilada a partir de fora. Mesmo assim, observamos um acordo nas idéias de Mêncio e de Hsun-tzu que os identifica como confucianos. Eles concordam que o caminho para a condição de sábio compreende os ritos confucianos, esses modos de ação adequada baseados no comportamento paradigmático dos sábios do passado. Para Hsun-tzu, os ritos funcionam como uma bancada de serraria a fim de transformar seres humanos tortos em cidadãos corretos e benevolentes, ao passo que, para Mêncio, eles funcionam mais como um estojo de raquete, criado para impedir que uma raquete de tênis de madeira se deforme; embora inatamente presente, o coração compassivo pode desviar-se se não for reforçado com a constante observância dos ritos. Embora discordem de maneira aguda na teoria, os dois sábios concordam inteiramente no que se refere à prática. A perfeição humana é alcançada por meio de um processo de seguimento das ações e das iluminações paradigmáticas dos sábios do passado.

Discussão crítica

Podemos concluir esta introdução ao confucionismo com uns poucos comentários destinados a dar maior destaque a algumas críticas possíveis que já foram indicadas de passagem em nossa discussão. Além de ser um sistema fundado na decência comum da regra de ouro, o confucionismo é uma tradição que ensina a obediência a superiores. Os superiores relevantes são o pai de família, o governante do Estado e o estudioso confuciano, que torna acessível o Caminho dos Sábios. Se os chefes da família e do Estado são apenas homens, está tudo bem. Mas, se esses homens são injustos, todo o sistema está solapado. O próprio Confúcio tinha consciência do problema e por isso insistia no caráter moral dos líderes. Mesmo assim, seu sistema confere uma grande quantidade de poder a uns poucos indivíduos, deixando a maioria em posição subordinada.

O confucionismo é também uma tradição bastante conservadora, que busca orientação no passado. Pode-se considerar isso uma atitude que restringe a criatividade das pessoas no presente. Além disso, trata-se de um sistema que depende de uma elite de literatos, os estudiosos confucianos. Podemos perguntar: os estudiosos têm acesso ao passado de uma maneira não atrelada a seus próprios programas ideológicos? Como se demonstrou, o confucionismo se baseia em larga medida numa visão transcendente da moralidade. Pode-se alegar que essa visão não passa de uma maneira de um dado grupo atribuir privilégios especiais ao seu próprio modo de ver a moralidade. Podemos então interrogar: em que visão do passado e em que visão da moralidade se baseia o confucionismo? A maioria dos historiadores contemporâneos alega que nenhuma visão do passado é completamente neutra ou apolítica. Todas as representações históricas envolvem questões de poder.

Muitas pessoas parecem excluídas do empreendimento confuciano. As pessoas comuns são representadas como uma massa indiferenciada e de modo geral inepta. As mulheres em particular não parecem incluídas no sistema educacional de Confúcio. Sua concepção da perfeição humana é inegavelmente masculina, e, no final das contas, ele pouco tem a dizer sobre o potencial das mulheres para o cultivo de si. Quando de fato fala das mulheres, Confúcio o faz em termos depreciativos, sugerindo serem elas de modo geral indisciplinadas e resistentes à autoridade legítima. Embora o caminho confuciano da perfeição possa ser estendido por seus defensores para incluir os dois gêneros, os *Analectos* trazem um problema para leitores que acreditam na igualdade entre os sexos.

Por fim, a natureza pragmática do confucionismo tem sido criticada por outros filósofos chineses, como os taoístas, de mentalidade mais metafísica. O filósofo taoísta Chuang-tzu, por exemplo, criticou os confucianos por sua redução da realidade ao que se refere apenas aos assuntos sociais humanos. Chuang-tzu reverteu a avaliação de Hsun-tzu do que é valioso ao defender a natureza em contraposição à cultura. Na qualidade de místico da natureza consciente da imensidade da vida em todas as suas formas, Chuang-tzu acreditava que os confucianos ocupavam um mundo tragicamente pequeno. Ele também os caracterizou como pessoas excessivamente voltadas para questões utilitárias e se opôs a essa preocupação por meio de uma celebração da utilidade da inutilidade. No curso do tempo, contudo, o confucionismo mostrou ser, para os filósofos chineses, um sistema bem mais atraente para o estabelecimento de uma sociedade humana virtuosa do que o pensamento metafísico mais abstrato do taoísmo.

Sugestões de leitura

Texto básico: *The Analects* (várias traduções e edições em inglês; em português há a edição da Martins Fontes, *Os Analectos*, 2000, tradução de Claudia Berliner). Citei a partir da excelente tradução de D. C. Lau, *Confucius: The Analects*, Londres: Penguin, 1979. Trata-se de um texto bastante legível e confiável, que inclui uma valiosa introdução. Outra tradução bastante acessível é a de Arthur Waley, *The Analects of Confucius*, Nova York: Macmillan, 1938; Nova York, Vintage, 1989.

Mêncio: citei da tradução de D. C. Lau, *Mencius*, Londres: Penguin, 1970. Essa edição também inclui uma excelente introdução.

Hsun-tzu: citei a partir da tradução de Burton Watson, *Hsun-tzu: Basic Writings*, Nova York, Columbia University Press, 1963.

Para mais elementos sobre o confucionismo, ver *Thinking throught Confucius*, de Roger T. Ames e David L. Hall, Albany, State University of New York Press, 1987.

Para entender melhor o lugar do confucionismo na filosofia chinesa, ver *A Short History of Chinese Philosophy*, de Fung Yu-lan, Nova York, Macmillan, 1948; Nova York, Free Press, 1966; *Disputers of the Tao*, de A. C. Graham, Lassalle, Illinois, Open Court, 1989; e *The World of Thought in Ancient China*, de Benjamin I. Schwartz, Cambridge, Massachusetts, Harvard University Press, 1985.

3. HINDUÍSMO UPANIXÁDICO: A BUSCA DO CONHECIMENTO ÚLTIMO

Um exame introdutório do hinduísmo pode revelar-se muito difícil, já que não há um fundador, nenhum ponto histórico claro de início nem um texto central, ao contrário do que ocorre com a maioria das outras tradições religiosas. O hinduísmo é uma tradição extremamente diversificada, que consiste numa ampla gama de práticas e crenças, o que torna a tarefa de generalização praticamente impossível. O próprio termo "hinduísmo" é em ampla medida uma construção do Ocidente destinada apenas a designar a religião dominante da maior parte dos povos que habitam o subcontinente sul-asiático. Logo, sob muitos aspectos, é absurdo tentar representar o hinduísmo por meio de um único texto, porque nenhum texto específico é aceito como dotado de conformidade por todos os povos que podem identificar-se como hindus, e muitos julgam que sua religião está fundada antes num modo de agir do que num texto escrito. Não obstante, caso se fosse buscar um "texto fundador" para representar pilares significativos da filosofia hindu, uma boa escolha seria um dos principais Upanixades. O conjunto de textos conhecido como Upanixades tem desempenhado um papel decisivo ao longo de toda a história religiosa hindu; esses textos vêm há séculos definindo questões filosóficas centrais na Índia e continuam a ser uma importante fonte de inspiração e de orientação no âmbito do atual mundo hindu. Um dos objetivos deste capítulo consiste em oferecer uma idéia geral da ampla gama de possibilidades interpretativas que emerge dos textos hindus iniciais, demonstrando especificamente de que modo práticas tão diversas como a renúncia ao mundo e formas de culto que acolhem o próprio mundo como divino são justificadas pelos mesmos textos.

Os Upanixades mais antigos foram compostos no norte da Índia durante o século VII ou VIII a.C. O termo "Upanixade" significa literalmente "sentar-se perto", mas veio a significar "ensinamento esotérico" porque esses textos representam ensinamentos secretos transmitidos a grupos de discípulos próximos por mestres da meditação que moravam nas florestas. Os Upanixades, que contêm pensamentos altamente especulativos sobre a natureza última da realidade, figuram no conjunto das mais grandiosas realizações intelectuais do mundo. Embora não apresentem um sistema filosófico unificado, mas, pelo contrário, veiculem reflexões exploratórias e mesmo contraditórias entre si, esses textos têm como tema geral a unidade ontológica, a crença segundo a qual tudo se acha radicalmente interconectado. O mais antigo e mais extenso Upanixade é o *Brihad Aranyaka* ("Os Escritos Grandiosos e Secretos da Floresta"). Esse texto não é produto de um único autor, mas uma compilação de certo número de conversações entre mestres e discípulos. O *Brihad Aranyaka* tem muito a dizer acerca da natureza última do universo e sobre a verdadeira identidade dos seres humanos, proporcionando assim um bom ponto de partida para a exploração de importantes questões da filosofia hindu.

Teoria do universo

Observamos no *Brihad Aranyaka* uma ardente busca metafísica do fundamento absoluto de todos os seres. Um dos pilares centrais dos Upanixades é a existência de um princípio único, unificador, na base de todo o universo. No nível da realização última, o mundo da multiplicidade revela ser um mundo de unidade interconectada. A tentativa de identificar o princípio unificador pode ser vista numa famosa passagem que envolve a filósofa Gargi Vacaknavi e o grande sábio Yajnavalkya (3.6). Gargi inicia uma investigação sobre a natureza última do mundo, desafiando Yajnavalkya a identificar o próprio fundamento de tudo o que existe. Ela pergunta ao sábio: "Como todo este mundo é trançado e urdido em água, em que então é a água trançada e urdida?" Yajnavalkya dá uma primeira resposta: "No ar [éter], Gargi." Mas Gargi não se satisfaz com essa resposta. "Em que então é o ar trançado e urdido?" Yajnavalkya dá outra resposta, e mais outra, e outra ainda, enquanto Gargi o obriga a identificar camadas cada vez mais fundamentais da realidade. Por fim, o sábio lhe revela que todo o universo é trançado e urdido naquilo que ele denomina *"brahman"*. Nesse ponto, ele alega que não pode ir adiante; declara-se *brahman* o final da busca de Gargi. Embora fossem sugeridas outras entidades como o possível fundamento de tudo o que existe (por exemplo, o espaço [4.1.1] e a água [5.5.1.]), todas são rejeitadas, uma vez que a realidade última e fundamento absoluto de tudo o que existe veio a ser identificado como *brahman*. *Brahman* foi declarado a meta última de toda inquirição metafísica. "Todos os conhecimentos védicos até agora obtidos se acham resumidos sob *'brahman'*" (1.5.17).

O termo *brahman* é derivado de uma raiz do sânscrito que significa "crescer", "expandir" ou "aumentar". Embora em seu uso inicial fosse associado com enunciados sagrados, ao longo do tempo veio a ser identificado com a própria força que sustenta o mundo. Na época dos Upanixades, *brahman* teve estabelecido seu principal significado de "realidade última", a causa primordial da existência, ou o fundamento absoluto de todo ser. Outra passagem famosa do *Brihad Aranyaka* retrata bem a busca metafísica do fundamento unitário do ser que tem seu termo final em *brahman* (3.9). Como essa passagem oferece uma penetrante iluminação da teologia hindu, cito-a integralmente.

A passagem se inicia com o estudioso Vidagdha Shakalya questionando o sábio Yajnavalkya sobre o número de deuses existentes. "Quantos deuses existem?" – pergunta ele. Yajnavalkya responde primeiro: "Três e trezentos, e três e três mil." Não satisfeito com essa resposta, Vidagha continua.

> – Sim, claro – disse ele –, mas em verdade, Yajnavalkya, quantos deuses existem?
> – Trinta e três.
> – Sim, claro – disse ele –, mas em verdade, Yajnavalkya, quantos deuses existem?
> – Seis.
> – Sim, claro – disse ele –, mas em verdade, Yajnavalkya, quantos deuses existem?
> – Três.
> – Sim, claro – disse ele –, mas em verdade, Yajnavalkya, quantos deuses existem?
> – Dois.

— Sim, claro — disse ele —, mas em verdade, Yajnavalkya, quantos deuses existem?
— Um e meio.
— Sim, claro — disse ele —, mas em verdade, Yajnavalkya, quantos deuses existem?
— Um.

Quando Vidagdha lhe pede que identifique esse "único deus", Yajnavalkya conclui: "Ele é chamado *'brahman'*."

Embora se exprima em múltiplas formas, a divindade é em última análise Uma. Aqui, mais uma vez, testemunhamos uma inquirição filosófica da natureza última da realidade que termina com a descoberta do princípio único unificador chamado *brahman*. Mas, se a realidade é o um, como — e por quê — veio ela a se tornar muitos? Relatos da criação de toda e qualquer tradição muito nos dizem a respeito disso. Vemos no *Brihad Aranyaka* um relato da criação que oferece respostas a essas interrogações e serve de modelo para grande parte do pensamento hindu.

"No início não havia nada" (1.2.1). Mas muita coisa vem do nada, porque boa parte da tradição hindu sustenta que todo o universo veio dessa ausência original. Tal como a moderna teoria do "Big Bang" ["A Grande Explosão"], esse texto descreve uma expansão a partir de um ponto original, sem dimensão, de unidade infinita; porém, ao contrário da teoria do Big Bang, esse relato da criação nos diz *por que* a expansão ocorreu.

No início, não havia nada exceto o princípio único unitário *brahman*. Mas, como estava sozinho, *brahman* sentia-se solitário e "não tinha nenhum prazer" (1.4.2). Nesse estado de solidão, ele desejava outro ser e por isso dividiu-se em duas partes, homem e mulher. Saindo do estado original de neutralidade abstrata, o par homem e mulher começou a se relacionar sexualmente, e disso nasceu todo o universo de formas diversas. Logo, o ponto original de unidade indiferenciada se dividiu, e, numa espécie de explosão, produziu o mundo fenomênico de formas múltiplas. O *Brihad Aranyaka* denomina isso a "supercriação de *brahman*" (1.4.6). Esse relato da criação exprime a verdadeira natureza da realidade e a meta última dos seres no âmbito dessa realidade. Teremos ocasião de nos referir a essa história mais tarde, mas o importante é notar que ela explica a multiplicidade do mundo, ao mesmo tempo que reconhece de maneira fundamental a radical interconexão do mundo. A unidade original nunca se perde; ela simplesmente assume a aparência de múltiplas formas.

Essa teoria da origem do universo reconhece a simultaneidade de unidade e diversidade. A realidade una se diferencia por meio daquilo que o texto chama de "nome e aparência visível (1.4.7). O mundo que vivenciamos com os nossos sentidos é, portanto, uma única realidade, ainda que receba o revestimento de uma variedade de nomes e de aparências. Isso é expresso de maneira exata nos seguintes versos:

> O mundo lá é pleno;
> O mundo aqui é pleno;
> A plenitude da plenitude vem.
> Depois de partir plenamente do pleno,
> Ela ainda permanece completamente plena. (5.1.1)

Temos aqui uma representação da divindade que é ao mesmo tempo imanente e transcendente. *Brahman* não só está *no* mundo, como *é* o mundo; há também uma dimensão de *brahman* que se acha completamente além do mundo de múltiplas formas. Isso é afirmado no *Brihad*

Aranyaka como um ensinamento sobre os dois aspectos (*rupa*) de *brahman* como a forma e o informe: "um tem uma forma fixa (*murta*), e o outro é sem forma fixa (*amurta*)" (2.3.1). *Brahman* na qualidade de todas as formas é tudo aquilo que é sólido e transitório, ao passo que *brahman* na qualidade do informe é etéreo e imutável. Uma boa maneira de abordar essa filosofia é refletir sobre o duplo sentido da frase: "Nada permanece sempre o mesmo." O mundo das coisas concretas se acha em fluxo contínuo e sempre em mudança; as coisas não permanecem sempre as mesmas. Por outro lado, a nadeidade de que tudo vem é eterna e imutável; permanece sempre a mesma. É importante contudo lembrar que não se trata de duas realidades distintas, mas da mesma realidade vista de perspectivas diferentes. O mundo das formas é impregnado pelo *brahman* unificado da mesma maneira como a água é impregnada pelo sal que nela se dissolve: "Ele é assim: quando é jogada na água, uma porção de sal se dissolve nessa mesma água, e não pode ser dela separada. Mas, seja qual for o ponto do qual se dê um gole, o sal está presente! Do mesmo modo, esse Ser Imenso não tem limite nem fronteira e é uma só massa de percepção" (2.4.12).

Antes de passarmos ao exame do que o *Brihad Aranyaka* tem a dizer sobre a natureza humana, deve-se mencionar um importante aspecto adicional. Várias passagens insistem que *brahman* é inexprimível e que, portanto, é impossível defini-lo. Dizem-nos, por exemplo, que *brahman* "não é áspero nem liso; não é curto nem longo; não tem sangue nem gordura; é sem sombra ou escuridão; é sem ar ou espaço; é sem contato; não tem sabor nem cheiro; é sem visão ou audição; é sem fala ou mente; é sem energia, sem alento e sem boca; é além de medidas;

não tem nada dentro ou fora de si; ele não come nada; e ninguém o come" (3.8.8). Ou seja, *brahman* está completamente além do mundo que experimentamos por meio dos sentidos. Isso costuma ser expresso no texto pela afirmação de que *brahman* "não é isto nem aquilo" (*neti neti*).

Por outro lado, há passagens que identificam *brahman* com tudo aquilo que experimentamos com os sentidos: "Está claro que este eu é *brahman* – este eu que é feito de percepção, feito de mente, feito de visão, feito de alento, feito de audição, feito de terra, feito de água, feito de vento, feito de espaço, feito de luz e de ausência de luz, feito de desejo e de ausência de desejo, feito de raiva e de ausência de raiva, feito do justo e do injusto; este eu é feito de tudo" (4.4.5). Em contraste direto com a concepção do "nem isto nem aquilo", essa passagem continua: "Ele é feito disto. Ele é feito daquilo." Essas duas maneiras distintas de descrever *brahman* levaram a compreensões divergentes do mundo e do eu, o que por sua vez resultou em significativas diferenças em termos de prática religiosa. Duas das mais importantes interpretações dos Upanixades são examinadas na seção final deste capítulo.

Teoria da natureza humana

O reconhecimento de que toda a vida se acha em conexão tem claras implicações para uma teoria da natureza humana. De acordo com o *Brihad Aranyaka*, somos parentes não só de seres humanos como também de todos os outros seres. Esse texto ensina que o eu essencial de um ser humano se acha radicalmente conectado com todos os seres: "O eu que está em tudo é este eu de vocês" (3.5.1). O eu último – que os Upanixades designam pelo termo *"atman"* – não é, portanto, uma unidade autônoma que age independentemente de todos os outros seres, mas é em vez disso parte dessa rede inter-relacionada mais ampla da realidade. "Este mesmo eu [*atman*] é o senhor e rei de todos os seres. Do mesmo modo como todos os raios estão presos ao cubo e ao aro da roda, assim também o eu de cada um está preso a todos os seres, a todos os deuses, a todos os mundos, a todos os alentos e a todos esses corpos" (2.5.15). O texto deixa muito claro que o verdadeiro eu não só anima todos os seres, mas também é inseparável do todo da realidade (2.5.1-14). O eu é tudo, e tudo é o eu.

Os Upanixades por certo reconhecem um eu transitório e separado de outros eus. Ou seja, o eu como ego (*ahamkara*) é identificado com o corpo e com seu ambiente social. Trata-se do eu que nos ocorre de imediato quando alguém nos pergunta quem somos. Trata-se também do eu ao qual atribuímos um grande significado e nos empenhamos em preservar. Esse não é contudo o eu último nem a verdadeira identidade de um ser humano. O eu essencial é definido como o *atman*. Nosso eu comum é apenas uma máscara finita, condicionada, que recobre nossa natureza verdadeira e infinita.

Algumas passagens do *Brihad Aranyaka* sugerem que o *atman* é indefinível. "Sobre o eu (*atman*), só se pode dizer 'nem – nem –'." Ele é inapreensível, porque não pode ser apreendido. Não decai, porque não está sujeito a decair. Ele não tem nada, mas não treme de medo nem pode ser ferido" (3.9.28). Mas outras passagens identificam o *atman* com todas as coisas: "Ele é o autor de todas as coisas – o autor de tudo! O mundo é seu – ele é o próprio mundo!" (4.4.13). Ainda assim, adiante o texto define o *atman* como o eu imortal, imutável; ele "está além da fome e da sede, da tristeza e da ilusão, da velhice e da morte" (3.5.1).

Um ensinamento central dos Upanixades é que o verdadeiro eu é a dimensão eterna da realidade que de algum modo não difere da realidade mais excelsa de *brahman*: "E este é o imenso eu não-nascido, que não envelhece, não morre, que é imortal, liberto de todo medo – o *brahman*" (4.4.24). Como é identificado com *brahman*, o *atman* também é definido como a própria fonte de toda vida, a raiz de toda existência: "Assim como a aranha lança para fora seu fio, e pequenas centelhas saltam do fogo, assim também, em verdade, todas as funções vitais, todos os mundos, todos os deuses e todos os seres advêm deste eu [*atman*]. Seu nome oculto é: 'O real por trás do real', porque o real consiste nas funções vitais e o eu é o real por trás das funções vitais" (2.1.19). Em resumo, o *Brihad Aranyaka* ensina que o eu essencial de cada um transcende a individualidade, a limitação, o sofrimento e a morte.

Outra designação comum que encontramos para o *atman* é que ele é o "controlador interno" de toda vida (3.7.2-23). Essa designação se acha vinculada com o que é talvez a mais notável caracterização do *atman* que encontramos no *Brihad Aranyaka*. O *atman* não é um objeto corriqueiro da consciência, mas antes um sujeito de consciência, ou a testemunha silenciosa da consciência. O *atman* é o conhecedor de todo o conhecer, ou o "perceptor da percepção". "Quando, contudo, o Todo se tornou o próprio eu [*atman*], quem então está presente para ser cheirado e por que meios? Quem está presente para ser visto e por que meios? Quem está presente para ser ouvido e por que meios? Quem está presente para ser cumprimentado e por que meios? Quem está presente para ser pensado e por que meios? Quem está presente para ser percebido e por que meios? Por que meios se pode percebê-lo através de quem se percebe todo este mundo? Veja – por que meios se pode perceber o percebedor?" (2.4.14). Na qualidade de perceptor da percepção, o *atman* não é objeto da consciência, e, por conseguinte, não pode ser conhecido de nenhuma maneira comum, uma vez que se declara ser ele a própria consciência. O objetivo primordial dos Upanixades é produzir uma mudança de identidade do eu-ego transitório associado com o corpo para o eu eterno e infinito que não se distingue do Todo. Em outras palavras, a meta é perceber que o *atman* é *brahman*, embora a tarefa de delinear os detalhes dessa equação tenha sido deixada a autores subseqüentes.

De acordo com os Upanixades, nossa vida presente é uma mera série bem longa de mortes e renascimentos. Quando cessar nossa vida presente, renasceremos num novo corpo. "É assim: tal como a lagarta, quando chega ao fim de uma folha de grama, toma outra folha e se dirige para ela, assim também o eu [*atman*], tendo deixado o corpo, tornando-o inconsciente, toma outro corpo e se dirige para ele" (4.3.3). Ou seja, assim como a lagarta passa de uma folha de grama a outra, assim também passamos de um corpo a outro. Embora alguns filósofos posteriores tenham insistido que é um tipo diferente de eu que constitui o eu individual que passa pela reencarnação, esta última parece ser um pressuposto nos Upanixades.

A partir desse pressuposto, são esboçados no *Brihad Aranyaka* dois caminhos de possíveis experiências pós-morte (6.2.15-16). A primeira opção é o caminho de retorno a esta vida. Depois da morte, os corpos das pessoas são postos no fogo crematório. Os mortos que realizaram sacrifícios religiosos destinados a melhorar a vida mundana passam para a fumaça. A partir dela, vão para a noite e terminam assim no mundo dos ancestrais. Desse mundo, deslocam-se para a lua, onde se transformam na chuva, mediante a qual voltam à terra. Chegando a esta última, viram alimento. O alimento é ingerido por um homem e então oferecido no fogo de uma mulher, onde as pessoas nascem outra vez. Esse é o ciclo constante de morte e renascimento que define a vida da maioria das pessoas.

Há contudo outro caminho para os mestres de meditação, habitantes das florestas, que alcançaram o mais elevado conhecimento. Depois da morte, os corpos são postos no fogo crematório e passam para as chamas. Das chamas, passam para o dia e assim vão parar no mundo dos deuses. Passam dali ao sol. O sol representa, em boa parte da mitologia hindu, o portal de saída deste mundo, e, com efeito, dizem-nos que quem alcança o conhecimento mais elevado vai do sol para o mundo de *brahman*, de onde nunca retorna à vida terrena. Essa é uma das primeiras representações da *moksha* ou "libertação" do ciclo constante de morte e renascimento. Embora esses dois caminhos sejam apresentados simplesmente como as duas possibilidades pós-morte no *Brihad Aranyaka*, alguns Upanixades posteriores deixam claro que o caminho do não-retorno é bem superior ao do retorno. O retorno a este mundo é indicação do fracasso em alcançar o conhecimento de seu próprio eu. Assim, declara-se que um tipo bastante especial de conhecimento constitui o ponto culminante de uma vida humana bem-sucedida.

Diagnóstico

O principal problema da existência humana é o fato de ignorarmos a verdadeira natureza da realidade. "Digno de pena é o homem, Gargi, que parte deste mundo sem conhecer este imperecível" (3.8.10). Vemos nessa afirmação que todo o sucesso reside em conhecer o *brahman* imperecível; mas é extremamente difícil conhecê-lo, já que ele é aquilo que "vê mas não é visto; que ouve mas não pode ser ouvido; pensa mas não pode ser pensado; percebe mas não pode ser percebido. Além desse imperecível, não há nenhum que veja, nenhum que ouça, nenhum que pense, nenhum que perceba" (3.8.11). Sem o conhecimento do *brahman* unificado e infinito, só se percebem os objetos comuns da consciência e, por conseguinte, sofre-se o destino da completa identificação de si mesmo com o mundo moribundo das formas fragmentárias e transitórias. "Tem-se de contemplá-lo com a mente – não há aqui nenhuma coisa diversa! De morte em morte vai aquele que vê aqui alguma espécie de diversidade" (4.4.19).

A ignorância da verdadeira natureza da realidade equivale à ignorância da verdadeira natureza de nosso próprio eu. Ou, dito de outra forma, a condição humana consiste em um sério problema de identidade: não sabemos quem de fato somos. Identificamo-nos com o mundo fenomênico fragmentado, aparentemente desvinculado, da diversidade, em vez de nos identificarmos com o *brahman* uno. Somos criaturas de infinito presas a personalidades altamente condicionadas e finitas. Enquanto na realidade somos consangüíneos do imenso universo, passamos a vida assoberbados e cegos pelos projetos limitados de nosso próprio ego. O resultado disso é alienação: com relação aos outros, com relação à própria fonte da vida, com relação ao Uno, e mesmo com relação ao nosso verdadeiro eu. A condição humana é assim uma experiência permanente de fragmentação, de isolamento, de solidão. Em conseqüência, nosso mundo social se acha repleto de crimes e de conflitos hostis, movido por nossa crença em nossa própria individualidade, e somos atingidos pela ansiedade existencial, cujas raízes estão fincadas num investimento no eu desvinculado e transitório.

De acordo com os Upanixades, a vida do indivíduo isolado é tudo menos uma vida de liberdade. A vida fundada na crença de um eu separado é altamente condicionada e determinada. Os fatores determinantes são identificados no *Brihad Aranyaka* – o primeiro texto a mencionar esse conceito tão importante no hinduísmo posterior – como *karma*. O sábio Yajnavalkya fala do *karma* nos seguintes termos: "Aquilo que o homem se torna depende de como ele age e de como se conduz. Se suas ações são boas, ele se torna alguma coisa boa. Se suas ações são más, ele se torna alguma coisa má. O homem se torna uma coisa boa por meio de boas ações e uma coisa má por meio de más ações" (4.4.5). A vida humana corriqueira, dominada pela crença num eu autônomo, é revelada como algo bastante contingente, condicionada por forças determinadas por ações praticadas anteriormente. Yajnavalkya continua: "O homem decide de acordo com seu desejo, age de acordo com sua decisão e vem a ser de acordo com sua ação." Isso significa que somos psicologicamente programados de tal maneira que, em circunstâncias normais, a ação livre é impossível. Agimos a partir do desejo, ele mesmo resultado de alguma ação anterior registrada na mente inconsciente. Esse desejo se manifesta como decisão de agir. A ação subseqüente deixa na mente uma impressão, que vai então determinar a natureza de outro desejo – a raiz da ação futura. Eis pois uma descrição da condição humana como um ciclo de servidão psicológica. Boa parte da ioga e da meditação hindus tem como objetivo nos libertar desse estado limitado e condicionado.

Prescrição

Os Upanixades são de modo geral otimistas com respeito à possibilidade de se alcançar a libertação última. Mas o *Brihad Aranyaka* não esboça um único roteiro prescritivo. Uma importante tarefa de autores sistemáticos posteriores foi a de articular uma interpretação coerente desse e de outros Upanixades, bem como de delinear um roteiro específico rumo ao estado último descrito por esses textos. Como vamos ver, as interpretações divergentes que surgiram diferiam muito no tocante à natureza do mundo e do eu.

Em termos gerais, o caminho upanixádico para a liberdade envolve a aquisição de um tipo especial de conhecimento. O conhecimento comum não parte as cadeias da nossa servidão. "Na escuridão cega elas entram, as pessoas que prestam culto à ignorância; e numa escuridão ainda mais cega as que se deleitam com aprender" (4.4.10). Os textos upanixádicos não se opõem a todo conhecimento, mas emitem uma nota de cautela sobre os limites do conhecimento convencional. O que essa passagem parece estar dizendo é que é perigoso confiar em demasia no conhecimento comum. As informações comuns nada têm de errado para se agir no mundo convencional das múltiplas formas; não obstante, são inúteis para se conhecer a natureza última da realidade e do eu.

O *Brihad Aranyaka* deixa claro que é preciso em última análise deixar de lado o apego às maneiras comuns de conhecer. O texto nos diz que o homem "deve parar de ser um pândita e tentar viver como uma criança. Quando pára de viver como uma criança ou como um pândita, ele se torna um sábio" (3.5.1). Ou seja, depois de se expor o suficiente às escrituras e de se tornar um especialista no sentido acadêmico, deve-se abandonar toda confiança na aprendizagem e tentar voltar ao estado simples e espontâneo da criança. Isso não dá no entanto indicações claras sobre como se atinge o conhecimento e a liberdade últimos. O *Brihad Aranyaka* só recomenda em termos bem gerais um caminho de afastamento das maneiras comuns de ser e para a meditação contínua sobre o *atman*. Essa imprecisão é característica não somente desse texto como dos outros Upanixades. Coube a comentadores posteriores descrever com detalhes o que esse estado final implica exatamente e como é possível chegar a ele.

Interpretações divergentes

Um dos grandes desacordos no âmbito do hinduísmo se dá entre aqueles que vêem a realidade última como um absoluto impessoal e os que enfatizam uma relação pessoal com a realidade última. Não surpreende que essas duas posições radicalmente diferentes tenham levado a interpretações do *Brihad Aranyaka* que muito divergem entre si. Uma introdução completa ao hinduísmo posterior envolveria a descrição de uma abrangente gama de práticas religiosas, incluindo ritos domésticos, rituais do templo, peregrinações, disciplinas ióguicas etc., bem como das crenças que fundamentam essas práticas diversas. Embora se trate de tarefa impossível nos limites deste capítulo, as idéias de duas figuras dominantes da tradição hindu – Shankara e Ramanuja – são examinadas aqui a fim de indicar o amplo conjunto de práticas e crenças incluído sob a rubrica "hinduísmo". Os dois são identificados como filósofos do Vedanta, tendo "Vedanta" o significado literal de "final dos Vedas", ou seja, o ponto culminante dos livros revelados de sabedoria conhecidos como Vedas. Esse termo é tomado primordialmente como referência aos ensinamentos dos Upanixades, mas inclui ainda o *Bhagavad Gita* e o *Brahma Sutra*. Embora também haja escolas de filosofia hindu que não são Vedanta, Shankara e Ramanuja representam duas das mais influentes escolas de pensamento e prática hindus. Como os dois escreveram comentários sobre o *Brahma Sutra*, um texto que faz investigações mais profundas sobre o conceito de *brahman* introduzido nos Upanixades, podemos usar essas duas obras para explorar essa divergência fundamental de interpretação.

O Advaita Vedanta de Shankara

Shankara (788-820) é um dos filósofos hindus mais conhecidos na Índia e no Ocidente. Embora seja a base de apenas uma pequena minoria de hindus, tendendo a dominar excessivamente as compreensões ocidentais do hinduísmo, seu sistema filosófico do Advaita ("Não-Dualismo") representa uma importante posição filosófica no âmbito do mundo hindu e constitui uma das mais populares racionalizações do ato de renúncia religiosa.

O que significa conhecer *brahman*? A questão mais premente que permaneceu da especulação dos Upanixades talvez seja: qual a relação entre a realidade última de *brahman* e o mundo de multiplicidade que experimentamos com os nossos sentidos? Surgiu uma interrogação concomitante: qual o *status* de um Deus pessoal e da alma individual? Shankara foi um dos primeiros filósofos hindus a formular um ponto de vista singular e coerente com base nos Upanixades, um ponto de vista que abordou essas importantes questões. A sua é uma filosofia da unidade que em última análise desvaloriza toda diversidade. Para Shankara, *brahman* é a única verdade, o mundo é em última análise falso, e a distinção entre Deus e a alma individual é apenas uma ilusão.

Para Shankara, *brahman* é a única verdade. É a realidade indiferenciada absoluta que não tem par (*advaita*) e é desprovida de quaisquer qualidades específicas (*nirguna*). Como compreender que a mais elevada realização de *brahman* é um estado em que desaparecem todas as distinções entre sujeito e objeto, Shankara conclui que o mundo da diversidade deve ser, no fim das contas, falso. Ele reconhece que os Upanixades falam de dois aspectos de *brahman*, um dotado de qualidade (*saguna*) e outro sem qualidades (*nirguna*), mas sustenta que a primeira é mero resultado da percepção condicionada por fatores limitadores. "*Brahman* é conhecido em dois aspectos – um aspecto dominado pelo apêndice limitador constituído pelas diversidades do universo, que é uma modificação do nome e da forma, e o outro destituído de todos os fatores condicionantes e oposto ao primeiro" (1.1.12). Na verdade, Shankara alega que todas as aparentes distinções no interior de *brahman* resultam da superposição dos quadros de referência do contemplador. Isso nos leva a um dos mais importantes conceitos de sua filosofia: a teoria da ilusão, ou "*maya*". *Maya* é o processo mediante o qual o mundo da multiplicidade vem a ser; é a força por meio da qual o informe toma forma. *Maya* tanto oculta como distorce a verdadeira realidade de *brahman*, manifestando-se epistemologicamente como ignorância (*avidya*). Suas operações não podem ser explicadas com palavras, visto que a própria linguagem é um produto de *maya*. Como toda diversidade é no fim das contas falsa para Shankara, *maya* é um importante obstáculo à realização mais elevada do conhecimento último.

Isso significa que o mundo que experimentamos com os nossos sentidos não é *brahman* e, por conseguinte, não é em última análise real: "Os sentidos abarcam naturalmente objetos e não *Brahman*" (1.1.2). Com isso, Shankara por certo não quer dizer que o mundo seja produto de nossa imaginação; ele foi um firme oponente do idealismo subjetivo. Para ele, o mundo tem uma realidade aparente; ou seja, é existencialmente real. Ele escreve: "Não se pode afirmar que as coisas exteriores não existam. Por quê? Porque elas são percebidas. Em verdade, coisas como uma coluna, uma parede, uma vasilha, uma roupa, são percebidas junto com cada ato de cognição. E não é possível que a própria coisa percebida seja inexistente" (2.2.28). Shankara reconhece a categoria do inexistente e dá como exemplo típico "o filho de uma mulher estéril". Nosso mundo, por outro lado, tem uma realidade aparente e, nesse sentido, "existe". Não obstante, como a experiência do mundo é desvalorizada pela experiência última de *brahman*, em que desaparecem todas as distinções, não pode ela ser a realidade absoluta. Da mesma maneira como os conteúdos de um sonho perdem seu valor quando despertamos, assim também a experiência do mundo perde seu valor quando despertamos para a iluminação última. O exemplo típico usado para explicar isso é o da cobra e da corda. Uma pessoa percebe erroneamente uma corda como cobra à luz difusa. O medo que essa pessoa passa em seguida a sentir é existencialmente bastante real. Mas, quando a luz do conhecimento ilumina a "cobra", descobre-se que ela era o tempo inteiro uma corda. A cobra foi simplesmente sobreposta à corda, o que deu à cobra uma realidade aparente. Assim também – segundo a analogia – o mundo e *brahman*. O mundo da multiplicidade costuma ser sobreposto ao *brahman* não-dual, e disso resulta que vivemos num mundo ilusório. A experiência do mundo, no entanto, revela-se falsa no conhecimento último de *brahman*. Essa teoria permite que os filósofos dissociem o mundo, problemático que é, da verdadeira realidade, do mesmo modo como reflexos da lua em vários recipientes com água são no final dissociados da lua.

O mesmo argumento se aplica a duas outras importantes entidades diferenciadas: o Deus pessoal e a alma individual. Shankara define o Deus pessoal como *brahman* dotado de atributos. Mas, como todos os atributos são produto dos fatores limitadores que compõem a ignorância, também Deus é por fim declarado uma ilusão. O culto do Deus pessoal é contudo altamente benéfico, porque, embora não seja a realidade mais elevada, Deus é a mais elevada realidade concebível por criaturas ainda mergulhadas na ilusão cósmica de *maya*. Quer dizer, o Deus pessoal é um componente necessário da experiência espiritual, visto que proporciona uma transição entre o mundo e *brahman* para quem ainda se acha apegado ao mundo. No final, entretanto, deve-se renunciar a esse sentido de separação e reintegrar novamente todos os deuses ao nosso eu.

Um conceito correspondente é para Shankara o de alma individual (*jiva*). Deve estar claro a esta altura que toda diversidade é considerada por Shankara resultado da percepção ilusória, de modo que não surpreende saber que ele em última análise rejeita a alma individual como ilusória. Embora envolva um maior grau de realização do que a identidade do ego associada ao corpo, a *jiva*, ou alma individual, no fim das contas também é irreal. O verdadeiro eu é para Shankara o *atman*, definido como pura consciência. Tal como o mundo e Deus, a alma individual é apenas realidade aparente, realidade cuja aparência é resultado da ação de ver o eu por intermédio dos fatores limitadores da ignorância. Ele escreve que o eu "é dotado de consciência eterna... é apenas o Próprio *Brahman* supremo, que, enquanto permanece imutável, parece existir como alma individual devido à associação com apêndices limitadores" (2.3.18). Embora nas experiências cotidianas tenhamos a sensação de ser agentes de nossas ações, isso também é uma ilusão. Isso significa que o verdadeiro eu está eternamente livre dos efeitos condicionantes do *karma*; para ser livre, é preciso apenas dar-se conta de que a servidão é uma construção da mente. Shankara também sustenta que o eu se acha além de toda experiência, visto que esta envolve uma diferença entre quem experimenta e o que é experimentado. Logo, no nível mais elevado de realização, a alma individual, o sujeito de toda experiência, desaparece como uma ilusão; o verdadeiro eu revela-se idêntico a *brahman*, o fundamento unificado absoluto do ser.

A meta de todo empreendimento espiritual é para Shankara perceber esse fato último. O nível mais elevado de conhecimento de *brahman* envolve o apagamento de todas as distinções entre o sujeito cognoscente e todos os objetos conhecidos no estado de identidade absoluta. Uma metáfora eletiva da experiência última assim concebida é a reimersão de todas as gotas de água no oceano indiferenciado uno. Eis como Shankara interpreta a busca upanixádica do conhecimento último.

Mas quais são os componentes essenciais de um caminho destinado à realização dessa façanha última? Na primeira seção deste capítulo, tomamos conhecimento do mito da criação do *Brihad Aranyaka*, que conta como o mundo das múltiplas formas veio a existir a partir do desejo, o desejo por outro ser. O elemento essencial da história é para Shankara a unidade que precede a diversidade produzida pelo desejo. Como o desejo é associado com a força criadora que impõe a separação à unidade original, a erradicação do desejo é um passo necessário rumo ao processo de reunificação. Isso nos leva à idéia de renúncia. O mais elevado caminho espiritual, de acordo com Shankara, consiste numa prática de meditação destinada a levar à compreensão iluminada de que "eu sou *brahman*". Ele denomina *"samadhi"* a prática da meditação sobre o verdadeiro eu e a compreensão desse eu. Um importante pré-requisito dessa prática é contudo um afastamento das atividades sociais e domésticas comuns, bem como a retirada do investimento que costumamos fazer nos dados dos sentidos. Em outras palavras, uma das mais proeminentes conseqüências da teoria de Shankara é o passo rumo à renúncia ao mundo. Credita-se a Shankara a fundação de uma importante ordem de ascetas (*sannyasis*), conhecidos como os Dashanamis. São homens que enveredam pela senda realizando seu próprio rito funerário e assim indicando o fim de sua identidade anterior e o começo da participação em tempo integral numa comunidade religiosa celibatária e na meditação sobre *brahman* como o absoluto impessoal.

O Vishishta Advaita Vedanta de Ramanuja

Diametralmente oposta às concepções de Shankara é a perspectiva dos hindus – especialmente os Vaishnavas (adoradores de Deus na forma do Senhor Vishnu) –, para quem a natureza pessoal do divino é condição última, e não uma ilusão a ser transcendida. Um dos mais firmes e bem conhecidos oponentes de Shankara é Ramanuja (1017-1137), importante teólogo e um dos principais intérpretes do Vedanta no movimento devoto indiano do sul da Índia conhecido como Vaishnavismo Shri. Seu sistema filosófico recebe a designação de Vishishtav Advaita ("Não-Dualismo do Diferenciado"), uma vez que considera reais as coisas diferenciadas e as compreende como atributos de uma realidade não-dual. A filosofia de Ramanuja valoriza tanto a unidade como a multiplicidade, atitude que resulta numa visão deveras distinta da natureza de Deus, do mundo e do eu.

Em seu comentário ao *Brahma Sutra*, Ramanuja critica Shankara por sua recusa em reconhecer qualidades ou distinções na realidade não-dual de *brahman*. Tal como Shankara, Ramanuja aceita a asserção dos Upanixades de que *brahman* é a única realidade; mas, para ele, *brahman* significa Deus, que é dotado de inúmeras qualidades excelentes. "A palavra '*Brahman*' denota primordialmente a Pessoa suprema que é a morada de todas as qualidades auspiciosas num grau infinito e que é livre de toda mácula mundana. Essa Pessoa suprema é o único Ser com relação ao qual o conhecimento da real natureza resulta na libertação" (1.1.1, p. 1). Assim, Ramanuja não distingue entre *brahman* e Deus, ao contrário de Shankara. Em vez disso, interpreta as descrições de *brahman* nos Upanixades como "sem qualidades" no sentido da ausência de certos tipos de qualidades, qualidades negativas ou constritoras. Com efeito, ele reverte o privilégio atribuído por Shankara a *brahman* sem qualidades (*nirguna*), alegando que *brahman* com qualidades (*saguna*) é a forma superior. De modo específico, Ramanuja resiste à conceituação feita por Shankara de *brahman* como pura consciência indiferenciada, afirmando que, se isso fosse verdade, qualquer conhecimento de *brahman* seria impossível, visto que todo conhecimento depende de um "objeto" diferenciado. "*Brahman* não pode ser, ao contrário do que dizem os advaitins, pura Consciência indiferenciada, porque não se pode aduzir nenhuma prova para estabelecer objetos indiferenciados" (1.1.1, pp. 19-20).

O tipo particular de experiência a que devemos aspirar é, de acordo com Ramanuja, um conhecimento bem-aventurando de *brahman* como o Senhor dotado de qualidades infinitas e surpreendentes, ou, dito de modo mais simples, o amor de Deus. Mas, para que essa relação seja possível, tem de haver uma distinção entre o sujeito cognoscente, ou a pessoa que ama (a alma individual), e o objeto conhecido, ou o amado (o Senhor). Muitos teólogos devotos do hinduísmo observam que não querem se tornar o açúcar (a meta de Shankara); desejam em vez disso a experiência bem-aventurada de provar o açúcar (a meta de Ramanuja). Isso quer dizer que se deve levar a sério essa diferença, o que implica uma descrição do mundo da experiência dos sentidos bastante distinta da que se encontra no sistema Advaita de Shankara.

Para Ramanuja, o mundo é real, tendo sido criado a partir do desejo de Deus de se tornar múltiplo. Ou seja, o mundo é resultado de uma real transformação de *brahman*. O exemplo típico usado para explicar esse ponto de vista é a transformação do leite em coágulos. Os coágulos produzidos a partir do processamento do leite são ao mesmo tempo diferentes e não-diferentes de sua fonte. Essa concepção é aceita mais amplamente pelos hindus do que a idéia de Shankara de que o mundo é em última análise uma ilusão. Implica que o processo de criação que resultou na multiplicidade não deve ser por fim superado, mas tomado como aquilo que verdadeiramente é, o produto da atividade criadora de Deus. Tal como Shankara, Ramanuja vincula o desejo do um de se tornar muitos com o conceito de *maya*; contudo, em vez de conceituar *maya* como "ilusão", como o faz Shankara, considera-a "o poder criador" de Deus. "A palavra Maya não significa irreal ou falso; significa o poder que é capaz de causar efeitos prodigiosos" (1.1.1, p. 73). Logo, o mundo é visto sob uma ótica bem mais positiva, e de fato Ramanuja chega a caracterizá-lo como o "corpo de Deus". Ele sustenta que *brahman* "é o criador, preservador e destruidor deste universo, que Ele permeia e do qual Ele é o Governante interior. O mundo inteiro, senciente e não-senciente, forma seu corpo" (1.1.1, p. 55). Ou seja, o mundo condicionado e transitório é um atributo do Deus incondicionado e eterno, como o corpo transitório é um atributo da alma eterna. O mundo é portanto diferente de Deus, mas também está inseparavelmente ligado a Deus, da mesma maneira como um atributo está ligado a sua substância.

O mesmo se passa com a alma individual (*jiva*). Também ela é considerada parte do corpo de Deus, e é dessa maneira que Ramanuja interpreta a identidade upanixádica entre *brahman* e o eu verdadeiro. Enquanto Shankara em última análise caracterizava a alma individual como uma falsa ilusão, já que a seu ver toda distinção desaparece na experiência final de *brahman*, Ramanuja sustenta que ela é real e eterna. Como parte de *brahman*, a alma é tanto diferente como não-diferente do todo (2.3.42, p. 298). O mundo da matéria e das almas individuais entra em Deus no momento da dissolução e se separa de Deus no momento da criação. Rejeitando a alegação de Shankara de que o verdadeiro eu é pura consciência para além da experiência, Ramanuja sustenta que o verdadeiro eu é um fruidor especial da experiência (2.3.20, p. 285). Em seu estado mais elevado, o verdadeiro eu é o conhecedor eterno e bem-aventurado de *brahman*.

O caminho da liberdade e a experiência bem-aventurada de *brahman* são bem representados na passagem a seguir. "Essa servidão pode ser destruída apenas por meio do Conhecimento, isto é, por meio do Conhecimento de que *Brahman* é o governante interior que difere das almas e da matéria. Esse Conhecimento é alcançado por meio da Graça do Senhor obtida pelo adequado cumprimento dos deveres cotidianos prescritos para diferentes castas e estágios da vida, deveres cumpridos não com a idéia de alcançar resultados mas com a idéia de propiciar o Senhor" (1.1.1, p. 80). Longe de renunciar ao mundo da ação, indica-se aqui uma maneira deveras particular de agir que está ligada ao *karma-yoga* do *Bhagavad Gita*, o outro grande texto vedanta. O *Bhagavad Gita* 2.47 afirma que quem está em busca da libertação última deve agir de modo tal que evite tanto um apego aos resultados da ação como o abandono da ação. Ou seja, na qualidade de um caminho de ação, o *karma-yoga* situa-se entre duas modalidades de comportamento comuns na religião hindu. De um lado, o caminho do sacrifício védico – e, nesse sentido, da ação comum – é uma modalidade de ação em que o ato é realizado com uma preocupação controladora quanto ao resultado da ação. Por que, afinal, fazemos alguma coisa, a não ser com vistas ao resultado que esperamos obter através da realização do ato? Boa parte das atividades religiosas segue essa mesma lógica; um ato religioso como o sacrifício védico é realizado a fim de se obter um certo resultado desejado. Mas, seguindo o *Bhagavad Gita*, Ramanuja sustenta que essa ação revela uma ignorância fundamental, servindo apenas para nos tornar ainda mais atrelados. A vida, de acordo com Ramanuja, é um drama cósmico (*lila*), no qual Deus ocupa a função de Dramaturgo último (2.1.33, p. 237). O corriqueiro ímpeto humano de controlar o resultado de todas as nossas ações equivale a um esforço de usurpação do papel do Dramaturgo. Além disso, insistir num resultado particular da ação é como dirigir-se a uma extraordinária loja repleta do mais estonteante estoque de doces com o desejo fixo por um certo tipo de doce, um doce que, como se vai descobrir, a loja não tem. O resultado é sofrimento e servidão em meio a uma situação potencialmente prodigiosa. O que fazer então? A resposta por certo não está em abandonar toda ação, porque essa é a outra modalidade de comportamento a ser evitada. Seguindo o *Bhagavad Gita*, Ramanuja insiste que devemos nos engajar na ação que nos couber de acordo com a nossa situação de vida. A renúncia ao mundo é apenas outra tentativa de estabelecer o controle, não podendo levar a um estado de fruição bem-aventurada. Ramanuja nos aconselha, em vez disso, a nos entregar por inteiro a Deus, porque só então somos livres para apreciar o maravilhoso espetáculo que é o mundo. Enquanto Shankara renuncia ao mundo, Ramanuja demonstra como viver livremente nele.

Embora tenha pouco a dizer acerca do culto a formas concretas de Deus em seu comentário ao *Brahma Sutra*, Ramanuja pertence a uma comunidade de devoção em que esse tipo de meditação constitui a prática religiosa central. Atos voltados para agradar antes ao Senhor que ao nosso eu egoísta costumam ser realizados no contexto do culto a formas concretas ou corpos de Deus, seja num templo ou num santuário doméstico. Fundadas em textos como o diálogo do *Brihad Aranyaka* em que Vidagdha pergunta a Yajnavalkya quantos deuses existem, essas formas concretas são consideradas formas múltiplas de uma divindade única, não-dual. *Brahman* é compreendido como plenamente presente nesses corpos especiais, que constituem formas limitadas assumidas compassivamente por Deus com o propósito de garantir o acesso de si a seres encarnados dotados de sentidos comuns. As formas limitadas são como a moldura definidora, posta em torno de certas obras de arte, que permite que a percepção focalize algo que de outra maneira poderia passar despercebido. Boa parte da prática hindu envolve o serviço amoroso a essas formas concretas de Deus. Enquanto Shankara via esses atos como anteriores ao empreendimento mais elevado da meditação *samadhi*, para Ramanuja os atos de amor dirigidos a Deus são supremos. A devoção amorosa implica uma atitude com relação às emoções humanas bastante distinta da que observamos em Shankara. Como para Ramanuja o mundo é real, tudo o que é parte dele – incluindo as emoções humanas – pode ser usado como combustível para a vida espiritual.

O objetivo desses atos de devoção é um tipo de união com Deus no qual a alma liberta vive na presença amorosa do Senhor, mas não se dissolve numa unicidade indiferenciada com Ele. Isso costuma ser concebido no âmbito do vaishnavismo como uma existência eterna e bem-aventurada na morada celestial de Deus de Vaikuntha. Aqui, "o eu liberto permanece como fruidor do *Brahman* supremo" (4.4.20, p. 493).

Observamos, então, duas sensibilidades religiosas radicalmente diferentes que advêm dos mesmos textos dos Upanixades, ou ao menos são justificadas por eles. Para Shankara, o não-dualismo do *Brihad Aranyaka* significa que o mundo da multiplicidade e tudo aquilo que se acha vinculado a ele são em última análise uma ilusão. Com a aurora da verdadeira consciência, o mundo, o eu individual e mesmo Deus revelam-se irreais. A participação no mundo cotidiano é considerada por conseguinte como um empecilho à vida espiritual mais elevada. A conseqüência dessa concepção é uma vida religiosa que valoriza a renúncia ao mundo e suspeita de tudo o que se baseia nos sentidos humanos comuns. Ramanuja, por outro lado, interpretou o não-dualismo do *Brihad Aranyaka* como tendo o seguinte sentido: todas as coisas têm uma única causa, mas os efeitos múltiplos dessa causa única são reais. A realidade última é entendida como Deus na qualidade de Controlador Interior do mundo multíplice e da alma individual. A conseqüência dessa posição é uma vida religiosa de atividade devota que vê o mundo em termos positivos e que usa os sentidos comuns a fim de buscar a experiência bem-aventurada do *brahman* diferenciado. Embora ainda seja possível encontrar hoje, em quase todos os centros religiosos da Índia, ascetas que renunciaram ao mundo, as práticas devotas nos templos e santuários domésticos dominam a tradição hindu.

Discussão crítica

A filosofia vedanta representada por Shankara e Ramanuja é uma tradição textual. Isso significa especificamente que os filósofos vedanta – mesmo que insistam que a prova final de tudo é a experiência – se apóiam a fundo em escrituras como o *Brihad Aranyaka*, que consideram autorizadas. Muitos filósofos atuais não aceitam as escrituras como fonte confiável da verdade. Além disso, a filosofia vedanta se apóia nas alegações transcendentais dos Upanixades, representadas pelo conceito de *brahman*. Obviamente, isso também contribui para torná-la suspeita aos olhos dos filósofos seculares, para quem a idéia de transcendência é altamente problemática. Isso é afinal o que faz da filosofia vedanta uma filosofia "religiosa". As tradições filosóficas da Índia diferem de muitas filosofias do Ocidente justamente no tocante a isso, uma vez que boa parte da filosofia hindu pretende ser um auxílio prático da experiência espiritual.

Em contraste com muitas das outras teorias apresentadas neste livro, a filosofia vedanta parece ter pouco a dizer sobre lutas e reformas sociais e políticas ou sobre a moralidade prática. Embora alguns defensores recentes da filosofia vedanta tenham negado essa acusação, há nisso certa verdade. Os escritos dos filósofos vedantas interessam-se em atingir um conhecimento e uma liberdade superiores, e por meio de preocupações metafísicas a respeito da natureza da realidade última, do mundo e do eu. Por exemplo, *brahman*, na visão de Shankara, pouco tem a ver com o mundo de todos os dias, e transcende todas as distinções normativas, estando o verdadeiro eu além das categorias do bem e do mal. Deve-se no entanto assinalar que Shankara insiste na existência de conseqüências morais de todas as ações daqueles que vivem no mundo condicionado de *maya*. Atos altruístas, compassivos, produzem a erosão das falsas fronteiras e levam à realização superior, ao passo que atos egoístas, violentos, reforçam as falsas fronteiras e levam a um aumento da servidão. Além disso, embora o sistema de Ramanuja valorize o mundo na teoria, às vezes, na prática, ocorre que as particularidades mundanas não são valorizadas em si mesmas, mas apenas na medida em que levam ao conhecimento de Deus.

Embora participem ativamente das discussões metafísicas no *Brihad Aranyaka*, e embora não exista evidência textual que sugira que elas fossem de algum modo excluídas das metas mais elevadas expressas nesse texto, as mulheres são excluídas por Shankara da ordem dos ascetas, e nunca lhes é dada permissão para ser sacerdotisas do templo na tradição ramajúnica do Vaishnavismo Shri. Apesar de Ramanuja ter aberto sua tradição às mulheres e às classes inferiores, a filosofia vedanta em geral e a escola de Shankara em particular tendem a ser bastante elitistas. Exigem um praticante religioso bem preparado que conheça profundamente as escrituras, pelo menos em suas expectativas da realização superior. Na sociedade hindu clássica, esse requisito barra a todos que não sejam membros das classes superiores. Quem tem negada a si essa preparação de nascença também costuma ser privado da oportunidade de alcançar a realização mais elevada – ao menos nesta vida.

Sugestões de leitura

Texto Básico: *Brihad Aranyaka Upanishad* (várias traduções e edições). Todas as citações são extraídas da tradução recente de Patrick Olivelle, *Upanisads*, Nova York, Oxford University Press, 1996. Trata-se de um texto bem legível e confiável, que inclui uma valiosa introdução. Outras traduções de fácil acesso são as de Robert E. Hume, *The Thirteen Principal Upanishads*, Nova York, Oxford University Press, 1971, e de R. C. Zaehner em *Hindu Scriptures*, Nova York, Knopf, 1966.

Comentário de Shankara ao *Brahma Sutra*: existem poucas traduções confiáveis. Citei a partir de uma das traduções para o inglês mais acessíveis, a de Swami Gambhirananda, *Brahma-Sutra-Bhasya of Sri Shankaracarya*, Calcutá, Advaita Ashrama, 1977.

Comentário de Ramanuja sobre o *Brahma Sutra*: existem poucas traduções confiáveis. Citei a partir de uma das traduções para o inglês mais acessíveis, a de Swami Vireswarananda e Swami Adidevananda, *Brahma-Sutras, Sri Bhasya*, Calcutá Advaita Ashrama, 1978.

Para uma introdução geral à filosofia hindu, ver M. Hiriyanna, *Outlines of Indian Philosophy*, Bombaim, George Allen & Unwin, 1973.

Para mais elementos sobre a filosofia dos Upanixades, ver Paul Deussen, *The Philosophy of the Upanishads*, Nova York, Dover, 1966.

Para mais elementos sobre o *Brahma Sutra*, ver S. Radhakrishnan, *The Brahma Sutra: The Philosophy of Spiritual Life*, Londres, George Allen & Unwin, 1960.

Para mais elementos sobre o Advaita Vedanta de Shankara, ver Eliot Deutsch, *Advaita Vedanta: A Philosophical Reconstruction*, Honolulu, University Press of Havaii, 1969.

Para mais elementos sobre o Vishishta Advaita Vedanta, ver John Carman, *The Theology of Ramanuja*, New Haven, Yale University Press, 1974.

Para mais elementos sobre o culto de formas concretas de divindade no âmbito do hinduísmo, ver Diana Eck, *Darsan: Seeing the Divine Image in India*, Nova York, Columbia University Press, 1996.

4. A BÍBLIA: A HUMANIDADE COM RELAÇÃO A DEUS

No capítulo introdutório, vimos que o cristianismo contém uma teoria do universo, uma teoria da natureza humana, um diagnóstico e uma prescrição, e revimos algumas das objeções e réplicas costumeiras. Neste capítulo, examino com mais detalhes as principais idéias da Bíblia sobre a natureza e o destino humanos. Há uma evidente distinção entre o Antigo Testamento, que é reconhecido como a Palavra de Deus autorizada, tanto por judeus como por cristãos, e o Novo Testamento, que é específico do cristianismo, razão pela qual vou abordá-los em separado. (A terceira religião monoteísta importante do mundo que também tem origem semita é o islamismo, que começou no século XVII e que reconhece Abraão, os profetas judaicos e Jesus como precursores, mas alega que Maomé constitui o único mensageiro autorizado de Deus. Mas seriam necessários outro capítulo e um outro tipo de conhecimento especializado para fazer justiça ao islamismo.)

Há óbvios problemas na interpretação e na avaliação de idéias advindas da Bíblia. De um lado, os fiéis (por meio de uma ou de outra tradição) vieram a tratá-la como texto sagrado, e muitas pessoas esperam ansiosamente encontrar nela orientação para a própria vida. Do outro, tem-se desenvolvido nos últimos dois séculos um grande corpo de conhecimento especializado nas línguas antigas que são o hebraico, o aramaico e o grego, bem como na arqueologia, na história e na sociologia das comunidades que produziram o texto bíblico ao longo de vários séculos, havendo hoje trabalho sistemático de estudo e de interpretação acadêmicos. Os textos da Bíblia vêm de datas bem distintas, tendo sido escritos e editados por diferentes mãos, produzidos e usados com diferentes propósitos. Dizer que há uma crença judeu-cristã em X, uma concepção de Y no Antigo Testamento ou uma visão de Z no Novo Testamento consiste em generalizar e correr o risco de simplificar as coisas em demasia; contudo, quando se tem objetivos introdutórios, dificilmente pode-se evitar isso. É impossível agradar a todos – os estudiosos com suas controvérsias acadêmicas e os fiéis com suas várias crenças.

Claro está que o judaísmo e o cristianismo, tal como o confucionismo e o hinduísmo, dificilmente são "teorias" no mesmo sentido que o são as outras filosofias apresentadas adiante neste livro. As tradições judaica e cristã são notoriamente distintas entre si. As doutrinas cristãs têm se desenvolvido há mais de dois mil anos: no interior das três principais divisões do cristianismo (o catolicismo romano, a ortodoxia oriental e o protestantismo), há bem mais subdivisões e diferenças. Embora todas reconheçam sua derivação a partir do Antigo e do Novo Testamentos e das declarações relativas ao credo feitas pela Igreja Primitiva, há desacordo quanto à autoridade relativa dessas fontes. Alguns protestantes sustentam a infalibilidade dos textos bíblicos como a Palavra inspirada de Deus. (É preciso no entanto observar que tem havido considerável desacordo sobre *quais* textos exatamente são inspirados – por exemplo, o estatuto dos Apócrifos permanece objeto de disputa.) O catolicismo e a Igreja Ortodoxa acentuam a autoridade tradicional da Igreja na interpretação das Escrituras e na formulação de credos e de orientações práticas (o catolicismo acabou por proclamar, no século XIX, a doutrina da infalibilidade papal). Outros fiéis alegam que a experiência religiosa das pessoas é a base última da teologia.

Neste capítulo, primeiro faço um exame geral da teoria do universo fundamental comum ao judaísmo e ao cristianismo (e ao islamismo) – ou seja, a concepção monoteísta de Deus como Criador, Governante e Juiz. É impossível não tocar aqui nesse tópico eternamente polêmico, mas tento fazer apenas um breve retrospecto da concepção e de algumas das dificuldades que ela apresenta, uma vez que meu principal interesse aqui é examinar as concepções judaica e cristã da natureza *humana*. Faço em seguida um esboço destas últimas, sob as rubricas teoria, diagnóstico e prescrição. No final, menciono algumas das dificuldades filosóficas que algumas das alegações distintamente cristãs enfrentam em suas interpretações metafísicas tradicionais.

Fundamento metafísico: a concepção judaico-cristã de Deus

Primeiro, portanto, vamos examinar a alegação monoteísta básica sobre a natureza do universo, a de que Deus existe. Que *espécie* de Deus se afirma, nesses termos, existir? Não, por certo, um Ser que esteja literalmente "lá em cima", situado em algum lugar do espaço. Quando os primeiros astronautas russos relataram não ter encontrado Deus, isso não constituiu sequer uma prova fraca contra Sua existência; nem era esse de modo algum o tipo correto de prova. O Deus cristão, embora concebido como uma Pessoa, não deve ter um corpo. Ele não é um entre outros tantos objetos do universo; Ele não ocupa uma posição no espaço nem dura por um certo período de tempo. Nem é Ele identificado com todo o universo, como a soma total de tudo o que existe – isso é panteísmo, não monoteísmo. O Deus da Bíblia é tanto transcendente como imanente: ainda que, em algum sentido, esteja presente em toda parte e em todos os tempos, Ele também se acha além ou fora do mundo das coisas que se acham no espaço e no tempo (Sl 90, 2; Rm 1, 20), visto que é o Criador de todo o universo físico.

A existência transcendente de Deus é, portanto, essencial ao monoteísmo bíblico. Há, porém, dificuldades filosóficas de longa data com respeito a essa doutrina. Como devemos saber que ela é verdadeira? Têm sido propostas diferentes maneiras de fazê-lo. Alguns afirmam que há argumentos válidos – ou ao menos boas evidências de tipo probabilístico – em favor da existência de Deus. Essas teriam de ser razões que todos nós podemos compreender mediante o uso da nossa racionalidade humana (teologia natural). Outros recorrem à autoridade divina e alegam que Deus Se revelou a nós em eventos históricos, na Bíblia ou por meio da Igreja, talvez em milagres ("teologia revelada"?). Outros ainda asseveram que pode haver uma percepção individual de Deus, percepção que constitui um conhecimento direto Dele ("teologia experiencial"?). E há também quem afirme uma combinação dessas formas de conhecimento.

As alegações da autoridade bíblica ou eclesiástica são evidentemente controversas. Para dizer o mínimo, nem todos julgam os textos bíblicos ou as afirmações das igrejas irrefutavelmente convincentes. Nem todos relatam experiências religiosas, e os que o fazem discordam acerca do que elas lhes dizem. Têm-se lançado sérias dúvidas sobre a viabilidade da teologia natural desde o século XVIII, quando Hume e Kant formularam suas rigorosas críticas aos argumentos ontológicos, cosmológicos e teleológicos da existência de Deus (argumentos que procedem respectivamente do próprio conceito de Deus, da existência pura e simples do mundo ou da ordem aparente do mundo). A partir da teoria da evolução de Darwin, a ciência biológica moderna tem solapado grande parte da força desses últimos argumentos ao fornecer explicações científicas da prodigiosa adaptação de plantas e animais ao seu próprio ambiente.

Alguns teístas tentam se contrapor a essas críticas da teologia natural e se dedicam a reformular alguns dos argumentos tradicionais (notadamente com base na ordem do universo descoberta pelos físicos modernos), mas a validade desses argumentos reformulados é obviamente questionada por não-fiéis. Surgiu recentemente um movimento que tenta apresentar uma "ciência da criação" supostamente baseada na Bíblia como alternativa racional à geologia e à biologia evolutiva, mas seu estatuto é objeto de acirradas disputas. Muitos judeus e cristãos concordam hoje que a existência de Deus não pode ser provada nem refutada apenas por meio da razão, que a crença Nele é antes uma questão de fé.

Mas em que as pessoas de fato acreditam quando dizem que têm fé em Deus? Uma parte vital da doutrina judaico-cristã de Deus é que Ele é o Criador do mundo

(Gn 1, 1; Jó 38, 4). Isso não implica que a Criação tenha sido um evento no tempo. O teísmo não precisa ser refutado se uma teoria cosmológica diz que o universo tem um passado infinito, e teorias mais recentes do Big Bang que deu início ao universo físico não devem ser interpretadas como confirmação científica da doutrina religiosa da Criação. Mas permanece a questão: o que exatamente se quer dizer ao afirmar que Deus é o Criador do mundo? Essa afirmação parece implicar que, se Deus não existisse, o mundo não existiria ou não continuaria a existir e a agir tal como o faz. Também sugere que o mundo e tudo o que há nele estão fundamentalmente em acordo com Seu propósito, que não há coisa alguma que exista ou aconteça sem Seu desígnio – ou ao menos sem Sua permissão.

Se é transcendente, Deus não é visível nem tangível; nem, por certo, se assemelha Ele a entidades não-observáveis (como os átomos, os elétrons e o magnetismo) que a teoria científica invoca para explicar aquilo que podemos observar com os nossos sentidos: Deus não é um postulado científico. Mas Ele não é mera abstração, como os números e outros objetos da matemática. Supõe-se que Ele seja um Ser pessoal que nos cria, ama, julga e redime. Deus, de acordo com a concepção bíblica, tem uma imensa significação humana – Ele não é um mero arquiteto que instala as coisas e perde o interesse pelo progresso da história humana. Supõe-se que Ele permaneça no controle último de tudo o que acontece, que seja supremamente bom e benevolente e que tenha propósitos específicos para a existência humana. Sua significação é assim ao menos tão moral quanto cosmológica: supõe-se que a crença Nele afete a maneira como concebemos a nós mesmos e como devemos viver.

Permanece, contudo, a questão de por que deveria alguém crer na existência de um tal Criador e Senhor pessoal. Muitas pessoas (mas não todas) *gostariam* de crer em algo assim, porque isso parece conferir um "significado" geral à história humana e às vidas individuais, mas estamos aqui buscando razões para pensar que seja verdade, em vez de motivos para querer que seja. Há muito se alega que há uma prova óbvia *contra* isso no notório "problema do mal". O sofrimento (tanto animal como humano) e o mal que há no mundo parecem estar em contraposição à existência de um Deus onisciente, onipotente e benevolente. Não obstante, como vimos no Capítulo 1, os teístas não costumam considerar isso como refutação do que alegam, e propõem várias defesas. Sugere-se por vezes que do sofrimento pode advir um bem maior ou que a possibilidade do mal tem de existir a fim de podermos ser genuinamente livres para fazer escolhas morais. Mas o não-fiel ainda pode imaginar por que Deus não fez o mundo de modo tal que o sofrimento não fosse a única maneira de produzir o bem e que os seres humanos fizessem livremente as escolhas corretas. Ao que parece, o teísta não considera sua crença em Deus refutável por provas acerca do estado real do mundo.

Se a observação empírica não pode contar em favor da existência de Deus nem contra ela, o que exatamente se está afirmando? Entra aqui o debate filosófico acerca da significância e da verificabilidade. É certo que qualquer declaração factual, qualquer afirmação sobre como as coisas são de fato no universo, precisa ser de algum modo testável por meio da observação (ver o Capítulo 1). Se a asserção da existência de Deus é tal que nenhuma evidência concebível pode contar em seu favor ou contra ela, é difícil perceber como ela pode ser uma afirmação factual. Alguns teístas sugerem que, em determinadas experiências humanas – morais, religiosas ou místicas –, há a possibilidade de verificação empírica de Deus. Não obstante, as descrições dessas experiências são altamente controversas, e os não-fiéis as interpretam de outras maneiras, não em termos de um Deus transcendente. Do mesmo modo, tem-se sugerido que, na vida depois da morte, teremos condições de verificar a existência e a natureza de Deus por meio de alguma espécie de observação direta. Mas isso consiste em enfrentar um problema de verificabilidade propondo outro – como podemos encontrar *agora* provas da realidade da vida depois da morte?

Alguns "teístas" modernizantes sugeriram que tudo o que as pessoas fazem ao dizer que Deus existe é exprimir e recomendar um conjunto de atitudes em face da vida – talvez que o amor é a coisa mais importante do mundo, que devemos nos sentir gratos pelas boas coisas da vida, que devemos reconhecer nossa finitude e nossas falhas ou de modo geral que devemos nos comportar *como se* o universo fosse regido por um Deus amoroso. Porém um ateu pode ser simpático a essas atitudes e continuar a discordar da questão metafísica. Alguns teólogos se propuseram a explicar Deus como a realidade última, como o "fundamento de todo ser" ou o que quer que se refira a nós em última análise: as duas primeiras frases aqui parecem conservar alguma espécie de alegação metafísica, mas a última parece bem compatível com o ateísmo. A relação entre atitudes em face da vida e crenças metafísicas permanece sendo um profundo enigma. Se alguma coisa merece o nome de teísmo, ela tem de envolver *mais* do que uma atitude?

A maioria dos fiéis concorda que sua crença não tem caráter científico, e muitos sentem atração pela idéia de que a ciência e a religião oferecem relatos complementares do universo, descrevendo a mesma realidade última, por assim dizer, de distintos pontos de vista. Mas isso ainda não explica como asserções religiosas podem fornecer conhecimento de um aspecto particular da realidade se elas não forem testáveis por algum tipo de experiência. Esse continua a ser um dos mais essenciais problemas filosóficos acerca das asserções religiosas, e é por esse motivo que boa parte da discussão contemporânea no campo da filosofia da religião centra-se em questões de significado e de epistemologia. Neste livro, não posso aprofundar essas questões, já que a tarefa que escolhi é a de me concentrar na compreensão da natureza humana.

A teoria da natureza humana no Antigo Testamento

Os capítulos iniciais do Gênese, o primeiro livro da Bíblia Hebraica, contam a história da criação divina de todo o mundo, incluindo os seres humanos. Surge de imediato a questão de se devemos ler essas passagens literalmente como uma narrativa de eventos históricos ou como um conjunto de mitos que podem exprimir importantes verdades sobre a condição humana, mas não no nível da história nem da ciência. Duas grandes dificuldades desafiam toda tentativa de se ver ser aí uma verdade literal. Uma delas é que o próprio texto exibe inconsistências internas, visto que há no Gênese dois relatos da criação diferentes, em 1, 1-2, 4 e em 2, 5-25, que oferecem descrições incompatíveis em vários pontos (notadamente no que se refere à criação da mulher, discutida adiante). Os estudiosos do Antigo Testamento concluíram que o livro do Gênese deve forçosamente ter sido montado por editores antigos a partir de duas fontes (em geral rotuladas como P e J). O texto que chegou até nós, seja qual for a crença das pessoas acerca de sua inspiração em última análise divina, é por certo resultado de processos editoriais humanos. A outra dificuldade que desafia uma leitura literal é, naturalmente, o fato de que tal interpretação é incompatível com os resultados da cosmologia, da geologia e da biologia modernas.

Proponho que somente leituras simbólicas dos relatos da criação podem ser levadas a sério. É hoje ampla, se não universalmente, aceito que se trata de mitos ou parábolas que exprimem profundas verdades religiosas acerca da condição humana, em vez de história ou ciência, de modo que não é necessário haver incompatibilidade com a teoria da evolução. Quem afirma a existência histórica de Adão e Eva como os ancestrais exclusivos de toda a humanidade está a meu ver insistindo numa interpretação hiperliteral das Escrituras. Mas interpretar as histórias como parábolas não implica que o quer que seja assim interpretado seja verdadeiro. Nesta discussão, não abordo os textos a partir de um pressuposto de fé, supondo que *tenham* de alguma maneira de conter uma lição vital para todas as pessoas. Pergunto o que dizem, simbolicamente, sobre a natureza humana, e espero examinar o que dizem com um espírito não preconceituoso.

O próprio Deus dificilmente pode ser tratado como mero símbolo na Bíblia (como já observamos). Grande parte das outras coisas pode ser poesia, parábola, símbolo, alegoria ou mito – mas não Deus, que é obviamente concebido como a Realidade suprema. A concepção hebraica da humanidade nos vê como existindo primordialmente em relação com Deus, que nos criou para ocupar uma posição especial no universo. Temos (para o bem ou para o mal) um certo grau de poder sobre a natureza: domesticamos animais e cultivamos por meio da agricultura a maior parte de nossos alimentos. Como diz o Gênese 1, 26, a humanidade foi feita à imagem de Deus a fim de dominar o resto da Criação. Os seres humanos são peculiares porque somos dotados de algo da racionalidade e da pessoalidade de Deus. Somos seres racionais, mas também somos pessoas, dotadas de autoconsciência, liberdade de escolha e capacidade de manter relacionamentos pessoais e amar. Deus nos criou para fazer companhia a Ele, de modo que só realizamos o propósito de nossa vida quando amamos e servimos ao nosso Criador.

Contudo, embora os seres humanos sejam vistos desse modo como tendo um papel especial em comparação com o resto da Criação, estamos ao mesmo tempo em continuidade com a natureza. Somos feitos do "pó do solo" (Gn 2, 7), ou seja, da mesma matéria que compõe o resto do mundo. Constitui uma interpretação errônea comum e recorrente da doutrina bíblica da natureza humana julgar que ela implica um dualismo entre o corpo material e a alma ou o espírito imaterial. Esse dualismo é uma idéia grega (presente em Platão), mas não está no Antigo Testamento (nem, como vamos ver, no Novo). Somos pessoas: somos diferentes tanto da matéria inanimada como dos animais, mas nossa pessoalidade não consiste na posse de uma entidade imaterial passível de ser apartada do corpo. O "sopro de vida" (Gn 2, 7) que, segundo a descrição, Deus instila nas narinas de Adão não é uma alma, mas o próprio dom da vida. Não há uma expectativa firme de vida depois da morte no Antigo Testamento.

A relação das mulheres com os homens no esquema hebraico da Criação é um tanto ambígua desde o começo. Um relato da Criação representa toda a raça humana como tendo sido criada de uma só vez (Gn 1, 27), e o outro nos fala que Eva foi feita a partir de uma costela de Adão (Gn 2, 21-23). Um dos relatos sugere igualdade, ao passo que o outro sugere dependência da mulher com relação ao homem. O próprio Deus é quase sempre descrito em termos masculinos, havendo uma enorme ênfase na importância da produção de descendentes do sexo masculino. O Gênese 3, 16 não é o único lugar em que o marido é descrito como "senhor" da esposa. (A desvalorização das filhas e das mulheres também não é privilégio da cultura hebraica.)

É provável que o aspecto mais crucial da compreensão bíblica da natureza humana seja a noção de liberdade, concebida como a escolha entre a obediência à vontade de Deus, a fé Nele e o amor por Ele – ou a desobediência, a falta de fé e o orgulho. A necessidade de escolha entre obediência e desobediência, entre o bem e o mal, é apresentada bem cedo, no Gênese 2, 16-17. O pensamento grego valorizava sobremaneira o intelecto, nossa capacidade de alcançar o conhecimento racional da verdade teórica e moral; Platão e Aristóteles julgavam que a mais elevada realização da vida humana só era alcançável por quem conseguisse obter esse conhecimento. A tradição judaico-cristã, em contraste, enfatiza a bondade humana, algo acessível a todos e que independe de capacidade intelectual. Está implícito na Bíblia, portanto, certo ímpeto democrático, um ideal de igualdade de todos os seres humanos, finitos, diante de Deus – ainda que se possa questionar o grau de fidelidade da prática judaica e cristã a esse ideal. A preocupação com a bondade humana não se limita à ação correta: refere-se na mesma medida ao fundamento do caráter e da personalidade humanos de que essa vida vai fluir. E, de modo crucial, vai além das sofisticadas concepções da virtude humana oferecidas por Platão e Aristóteles, visto que os autores bíblicos só vêem como base sólida da bondade humana a fé no Deus transcendente, porém pessoal.

Há no Antigo Testamento vários exemplos dramáticos desse requisito último de submissão obediente a Deus, em substituição ao uso do intelecto para raciocinar a respeito das coisas e chegar aos próprios juízos acerca da verdade e da moralidade. Um desses exemplos é a história da ordem que Abraão recebe de Deus: a de sacrificar seu filho único, Isaac (Gn 22). Deus recompensa Abraão por sua disposição para obedecer à terrível ordem prometendo-lhe que ele será o patriarca de inúmeros descendentes. (Uma reação diferente à situação, resposta que é claramente reprovada pelo autor, teria sido rejeitar esse assassinato de uma criança inocente como algo imoral, na verdade obsceno, e concluir que toda "ordem" desse tipo não podia na realidade vir de um Deus bom e amoroso. Mesmo que tenha sido dada somente como "teste de fé", que tipo de "deus" pregaria tal peça?) Outro caso famoso de preferência pela fé em detrimento da razão é a resolução da luta de Jó e de seus interlocutores com o problema do mal. Não é oferecida uma solução advinda de raciocínio; no final, Deus apenas aparece e afirma Seu poder e Sua autoridade, e Jó humildemente se submete (Jó 38-42).

Diagnóstico

Dada essa doutrina da humanidade como tendo sido criada por Deus, o diagnóstico sobre o que há de basicamente errado com a espécie humana é o seguinte: estamos contaminados pelo pecado, abusamos de nosso livre-arbítrio concedido por Deus, preferimos o mal ao bem e, em conseqüência, rompemos nosso relacionamento com Deus (Is 59, 2). Mas essa doutrina da "Queda" precisa ser desenredada de uma interpretação errônea. A Queda não é um evento histórico particular: o relato da tentação de Adão e Eva de comer o fruto proibido da árvore do conhecimento (Gn 3,1-24) também deve ser lido antes como parábola do que como história. Trata-se de um símbolo do fato de que, embora sejamos livres, estamos todos sujeitos ao pecado; há na nossa natureza um defeito fatal.

É interessante observar que o Gênese 3, 14-19 representa certas características familiares da vida humana como resultado da Queda, como punições impostas por Deus por causa da desobediência. Exemplos disso são as dores do parto, o desejo das mulheres pelos maridos (e sua submissão a eles!), a necessidade de os homens trabalharem arduamente para ganhar o seu pão e até a própria morte. Talvez seja fácil desejar uma vida na qual essas coisas não deixassem de ser necessárias, imaginar indolentemente um Éden primevo ou um Paraíso celeste nos quais não haja tensão entre tendência natural e necessidade, ou entre desejo e dever. É no entanto algo totalmente distinto conceber essas características da vida (exceto talvez as relações entre os sexos) como resultado de falhas morais humanas.

Identificações e condenações da pecaminosidade humana se repetem por todo o Antigo Testamento. Caim e Abel, os dois filhos de Adão e Eva, começam a história fratricida da humanidade quando Caim mata o irmão. No Gênese 6, 5-7, Deus é até mesmo representado como amargamente arrependido de Sua criação da humanidade e decidido a varrer da face da terra todas as coisas vivas – até que Noé cai nas Suas graças e recebe a permissão para salvar uma amostra representativa de todas as espécies. No Gênese 11, 1-9, o Senhor é descrito agindo no sentido de impor a confusão à língua única da humanidade porque as pessoas estavam ficando demasiado orgulhosas e tinham tentado construir a torre de Babel para chegar ao céu. Ao longo da história subseqüente dos filhos de Israel, há repetidas denúncias proféticas de sua pecaminosidade e de sua infidelidade a Deus. O orgulho, o egoísmo e a injustiça continuam a se manifestar por toda a história.

Prescrição

A prescrição hebraica para a humanidade, tal como ocorre com a maior parte da teoria e do diagnóstico, tem por base Deus. Se Deus nos criou para que Lhe fizéssemos companhia, e se nos afastamos Dele e rompemos nosso relacionamento com Ele, precisamos que Deus nos perdoe e restaure esse relacionamento. Daí advém a idéia da salvação, uma regeneração da humanidade possibilitada pela misericórdia, pelo perdão e pelo amor divinos. No Antigo Testamento, encontramos o tema recorrente de uma "aliança", um acordo quase legal semelhante ao de um poderoso conquistador com um Estado subjugado, entre Deus e Seu povo eleito. Uma das alianças foi firmada com Noé (Gn 9, 1-17), outra com Abraão (Gn 17); a terceira, e mais importante, foi firmada com os "filhos de Israel" liderados por Moisés, e por meio dela Deus os redimiu de seu cativeiro no Egito e lhes prometeu que seriam Seu povo caso observassem Seus mandamentos (Ex 19).

Mas nenhuma dessas alianças parece ter plena eficácia no cumprimento da vontade de Deus: o pecado não desaparece da face da terra (e, podemos acrescentar, ainda não desapareceu!). Existe até o perigo do orgulho espiritual se um certo grupo se autoconceber como "o povo eleito de Deus" e se sentir, em conseqüência, autorizado a conquistar e oprimir os povos vizinhos. O Antigo Testamento registra genocídios cometidos pelos filhos de Israel e com freqüência parece aprová-los (cf. Js, caps. 8-11). Há uma evidente tensão entre as tendências potencialmente universais (Deus como Pai de *toda* a humanidade) e um tribalismo exclusivista.

Quando as pessoas não obedecem aos mandamentos e às leis de Deus, surge a idéia do uso que Deus faz dos eventos da história, especialmente a derrota diante de nações vizinhas, para castigá-las por seu pecado (tema que se repete ao longo de todas as histórias e profecias no Antigo Testamento). Mas há também a promessa profética do perdão misericordioso de Deus, de Seu apagamento das transgressões humanas e de Sua regeneração da humanidade e de toda a criação (Is, caps. 40-66). E começa a se manifestar a esperança de uma nova iniciativa divina de salvação, a idéia da vinda de um Messias, identificado pelos cristãos (mas não, é claro, pelos judeus) com a figura de Jesus.

A doutrina cristã da natureza humana

Há no Novo Testamento um contraste entre o que costuma ser traduzido como "o espírito" e "a carne". Atribui-se esse contraste ao próprio Jesus, em João 3, 5-6. É evidentemente tentador interpretar isso em termos filosóficos dualistas como tendo o significado de uma distinção entre a alma incorpórea e o corpo físico. Mas temos de tomar cuidado para não ler na Bíblia idéias gregas (ou mais recentes). A distinção feita por São Paulo entre espírito e carne (Rm 8, 1-12) parece não ser tanto entre mente e matéria quanto entre a humanidade regenerada e a humanidade não-regenerada.

Também é tentador identificar "a carne" com nossa natureza biológica – nossos desejos corporais, especialmente a sexualidade – e ver a oposição entre carne e espírito como outra versão do conflito platônico entre Apetite, Espírito e Razão (observem-se os usos diferentes do termo "espírito"). Mas se trata sem dúvida de uma interpretação errônea da concepção cristã da natureza humana identificar a distinção entre o bem e o mal com a diferença entre nossas naturezas mental e física. A idéia de que nossos impulsos sexuais são intrinsecamente ruins não é hoje parte da teologia cristã, ainda que se tenha de admitir que esse ascetismo teve forte influência no desenvolvimento e na popularização do cristianismo. Podemos encontrar indícios dele em São Paulo (ver 1 Cor 7, 25-40, em que o casamento é descrito como a segunda melhor opção depois do celibato), tendo Santo Agostinho contribuído para torná-lo mais influente.

No tocante às relações entre homens e mulheres, é costumeira a observação de que, nas histórias dos Evangelhos, Jesus trata as mulheres com grande respeito. Mesmo assim, ele não escolheu nenhuma mulher como discípula: nesse aspecto, Jesus foi presumivelmente um homem de sua época, um rabino judeu. Embora diga que em Cristo não há judeu nem gentio, macho nem fêmea, São Paulo também escreveu que "o homem não foi criado para a mulher, mas a mulher foi criada para o homem" (remetendo ao segundo relato da criação do Gênese). Ele também demonstra uma curiosa obsessão com os cabelos das mulheres (dizem alguns que ele se referia a véus), obsessão cujo contexto cultural é obscuro para leitores contemporâneos (1 Cor 11, 2-16). Tem-se de admitir que desde então boa parte do pensamento cristão tem julgado as mulheres teologicamente problemáticas – como o testemunham as contínuas controvérsias sobre a ordenação das mulheres.

E o que dizer acerca da imortalidade? Há aqui claras diferenças entre o Antigo e o Novo Testamento. Este último deixa bem explícito que devemos esperar alguma espécie de sobrevivência à morte. A expressão "vida eterna" é usada com muita freqüência, especialmente no Evangelho de João, no qual Jesus é apresentado oferecendo uma vida eterna ou "sem fim" a todo aquele que crer nele (Jo 3, 16). Jesus também é apresentado proclamando a vinda do "Reino do Céu" ou do "Reino de Deus" – ver Mateus 4, 17.23. Mas talvez não devamos passar de imediato à conclusão de que essa expressão significa a continuidade da vida humana depois da morte. Poderia ela significar em lugar disso uma nova e melhor maneira de viver nesta vida, uma maneira que se relaciona de forma apropriada com o eterno? "Vida eterna" sem dúvida significa *no mínimo* isso no pensamento cristão, mas é impossível ignorar que o cristianismo também dava muita ênfase à esperança de ressurreição para todos os fiéis, uma transformação de nossa existência encarnada atual em alguma coisa radicalmente distinta (ver Jo 5, 24-29 e, de modo mais explícito, o relato que São Paulo faz da ressurreição em 1 Coríntios 15). Examinamos adiante parte das dificuldades presentes nessa doutrina.

A doutrina cristã do pecado

A doutrina do "pecado original" não implica que sejamos cabalmente depravados. Implica por certo que nada do que podemos fazer pode ser perfeito de acordo com os padrões de Deus: "todos pecaram e estão privados da graça de Deus" (Rm 3, 23). Vemo-nos imersos num conflito: costumamos reconhecer o que devemos fazer, mas de alguma maneira não o fazemos. São Paulo o exprime vividamente em Romanos 7, 14 ss. – tão vigorosamente, na verdade, que personifica o pecado a ponto de afirmar que "não sou eu que faço, mas é o pecado que habita em mim" (versículo 17), o que ameaça eximir o pecador da responsabilidade, algo que por certo não era a intenção de São Paulo!

O pecado não tem natureza basicamente sexual: a sexualidade tem seu lugar legítimo no âmbito de nossa natureza divinamente criada, na instituição do casamento. A verdadeira natureza do pecado não é essencialmente corporal; trata-se de algo mental ou espiritual cujo caráter primordial consiste no orgulho, na afirmação de nossa vontade em oposição à de Deus e em nossa conseqüente alienação Dele. O pecado poderia ser descrito como o abuso da auto-afirmação, mas com certeza não significa que toda auto-afirmação seja pecaminosa. Nietzsche caracterizou notoriamente o cristianismo como recomendando a "moral do escravo", louvando a submissão e a humildade, e mesmo a autodepreciação, e desestimulando o florescimento humano vigoroso. Uma leitura superficial das "Bem-Aventuranças" no Sermão da Montanha de Jesus (Mt, cap. 5) pode sugerir isso. "Bem-aventurados os pobres de espírito" – disse ele – mas como devemos compreender essas palavras? Algumas das outras histórias de Jesus (por exemplo, a expulsão dos cambistas do Templo) e os escritos de São Paulo não sugerem inibição do julgamento moral claro, da raiva legítima e da ação resoluta.

A Queda da humanidade envolve de alguma maneira toda a criação no mal (Rm 8, 22); tudo se acha de alguma forma privado "da graça de Deus". Mas não há necessidade de que os cristãos personifiquem o poder do mal como uma concepção do Demônio, ou de forças demoníacas, para exprimir essa idéia de uma Queda cósmica. E é heresia crer em forças do bem e do mal gêmeas e iguais; tanto para judeus como para cristãos, Deus está em última análise no controle de tudo o que acontece. Mas essa crença conduz diretamente ao problema do mal, para o qual já chamamos a atenção.

A salvação cristã

É no Novo Testamento, na vida, no ministério e na morte de Jesus, bem como nos escritos de seus seguidores (em especial São Paulo), que encontramos a idéia caracteristicamente cristã da salvação. A alegação central é que Deus esteve presente de modo único numa pessoa humana particular, Jesus, e que Deus usa a vida, a morte e a ressurreição de Jesus para nos devolver a um relacionamento correto com Ele.

Dada a imensa influência histórica do cristianismo na civilização ocidental, as palavras "cristão" e "cristianismo" são com freqüência usadas de maneiras vagamente honoríficas as mais diversas. Até recentemente, era muito chocante ou desaconselhável declarar-se não-cristão – e em alguns círculos ainda é. O que *devemos* designar com a palavra "cristão"? A que critérios alguém tem de atender para ser reputado um cristão? E por que se considera essa questão tão importante? É devido sem dúvida a uma herança cultural que, ao menos até bem pouco tempo, era disseminada no Ocidente, um pressuposto segundo o qual "nós" nos identificamos de alguma maneira com o cristianismo e que é portanto necessário definir o que é essencialmente o cristianismo a fim de distinguir entre "nós" e os "outros". É notória a freqüente insistência em distinções divisivas ulteriores, advindas da autodefinição de vários tipos de cristãos em oposição a denominações rivais.

Sejam quais forem as conotações que veio a assumir, o termo "cristão" tem ao menos uma ligação de significado com uma figura histórica particular, Jesus. Para ser cristão, dificilmente basta dizer que Jesus foi um grande homem ou um homem de grandes iluminações religiosas, já que um ateu ou um membro de outra fé podem dizer o mesmo. Os judeus, crendo que Deus agiu na história ao escolhê-los como Seu "povo eleito" e esperando pela vinda de um Messias, nunca aceitaram a identificação cristã de Jesus como excepcionalmente divino. O islamismo o reconhece como um grande mestre, mas que é apenas um precursor de um mais grandioso, Maomé.

A afirmação cristã mais fundamental é sem dúvida a de uma ação ímpar de Deus sobre uma pessoa específica num dado episódio da história humana. Ela é expressa tradicionalmente na doutrina da encarnação – segundo a qual Jesus é o Filho de Deus, tanto humano como divino, o Verbo eterno feito Carne (Jo 1, 1-18). As primeiras formulações filosóficas dessa doutrina – duas naturezas numa só substância e assim por diante – talvez não sejam essenciais. Mas a idéia básica da encarnação, de que Deus se acha presente *de modo excepcional* em Jesus, com certeza o é. E tem igual importância a idéia da reconciliação, a de que os eventos históricos particulares da vida, da morte e da ressurreição de Jesus (e sua contínua representação pela Igreja Cristã) são meios de que se vale Deus para reconciliar Sua criação Consigo mesmo. Não basta dizer que a vida e a morte de Jesus são um exemplo para todos nós: os cristãos alegam que a ressurreição de Jesus foi factual (1 Coríntios 15, 17), por mais flagrante que possa ser a contradição disso com todas as leis conhecidas da natureza. (A idéia do Nascimento a partir de uma Virgem é quase tão miraculosa quanto a de ressurreição, mas talvez seja menos crucial.)

Todavia, a prescrição cristã não está totalmente completa com a obra salvífica de Jesus Cristo. Cumpre que essa salvação seja aceita e tornada efetiva em cada pessoa individual, além de disseminada pelo mundo por meio da Igreja Cristã. O amor a Deus e a vida de acordo com Sua vontade estão à disposição de todos, pouco importando a capacidade intelectual de cada um (1 Cor 1, 20). "Ainda que eu compreenda todos os mistérios e todo o conhecimento... se não tiver amor, nada sou" (1 Cor 13, 2). Esse amor (para o qual a palavra grega é *agape*, antes traduzida de modo deveras enganoso como "caridade") não deve ser identificado com a mera afeição humana. Ele é em última análise de natureza divina e só pode ser dado por Deus.

Todas as pessoas devem aceitar a redenção que Deus realizou para cada uma delas em Cristo e tornar-se membros da Igreja, a comunidade na qual está ativa a graça de Deus. Diferentes tradições cristãs têm enfatizado a resposta individual ou a condição de membro da Igreja, porém a maioria concorda que as duas coisas são necessárias. Assim acontece a regeneração da humanidade e do mundo: "Se alguém está em Cristo, é nova criatura" (2 Cor 5, 17). Não há necessariamente a mesma experiência de conversão em cada pessoa, nem ocorre a regeneração num só golpe; ela tem de ser um processo que se prolonga por toda a vida, processo que busca além de si, na vida depois da morte, aquilo de que precisa para sua complementação e perfeição (Fl 3:12).

Algumas observações críticas sobre o cristianismo

As doutrinas da encarnação, da reconciliação e da ressurreição constituem um problema para a racionalidade humana; e, na realidade, sua formulação tem provocado muito desacordo no âmbito do cristianismo. Como pode um ser humano particular que viveu e morreu num dado episódio da história ser um membro da Divindade transcendente e eterna? A doutrina da Trindade – segundo a qual há três pessoas num só Deus (Pai, Filho e Espírito Santo) – antes multiplica do que soluciona os problemas conceituais. O que se costuma dizer, naturalmente, é que são antes mistérios do que contradições, que a razão humana não pode esperar ser capaz de compreender os mistérios infinitos de Deus, que só podemos aceitar, com fé, aquilo que Deus nos revelou de Si. Mas esse tipo de afirmação advindo da perspectiva da fé nada faz para dar uma resposta às genuínas dificuldades do não-fiel ou não-comprometido. O mesmo se aplica à reconciliação: atualmente, não são muitos os cristãos que a interpretam como um sacrifício propiciatório, como se Deus exigisse o derramamento de sangue (qualquer sangue, mesmo o dos inocentes) antes de estar preparado para perdoar pecados; mas continua a ser um enorme mistério como a crucificação de um mestre religioso judeu nas mãos do governador romano Pôncio Pilatos, em Jerusalém, por volta do ano 30, pode realizar a redenção do pecado do mundo inteiro.

Ao contrário do Antigo Testamento, em que mal se menciona a imortalidade, o cristianismo desenvolveu uma clara expectativa de vida depois da morte. Mas esta é concebida antes como "ressurreição do corpo" do que como a idéia grega da sobrevivência de uma alma incorpórea. Os teólogos da Igreja Primitiva de fato começaram a usar idéias da filosofia grega, e a concepção da alma imaterial e imortal foi introduzida no pensamento cristão e tende a nele permanecer desde então. Os credos cristãos, contudo, exprimem explicitamente a crença na ressurreição do *corpo*, e a principal atestação bíblica disso está em 1 Coríntios 15, 35 ss., em que São Paulo diz que morremos como corpos físicos mas somos ressuscitados como "corpos espirituais". Não está claro que corpo espiritual deve ser, mas São Paulo usa a palavra grega *soma*, que significa corpo.

Essa crença na ressurreição do corpo é outra doutrina típica do cristianismo. Interpretá-la como tendo apenas o sentido de que o bem e o mal que os homens praticam sobrevivem à sua morte, ou tomar a promessa da vida eterna (Jo 4, 14) como apenas uma nova modalidade de vida neste mundo, parece esvaziar a doutrina de parte de seu conteúdo. Não obstante, esse conteúdo metafísico se depara com dificuldades filosóficas. Se os corpos são ressuscitados, então é de presumir que, sendo *corpos* de algum tipo, eles tenham de ocupar espaço e tempo. Não se pretende sem dúvida dizer que eles existem em algum lugar de nosso universo físico – que a alguma grande distância da terra estejam os corpos ressuscitados de São Paulo, Napoleão e de Tia Ágata! Logo, ao que parece, o que temos de tentar entender é a idéia de que há um espaço no qual existem corpos ressuscitados, mas um espaço sem relações espaciais com o espaço no qual vivemos. Mas temos condições de fazê-lo?

A questão do tempo apresenta no mínimo o mesmo grau de dificuldade. Talvez não se pretenda dizer que vá haver um momento no futuro deste mundo no qual a ressurreição vai ocorrer – ainda que, quando Paulo diz "seremos todos transformados, num átimo, num piscar de olhos, ao som da última trombeta" (1 Cor 15, 51-52), soe como se se pretendesse, caso isso seja entendido literalmente. Pretende-se dizer que existe de algum modo um sistema de eventos que não tem relações temporais com os eventos deste mundo ou que os corpos ressuscitados são intemporais? Nesse último caso, como se pode compreender a idéia de *vida* ressuscitada – uma vez que a vida, tal como a entendemos, é um processo no tempo? Será de fato uma vida que continua literalmente *para sempre*, num tempo infinito, uma perspectiva atraente? Sugiro que a resposta não é tão óbvia quanto tendemos a supor, porque não costumamos pensar acerca do que essa vida significaria. Mas, se se trata de uma vida que não está no tempo, como podemos compreendê-la? Como podem as pessoas levar uma vida *pessoal* em relação a outras pessoas, mas num estado intemporal?

No final da Idade Média (no século XIII), Santo Tomás de Aquino elaborou uma impressionante síntese de idéias cristãs e aristotélicas que desde então passou a constituir a ortodoxia católica. No tocante à questão da imortalidade, ele conservou (com uma coerência ambígua) um elemento de platonismo, dizendo que, embora a ressurreição implique a recriação de um ser humano completo, uma combinação de corpo e alma, a alma ainda assim tem uma existência separada até a ressurreição. Isso aparentemente resolve o problema da manutenção de uma identidade pessoal, mas à custa de incorrer nos problemas do dualismo, particularmente o da coerência da noção de existência não-encarnada de algum tipo de personalidade.

Um último problema conceitual (ou mistério) surge com relação aos papéis desempenhados no drama da salvação pelo ser humano e por Deus. A concepção cristã fundamental é por certo a de que a redenção só pode provir de Deus, por meio de Sua oferta de Si mesmo em Cristo. Somos "justificados" aos olhos de Deus não por meio de obras, mas simplesmente por meio da fé (Rm 3, 1-28), pela nossa mera aceitação daquilo que Deus faz por nós. Se somos salvos, nós o somos por essa graça gratuita de Deus, não por algo que nós mesmos possamos fazer (Ef 2, 8). Não obstante, a doutrina cristã afirma com a mesma clareza que nossa vontade é livre; é antes de tudo por opção nossa que pecamos, e tem de ser por opção nossa que aceitamos a salvação de Deus e fazemos presente em nossa vida a regeneração que ela traz. O Novo Testamento está repleto de exortações ao arrependimento e à fé (p. ex., At 3, 19), bem como a levar a vida que Deus torna possível por meio da força regeneradora do Espírito Santo (Gl 5, 16).

Há pois uma tensão, se não uma contradição, entre a idéia de que a salvação e a graça vêm de Deus e a insistência de que muita coisa depende de nossas respostas individuais, livremente escolhidas, a Deus. Numa famosa controvérsia dos séculos IV e V, Santo Agostinho enfatizou a primeira concepção e Pelágio, a segunda. Embora as idéias deste último tenham sido condenadas como heréticas, a doutrina do livre-arbítrio humano é sem dúvida um componente essencial da fé cristã, por mais difícil que seja conciliá-la com a teoria da completa e radical soberania de Deus. A relação entre ação humana e graça divina continua a ser um problema interno crucial da teologia.

Muitos cristãos podem reconhecer a existência desses problemas conceituais presentes nas doutrinas caracteristicamente cristãs. Mas enfatizam que o cristianismo é mais do que uma teoria; trata-se de um modo de vida, embora não seja uma ideologia política e mundana como o marxismo. Eles permanecem cristãos praticantes e aceitam a teoria básica, apesar de suas dificuldades, em função daquilo que obtêm na leitura da Bíblia, no culto e nos sacramentos da Igreja, na prática da oração – uma certa evolução da vida interior ou "espiritual". Não se pode fazer uma completa avaliação do cristianismo sem levar esse aspecto em consideração. Deve-se, contudo, perceber igualmente que o próprio fator considerado "evolução" espiritual não deixa de ser por si mesmo um ponto controverso, e toda alegação de que essa evolução é excepcionalmente possível numa tradição religiosa particular é ainda mais discutível.

Sugestões de leitura

O texto básico é obviamente a Bíblia, da qual existem inúmeras traduções e edições. Uma excelente versão para os propósitos presentes é a *Oxford Study Bible: Revised English Bible with the Apocrypha*, organizada por M. J. Suggs *et al.*, Oxford, Oxford University Press, 1992. Essa edição contém ensaios úteis sobre o contexto histórico, sociológico, literário e religioso dos textos bíblicos.

Para uma introdução ao judaísmo, ver N. de Lange, *Judaism*, Oxford, Oxford University Press, 1986. Para uma introdução ao islamismo, a terceira grande religião monoteísta, ver F. Rahman, *Islam*, 2.ª ed., Chicago, Chicago University Press, 1979.

Para mais elementos sobre a compreensão cristã da natureza humana, ver o clássico de Reinhold Niebuhr, *The Nature and Destiny of Man*, Nova York, Scribner's, 1964; E. L. Mascall, *The Importance of Being Human*, Nova York, Columbia University Press, 1958, que apresenta uma concepção neotomista; *Man: Fallen and Free*, organizado por E. W. Kemp, Londres, Hodder & Stoughton, 1969, que apresenta uma interessante variedade de ensaios, incluindo um notável sumário de autoria de J. A. Baker do Antigo Testamento; e J. Macquarrie, *In Search of Humanity*, Londres, SCM Press, 1982; Nova York, Crossroad, 1983, que apresenta uma perspectiva mais existencialista.

Para uma crítica feminista do cristianismo que mantém o teísmo, ver Daphne Hampson, *After Christianity*, Londres, SCM Press, 1996.

Os livros sobre filosofia da religião são imuneráveis. Um conjunto bem abrangente de leituras é *Philosophy of Religion: Selected Readings*, organizado por M. Peterson *et al.*, Oxford, Oxford University Press, 1996.

PARTE III
CINCO PENSADORES FILOSÓFICOS

5. PLATÃO: O REGIME DA RAZÃO

Iniciemos nosso exame de teorias não-religiosas da natureza humana debruçando-nos sobre a filosofia de Platão (427-347 a.C.). Embora venha de uma época que está há quase dois milênios e meio antes do começo do pensamento ocidental, na Grécia Antiga, o pensamento pioneiro de Platão ainda tem grande relevância contemporânea. Ele foi o primeiro a alegar que o uso despreconceituoso mas sistemático da razão pode nos mostrar a melhor maneira de viver. Uma clara concepção da virtude e da felicidade, fundada numa real compreensão da natureza humana, constitui ao ver de Platão a única resposta para problemas individuais e sociais.

Um rápido esboço do contexto em que se encontra Platão vai nos ajudar a compreender a origem de suas idéias. Ele nasceu no seio de uma influente família da cidade-Estado grega de Atenas, que gozava de prosperidade econômica graças ao seu império e ao comércio, e que num dado estágio desenvolveu um sistema de governo notavelmente democrático. Lembramo-nos de Atenas sobretudo como um centro em que ocorreram avanços sem precedentes na investigação intelectual, incluindo o teatro e a história, a matemática e a ciência, bem como na qualidade de terra natal do grande filósofo ético Sócrates, cujos ensinamentos deixaram marcas em Platão (e em muitos outros desde então). Platão, contudo, cresceu num período politicamente perturbado em Atenas: a guerra com Esparta terminou em desastrosa derrota, e seguiu-se um período de tirania. Quando a democracia (de um tipo instável) foi restaurada, Sócrates foi posto sob suspeita política; ele foi levado a julgamento e condenado à morte em 399 a.C. sob a acusação de subverter a religião oficial e de corromper a juventude.

O método de ensino e argumentação seguido por Sócrates assemelhava-se em alguns aspectos ao dos sofistas de sua época. Estes eram especialistas autodidatas que se ofereciam (pagamento) para transmitir certos tipos de habilidades; ensinavam particularmente a arte da retórica, isto é, a persuasão pelo discurso público, que foi importante para o avanço político de Atenas. (Podemos descrevê-los como os consultores de relações públicas da época!) Eles tinham assim de abordar questões de valor, e uma das opiniões mais comumente expressas era o ceticismo quanto à possibilidade de que a moral, a política ou as religiões implicassem algo mais do que convenções arbitrárias. Os atenienses tinham consciência da variedade de crenças e práticas que prevaleciam em outras cidades-Estados gregas e em outras culturas ao redor do Mediterrâneo, de modo que se viam diante da questão filosófica da possível existência de algum critério não-arbitrário no tocante a esses assuntos. O que hoje denominamos "relativismo cultural" era portanto uma opção tentadora já nesse estágio tão inicial do pensamento.

Ao contrário dos sofistas, Sócrates não exigia pagamento, preocupado que estava com questões filosóficas e éticas mais fundamentais. Sua grande idéia inspiradora era a de que poderíamos vir a conhecer a maneira correta de viver se usássemos nossa razão da forma apropriada. Sócrates tem sido chamado de "o avô da filosofia", não tanto em função de conclusões a que tenha chegado quanto por ser o pioneiro no *método* de uso da discussão e da inquirição racional de modo despreconceituoso e não-dogmático. É famosa a afirmação de Sócrates de que só era superior aos homens que não pensavam pelo fato de ter consciência de sua própria ignorância, ao passo que eles não a tinham. Os primeiros diálogos de Platão (especialmente a *Apologia*) mostram que isso não era para Sócrates mera habilidade intelectual, mas um modo de vida, uma vocação para levar seus concidadãos atenienses a pensar em sua própria vida de acordo com procedimentos que eles do contrário não empregariam, a fim de convencê-los de que "uma vida não examinada não vale a pena ser vivida". Sócrates sentia-se chamado a fazê-lo, com uma intensidade quase religiosa, a fim de perturbar a complacência mental das pessoas fossem quais fossem as conseqüências, razão pela qual não surpreende que, num período de turbulência política, ele viesse a ser o foco de uma hostilidade que acabou por levá-lo à morte.

Com tudo isso, Sócrates exerceu uma profunda influência sobre Platão, que ficou chocado com a exclusão de seu mestre de inspiração. Desiludido com a política contemporânea, Platão conservou a fé socrática na investigação racional; estava convencido de que era possível chegar ao conhecimento de profundas verdades sobre o mundo e sobre a natureza humana e aplicar esse conhecimento em benefício da vida humana. Sócrates não deixou escritos; sua influência foi inteiramente oral. O próprio Platão exprimiu algum ceticismo acerca do valor dos livros, tendendo a concordar com Sócrates que o diálogo concreto era a melhor maneira de levar as pessoas a pensar por si mesmas e assim produzir alguma real mudança em sua mente. Não obstante, Platão escreveu copiosamente, e de modo geral com grande talento literário; suas obras são os primeiros grandes tratados da história da filosofia. Estão em forma de diálogo, sendo Sócrates sintomaticamente o principal interlocutor. Muitos estudiosos pensam que, nos primeiros diálogos, como *Apologia*, *Críton*, *Eutífron* e *Mênon*, Platão estava na realidade expondo as idéias de Sócrates, ao passo que nos posteriores (mais extensos e mais técnicos), exprimia suas próprias teorias. Platão fundou a Academia de Atenas, que pode ser descrita como a primeira universidade do mundo. A tradição da investigação filosófica sistemática recebeu continuidade nas mãos de seu grande sucessor, Aristóteles, no Liceu, na geração seguinte.

Um dos mais famosos e mais estudados diálogos de Platão é a *República*. Trata-se de uma obra extensa, complexa e elaborada por meio de uma argumentação cerrada, tradicionalmente dividida em dez "livros" (que, no entanto, nem sempre correspondem a divisões naturais da argumentação). Como sugere o título, um de seus temas principais é o esboço de uma sociedade humana ideal, mas seu argumento central trata na mesma medida da natureza e da virtude humanas individuais. No decorrer dessa obra, Platão nos oferece concepções acerca de muitos tópicos, incluindo a metafísica, a teoria do conhecimento, a psicologia humana, a moral, a política, a educação e a poesia. Concentro-me aqui na *República*, embora faça ocasionais referências a outras obras de Platão. Incorporo algumas observações críticas ao longo de minha exposição. (Há um sistema tradicional de numeração para os textos: minhas referências remetem à *República* quando não há indicações em contrário.)

Fundamentos metafísicos

Embora em várias passagens Platão mencione Deus, ou os deuses, não fica claro o grau de literalidade com que toma essas menções (ele está sem dúvida bem distante do politeísmo da religião popular grega). Quando fala de fato de "Deus" no singular, não se refere à concepção de Deus familiarizada pela Bíblia, um Ser pessoal que se relaciona com pessoas individuais e intervém na história humana. Platão tem em mente um ideal bem mais abstrato: no *Filebo* e nas *Leis*, Deus ou o divino é identificado com a razão que está no universo. (A frase inicial do Evangelho de João – "No princípio era o verbo", isto é, o *lógos* – revela a influência dessa idéia platônica.) No *Timeu*, Platão apresenta um relato não-bíblico da criação no qual a "sabedoria divina" luta para organizar a matéria preexistente.

O que há de mais específico na metafísica de Platão é sua chamada "teoria" das "Formas" (a palavra grega é *eîdos*). Mas é matéria difícil e controversa dizer a que equivale isso, uma vez que ele nunca a apresenta como uma "teoria" ou doutrina explícitas, nem argumenta de modo sistemático em seu favor. Em pontos cruciais de vários diálogos, ela é dada como estabelecida, ainda que, em favor de Platão, vemo-lo também às voltas com dificuldades apresentadas por essa "teoria", notadamente no *Parmênides*. Especialmente no tocante a isso, temos de nos recordar de que Platão foi um pioneiro no campo da filosofia, esforçando-se por exprimir e elucidar pela primeira vez idéias fundamentais, porém difíceis, do pensamento humano.

O que podemos notar de imediato é que Platão se dá conta de que o conhecimento humano não é mera questão de observação passiva das coisas e dos eventos do mundo que nos cerca. Nosso conhecimento envolve compreensão, visto que interpretamos ativamente os dados que chegam a nós pelos órgãos dos sentidos e aplicamos conceitos para classificar e organizar mentalmente aquilo que percebemos, usando nossas capacidades racionais (ver as observações sobre Kant, vinculadas a isso, no Capítulo 6). Os estudiosos divergem quanto à identificação das Formas de Platão com conceitos, embora isso seja útil como uma primeira aproximação para compreendê-lo. Apresento aqui quatro aspectos principais das Formas – o lógico ou semântico (relacionado a significados e conceitos), o metafísico (relacionado àquilo que é em última análise real), o epistemológico (relacionado àquilo que podemos saber) e moral ou político (relacionando ao modo como devemos viver).

O aspecto lógico diz respeito às Formas enquanto princípios de classificação; isso tem a ver com o significado de termos gerais. O que justifica nossa aplicação de uma palavra ou conceito como "cama" ou "mesa" a muitas camas e mesas particulares? Esses são exemplos do próprio Platão em *República* 596, e parte do que ele diz é que os artesãos que fazem camas e mesas têm de dispor de um conceito daquilo que estão tentando fazer. Mas esse problema do "um para muitos" pode ser levantado acerca de todo conceito geral, não só acerca de artefatos humanos. Na passagem 507, Platão distingue muitas coisas diferentes boas e belas das Formas únicas do Bem e da Beleza. A concepção "nominalista" consiste em dizer que não existe coisa nenhuma que todas as ocorrências de um conceito tenham literalmente em comum – há no máximo semelhanças entre elas. A concepção tradicionalmente rotulada como "realismo platônico" consiste no seguinte: o que faz coisas particulares contarem como Fs é sua semelhança com, ou "participação na", Forma ou Idéia de F, que é uma entidade abstrata, algo distinto de todas as ocorrências individuais. Esta parece ser a resposta de Platão em *República* 596: o princípio segundo o qual há para cada palavra geral uma Forma. Mas em outros pontos ele sugere que apenas alguns tipos especiais de palavra ou conceito, aqueles que captam unidades genuínas (ou "tipos naturais"), exprimem o que ele chama de Forma. Ele reluta em aceitar, por exemplo, que existam formas correspondentes aos termos "lama", "sujeira" ou "bárbaro" (este último era usado para designar todos os não-gregos, e seu sentido era como o do nosso termo "estrangeiro").

Um aspecto metafísico importante das Formas é que Platão as concebe como mais reais do que as coisas materiais, já que elas não se alteram, não decaem nem cessam de existir. Coisas materiais individuais são danificadas e destruídas, mas as Formas não estão no tempo e no espaço, e são apreensíveis não por meio dos sentidos, mas somente por meio do intelecto ou da razão humanos (485, 507, 526-27). A grande teoria metafísica de Platão parece ter sido a de que, para além do mundo das coisas mutáveis e destrutíveis, há outro mundo de Formas eternas imutáveis. As coisas que podemos perceber acham-se relacionadas apenas remotamente com essas realidades últimas, como sugeriu por meio de sua famosa e obsessiva imagem da condição humana típica como sendo a de prisioneiros acorrentados que contemplam a parede interna de uma caverna, na qual podem ver não mais que meras sombras lançadas na parede, sem nada conhecer do mundo real que está fora dela (515-17). (Se estivesse vivo hoje, Platão poderia apressar-se a assinalar que essa imagem se aplica perfeitamente a pessoas cujo conhecimento baseia-se em assistir à televisão e a filmes e olhar para a tela do computador!) Platão elabora essa sua descrição da caverna a fim de fazê-la enquadrar-se na estrutura mais detalhada de sua teoria: seus prisioneiros vêem as sombras lançadas a partir de uma fogueira por meio de artefatos levados de um lado para outro dentro da caverna, enquanto fora dela há outros objetos, mais reais, que lançam sombras por si mesmos graças à luz do sol.

A condição humana comum pode ser a ignorância, mas Platão julgava que, mediante um processo de educação, é possível às mentes humanas – pelo menos às mais capazes entre elas – alcançar o conhecimento da realidade última, o mundo das Formas. O aspecto epistemológico de sua teoria é que apenas essa familiaridade intelectual com as Formas é considerada propriamente conhecimento. Ele discute a natureza do conhecimento em vários diálogos, mas na *República* encontramos a tese de que apenas o que existe plena e realmente pode ser plena e realmente conhecido: a percepção de objetos e eventos efêmeros no mundo físico é somente crença ou "opinião", não conhecimento (476-80).

Uma das mais claras analogias desses aspectos da teoria das Formas vem do raciocínio geométrico que Platão conhecia e que Euclides mais tarde sistematizaria. Considere que, ao praticar a geometria, pensamos em linhas, círculos e quadrados, ainda que nenhum objeto físico ou diagrama seja *perfeitamente* reto, circular ou eqüilátero. O que conta como reto ou igual para alguns propósitos práticos, com uma dada margem de aproximação, não vai contar como tal ao ser avaliado por um padrão mais preciso; sempre é possível descobrir irregularidades ou diferenças se as coisas forem examinadas com suficiente cuidado. Mas os teoremas referentes às coisas geométricas – linhas retas sem espessura, círculos perfeitos, quadrados exatos – podem ser provados com certeza por meio de argumentos dedutivos. Parece assim que chegamos ao conhecimento de objetos matemáticos exatamente definidos, imutáveis, que são padrões ou formas a que as coisas materiais se assemelham imperfeitamente. Assim como muitos outros filósofos a partir de sua época, Platão ficou profundamente impressionado com a certeza e a precisão do conhecimento matemático e o tomou como um ideal a que todo conhecimento humano deve aspirar. Em conseqüência recomendou a matemática como recurso educacional vital para desapegar a mente das coisas perceptíveis.

É a aplicação moral da teoria das Formas que desempenha o papel mais importante na teoria platônica da natureza e da sociedade humanas. Quando consideramos conceitos morais como "coragem" e "justiça", podemos distinguir muitas ações corajosas ou condutas justas particulares dos conceitos gerais Coragem e Justiça. Nos primeiros diálogos, Platão mostra Sócrates buscando uma concepção geral adequada das virtudes, sem jamais se satisfazer com meros exemplos ou subclasses delas. Temos de distinguir esses ideais da realidade confusa dos seres humanos em situações reais. Uma ação ou uma pessoa podem ser corretas, justas ou belas de determinada maneira, porém não de outra; por exemplo, fazer a melhor coisa por um amigo ou conhecido pode implicar negligenciar outro amigo ou conhecido. Nenhum indivíduo é paradigma da virtude, nenhuma sociedade humana é ideal. Mas Platão sustenta que há padrões absolutos de valor estabelecidos para nós pelas Formas éticas (472-73). E, para ele, a Forma do Bem é preeminente: ela desempenha um papel quase divino em seu sistema, sendo descrita como a fonte de toda a realidade, da verdade e do bem. Ele compara o Bem no mundo das Formas com o sol como a fonte de toda a luz no mundo das coisas materiais (508-9).

É crucial para toda a filosofia de Platão que possamos, mediante o uso apropriado de nossa faculdade da razão, chegar a *saber* o que é bom. Nisso ele seguia a diretriz de seu mestre, Sócrates. Em alguns dos primeiros diálogos (*Protágoras* e *Mênon*), ele apresenta Sócrates argumentando em favor do que parece ser a própria doutrina do Sócrates histórico, segundo a qual, para ser virtuoso, um ser humano bom, basta saber o que é a virtude humana. Diz-se que todas as virtudes são idênticas na base, porque na verdade não se pode possuir nenhuma delas sem ao mesmo tempo possuir todas as outras; essa bondade humana singular é identificada com o conhecimento, no sentido amplo de sabedoria. Sócrates está assim comprometido com a doutrina de que ninguém faz consciente ou voluntariamente o que sabe ser errado. Mas isso por certo entra em conflito com fatos demasiado óbvios acerca da natureza humana; não ocorre muitas vezes de sabermos muito bem o que devemos fazer sem no entanto o fazermos concretamente? Veremos adiante as tentativas de Platão para lidar com essa dificuldade.

A teoria das Formas constitui a base da resposta de Platão ao ceticismo ou relativismo intelectual e moral de sua época. Trata-se de uma das primeiras e grandiosas expressões da esperança de podermos chegar a um conhecimento confiável acerca do mundo como um todo e das metas e da condução adequada da vida e da sociedade humanas. Podemos no entanto pensar legitimamente que Platão superintelectualizou o papel da razão e do conhecimento. Ele faz uma excelente defesa (que estamos prestes a examinar) da idéia de que todos precisamos de sabedoria *prática*; necessitamos usar nossa razão no exercício do autocontrole prudente, na moderação de nossas emoções e desejos e de sua expressão e realização. Mas, nas seções centrais da *República* (Livros V-VII), ele insiste numa concepção altamente *teórica* da razão como consistindo num conhecimento das Formas acessível apenas a uma elite intelectual especialmente treinada. Não é tão evidente que o pensamento explicitamente filosófico seja condição necessária ou suficiente para a bondade humana.

Teoria da natureza humana

Platão é uma das principais fontes da concepção "dualista", de acordo com a qual a alma (ou mente) humana é uma entidade não-material que pode existir independentemente do corpo. Segundo Platão, a alma existe antes do nascimento; ela é indestrutível e vai existir eternamente depois da morte. Os principais argumentos de Platão em favor dessas doutrinas são apresentados em diálogos anteriores. No *Mênon*, ele tenta provar a preexistência da alma alegando que aquilo que denominamos conhecimento é na realidade uma espécie de "recordação" da familiaridade que as almas supostamente tinham com as Formas antes do nascimento (ele apresenta aqui uma versão da reencarnação). Pessoas de inteligência mediana podem ser levadas a compreender teoremas matemáticos (ao menos alguns dos mais simples!) e a perceber por que têm de ser verdadeiros, ao ter a atenção dirigida para os passos de uma demonstração. Afirma Platão (de modo bastante plausível) que a capacidade de reconhecer a validade dos passos e o caráter necessário da conclusão tem de ser inata. Mas ele faz a alegação bem mais discutível de que essas capacidades inatas só podem vir do conhecimento das Formas numa vida anterior, enquanto hoje deveríamos apresentar explicações evolutivas.

No *Fédon*, Platão apresenta outros argumentos, de acordo com os quais a alma humana tem de persistir depois da morte do corpo. Ele tenta refutar a teoria materialista de atomistas gregos anteriores, como Demócrito, que sustentavam que a alma humana se compõe de diminutas partículas que se dispersam no ar quando morremos. Ele também argumenta contra a concepção (que Aristóteles depois desenvolveu em termos mais técnicos) da alma como uma espécie de "harmonia" do corpo em funcionamento, como a música tocada por um instrumento adequadamente afinado e tocado. Os argumentos de Platão sempre merecem uma análise cuidadosa: mesmo que se discorde deles, pode-se aprender muito ao tentar identificar os pontos nos quais incorrem em erro. Ele sustentava, com uma intensidade próxima da crença religiosa, que é a alma imaterial, não os sentidos corporais, que alcança o conhecimento das Formas: ele compara a alma ao divino, ao racional, ao imortal, indissolúvel e imutável. Em sua famosa figuração, no *Fédon*, dos últimos diálogos de Sócrates antes da morte, Platão apresenta seu herói filosófico esperando ansiosamente a libertação de sua alma dos cuidados e das limitações do corpo.

As doutrinas da imaterialidade e imortalidade da alma aparecem no final da *República*, no "mito de Er", no Livro

X (608-20), mas esse Livro pareceu a muitos comentadores uma adição bastante malfeita. O fundamental na principal discussão moral de Platão é sua teoria característica das três partes da alma (435-41). Embora apresente essa teoria como um argumento em favor da existência de partes no interior daquilo que denomina "alma", não temos de interpretá-la como dependente de uma concepção metafisicamente dualista: podemos tomá-la como uma distinção entre três aspectos distintos de nossa natureza humana. Podemos reconhecer a existência de tendências interiores conflitantes em nós mesmos, ainda que sigamos uma concepção materialista, evolutiva, dos seres humanos como um tipo de animal dotado de um cérebro bem desenvolvido. (Para meus propósitos introdutórios, concentro-me aqui na teoria tripartite de Platão; temos porém de observar que, no *Filebo* e nas *Leis*, ele vê a natureza humana como dividida entre a razão e o prazer; ele também diz mais sobre o prazer no *Górgias* e no *Protágoras*.) Ecos da tríplice distinção de Platão podem ser encontrados nas obras de muitos pensadores posteriores, como Freud, que examinamos no Capítulo 8.

Nesse ponto do pensamento de Platão, podemos vê-lo, o que conta a seu favor, reconhecendo a implausibilidade da doutrina socrática segundo a qual ninguém pratica o mal voluntariamente. (Quando diz "faço a própria coisa que detesto", São Paulo relata uma experiência humana que todos identificamos.) Platão se debate tanto com a questão teórica de como é possível esse conflito interior quanto com o problema prático de como se podem alcançar a harmonia interior. Examinemos em primeiro lugar seus argumentos em favor da estrutura tripartite.

Considere um exemplo de conflito ou inibição mental, como uma pessoa que está sedenta mas não toma a água disponível porque a julga envenenada ou por causa de algum ascetismo religioso. É bem comum que não gratifiquemos nossos impulsos corporais (ou não o façamos de imediato) por vários motivos. Todavia, inversamente, por vezes nos vemos cedendo às tentações do cigarro preferido, da segunda fatia de bolo de creme, do quinto copo de vinho ou do galanteio sedutor, mesmo sabendo ser provável que isso vai trazer más conseqüências para nós (ou para outras pessoas). Os maus hábitos, como se sabe, podem tornar-se vícios – reconhecemos a gula (ou, nos dias de hoje, a anorexia), o alcoolismo, a dependência de drogas, o hábito de seduzir ou o homem ou a mulher que buscam incessantemente parceiros impossíveis. Platão alega que, quando existe algum tipo de conflito interior, deve haver na pessoa dois elementos diferentes com tendências ou desejos contraditórios entre si. No caso do homem sedento, deve haver uma parte dele que deseja beber e outra que o proíbe de fazer isso; a primeira recebe de Platão a designação "Apetite" (termo sob o qual ele inclui todos os impulsos físicos como a fome, a sede e o desejo sexual) e a segunda, "Razão".

Até esse ponto, Platão baseia sua análise num terreno conhecido. Mas ele dá outro passo para postular a existência de um terceiro elemento presente na nossa natureza. Isso é provado, argumenta ele, por diferentes casos de conflito mental. O seu primeiro exemplo parece um tanto estranho: a história de alguém que sente um desejo irresistível por uma pilha de cadáveres, mas fica desgostoso consigo mesmo por querer isso (440). A alegação de Platão é que, para explicar casos de conflito interior como esse, precisamos reconhecer em nós mesmos a existência de um terceiro elemento, que ele chama de "Espírito" ou paixão. Seu argumento em favor disso não é muito explícito, mas parece que, como há uma *emoção* de desgosto com relação a si mesmo envolvida, e não apenas um reconhecimento intelectual do caráter irracional ou indesejável do desejo, deve-se distinguir Espírito de Razão.

Temos sem dúvida de concordar que a emoção é algo diferente tanto dos desejos corporais como do juízo racional ou moral. O amor não é o mesmo que a luxúria, nem é mero julgamento sobre as qualidades admiráveis do ser amado. A raiva, a indignação, a ambição, a agressão e o desejo de poder não são desejos corporais nem meros julgamentos sobre o valor ou a falta de valor das coisas, embora impliquem esses julgamentos. Platão prossegue, observando que as crianças (e mesmo os animais) mostram "Espírito" antes de exibir razão; quem já lidou com crianças pode confirmar isso a partir da experiência de sua animação, auto-afirmação, teimosia e (por vezes) agressão e comportamento malévolo.

Platão afirma que o Espírito costuma ficar do lado da Razão quando ocorrem conflitos interiores. Mas, se é o Espírito um elemento da mente genuinamente distinto, presume-se que haja casos em que pode entrar em conflito com a Razão. Platão cita um verso de Homero, "Ele golpeou o peito, e assim admoestou o coração", como breve confirmação disso. E podemos com certeza acrescentar exemplos vindos de nossa experiência pessoal, de ocasiões em que sentimos emoções como a raiva, o ciúme ou o amor que julgamos não razoáveis, indesejáveis ou mesmo imorais. Talvez existam mesmo casos em que se é impelido em *três* direções pelos diferentes elementos – por exemplo, pela luxúria, pelo amor romântico e pelo julgamento arrazoado acerca do melhor parceiro com o qual viver!

Platão apresenta sua tríplice teoria por meio de imagens vívidas, ainda que não muito elaboradas. No *Fedro*, (um diálogo cujo tema é principalmente o amor), em 253-54 compara a alma a uma carruagem puxada por um cavalo branco (o Espírito) e um cavalo negro (o Apetite), que tem um condutor (a Razão) esforçando-se para manter o controle. No Livro IX da *República*, em 588, descreve uma pessoa como formada por um homenzinho, um leão e uma besta de várias cabeças. Isso implica obviamente uma regressão ao infinito – uma pessoa numa pessoa e assim por diante –, mas Platão era um filósofo muito bom para não se ter dado conta disso; provavelmente está propondo essa descrição apenas como um conjunto vívido de imagens.

A anatomia tripartite da alma apresentada por Platão é suficiente? Pode-se vê-la como uma interessante aproximação inicial, distinguindo alguns elementos da natureza humana que podem entrar em conflito uns com os outros. Mas pode não ser uma divisão rigorosa ou exaustiva, mesmo que renomeemos as partes em termos modernos como intelecto, emoção e desejo corporal. De modo específico, não está claro a que equivale o elemento médio de Platão, o Espírito. As emoções são sem dúvida uma parte de nossa natureza humana – mas Platão tinha em mente também desejos ou impulsos humanos que não são apetites *corporais* nem são exatamente emoções, como a auto-afirmação, a ambição ou o desejo de dinheiro, posição ou poder? E onde entra a vontade nessa história – Platão não tem ainda de aceitar que uma coisa é reconhecer ou julgar (com a própria razão) o que se deve fazer e outra fazer concretamente? Uma distinção tripartite diferente das faculdades mentais que se tornou padrão, especialmente a partir do advento do cristianismo, consiste em razão, emoção e *vontade*. Talvez tenhamos de distinguir ao menos cinco fatores na natureza humana –

razão, vontade, impulsos não-corporais, emoções e apetites corporais.

Boa parte da discussão de Platão parece ser conduzida tendo antes os homens do que as mulheres em mente, embora ele tivesse concepções sobre as similaridades e as diferenças entre os sexos notavelmente originais, e até subversivas, para sua época. Na sociedade grega, as mulheres praticamente não desempenhavam nenhum papel na vida pública e eram confinadas aos deveres domésticos; a discussão filosófica do amor nos diálogos platônicos é toda sobre o amor homossexual masculino, que era socialmente aprovado. Mesmo assim, Platão alega que não há funções na sociedade que precisem ser limitadas a um ou ao outro sexo. Ele admite que algumas mulheres são atléticas, musicais, filosóficas e "vivazes". (Isso dá um nó na cabeça! Mas ele queria dizer corajosas e, portanto, aptas para o serviço militar – ver 445.) Ele ainda supõe paternalisticamente que os homens são na média melhores do que as mulheres em tudo, mas julga que a única distinção absoluta é a biológica, manifesta no fato de que os homens geram filhos e as mulheres os gestam, e que quaisquer outras diferenças são uma questão de grau. Logo, ele mostra condições de admitir na classe dirigente mulheres dotadas desse respectivo talento.

O outro aspecto da teoria platônica da natureza humana é que somos seres inerradicavelmente sociais: viver em sociedade é natural aos seres humanos. Os indivíduos humanos não são auto-suficientes; cada um de nós tem muitas necessidades às quais nós mesmos não podemos atender. Mesmo o alimento, o abrigo e as roupas dificilmente podem ser obtidos sem o auxílio alheio. Um indivíduo que se visse numa ilha deserta teria de lutar pela sobrevivência e estaria privado de atividades caracteristicamente humanas como a amizade, o jogo, a arte, a política, a aprendizagem e o raciocínio. É fato manifesto que diferentes pessoas têm diferentes aptidões e interesses; há agricultores, artesãos, soldados, administradores e assim por diante, cada qual apto pela natureza, pelo treinamento e pela experiência a se especializar num tipo de tarefa; a divisão do trabalho é essencial (369-70).

Diagnóstico

A Razão, o Espírito e o Apetite se acham presentes em distintos graus em todas as pessoas. A depender do elemento dominante, há três tipos de pessoas cujo principal desejo é o conhecimento, a reputação ou o benefício material: Platão os descreve, respectivamente, como o tipo filosófico, o amante da vitória e o amante do lucro (581). Ele via com muita clareza a questão de qual dos três elementos deve dirigir: a Razão deve controlar tanto o Espírito como o Apetite (590). Mas cada um desses elementos tem seu papel adequado a desempenhar; deve haver idealmente um acordo harmonioso entre os três aspectos de nossa natureza, ficando a Razão no comando global. Platão exprime isso na eloqüente passagem a seguir, em 443:

> A justiça... não se acha voltada para as ações externas, mas para o eu interior do homem. O homem justo não permite que os três elementos que compõem seu eu interior usurpem as funções uns nos outros ou interfiram uns nos outros; mas, mantendo os três em mútua sintonia, como as notas numa escala..., vai, no sentido mais verdadeiro, pôr sua casa em ordem, e será seu próprio senhor e mestre, ficando em paz consigo mesmo. Quando

subjugar esses elementos num único todo controlado e organizado, e, assim, unificar a si mesmo, estará ele pronto para toda espécie de ação...

Do mesmo modo como a parte racional do indivíduo deve dirigir e controlar as outras partes, assim também as pessoas – homens ou mulheres – com a "razão" (o que inclui a sabedoria moral, como vimos) mais bem desenvolvida devem dirigir a sociedade no interesse de todos. Uma sociedade bem organizada, "justa", é aquela na qual cada classe de pessoas desempenha um papel específico em harmonia com as outras classes (434).

Platão descreve essa condição ideal dos seres humanos e da sociedade mediante a palavra grega *dikaiosune*, que tem sido tradicionalmente traduzida por "justiça". Mas, quando aplicado a indivíduos, esse termo não tem sua moderna conotação legal ou política. Talvez não haja uma tradução exata: "virtude", "moralidade", "bem viver", "bem-estar" ou "equilíbrio mental" podem ajudar a transmitir o que Platão tem em mente. Em 444, ele de fato diz que a virtude é uma espécie de equilíbrio mental, beleza ou boa forma, e o vício, uma espécie de moléstia, deformidade ou fraqueza. Sua idéia fundamental é que as coisas boas ou ruins para nós dependem de nossa natureza humana, do complexo de fatores de nossa constituição psicológica.

A teoria das partes da alma (com a teoria de base das Formas como objetos de conhecimento) define assim os ideais platônicos do bem-estar individual e social – e, ao examinar os fatos de sua própria época, ele descobriu que se achavam bem distantes do ideal. Fica-se a imaginar se o julgamento que Platão faria de nossa condição atual seria em algum grau menos rigoroso. Muitas pessoas não exibem "harmonia interior" nem coordenação controlada de seus desejos e capacidades mentais. E muitas sociedades humanas não manifestam a ordem e a estabilidade que ele buscava.

Os problemas dos indivíduos humanos que Platão diagnostica se acham intimamente vinculados aos defeitos das sociedades humanas. Não se pode atribuir a ele nem a visão moralista simples, segundo a qual os problemas sociais decorrem de erros cometidos pelos indivíduos, nem a visão sociológica restrita, segundo a qual a ordem social produz as faltas de pessoas individuais. Platão diria, creio eu, que se trata de fenômenos interdependentes. Uma sociedade imperfeita tende a produzir indivíduos falhos, e indivíduos perturbados ou educados de maneira insuficiente contribuem para os problemas sociais.

Platão dedica o Livro VIII da *República* (543-76) a uma classificação sistemática de cinco tipos de sociedade, a começar pela sociedade ideal antes esboçada, que ele chama de "aristocracia" (querendo designar uma aristocracia de talento, não de berço). Diagnostica quatro tipos de sociedade imperfeita, que denomina "timarquia", "oligarquia", "democracia" e "tirania". Também descreve tipos de indivíduos defectivos supostamente típicos de cada uma dessas sociedades. Oferece um relato de como cada um dos tipos de ordem social pode advir por meio da degeneração de sua predecessora e de como cada caráter individual pode vir a se formar como resultado de problemas da geração antecedente (concentrando-se, na qualidade de grego do sexo masculino, nas relações entre pai e filho).

Numa sociedade "timárquica" como a de Esparta, a honra e a fama, especialmente na guerra e na caça, são os valores postos acima de tudo. A razão e a compreensão filosófica são negligenciadas, e o Espírito desempenha o papel dominante na sociedade e em membros da classe dirigente (545-49). Trata-se de uma espécie de sociedade "aristocrática" no sentido que hoje damos ao termo, como por exemplo sociedades européias de séculos passados, hoje praticamente extintas.

Numa "oligarquia", as antigas divisões entre as classes entram em colapso, ganhar dinheiro se torna a atividade dominante e o poder político passa às mãos dos abastados. Platão exprime desgosto pelo tipo de caráter daí resultante que

> entroniza sua parte vinculada ao apetite e voltada para ganhar dinheiro, estabelecendo-a como um rei no interior de seu próprio ser..., fazendo que as partes racional e espiritual sentem-se aos pés do apetite, uma de cada lado, reduzindo-as à condição de escravos... Ele não permite que aquela raciocine sobre qualquer coisa ou examine qualquer coisa além de como transformar uma pequena soma em grande riqueza. E não permite que esta última valorize ou admire qualquer coisa que não a riqueza e as pessoas ricas, nem que tenha outra ambição além da aquisição de riqueza ou de quaisquer coisas que possam contribuir para obtê-la (553).

A "democracia" pode vir à luz mediante a tomada do poder pela maioria oprimida. Na *República*, Platão assume uma visão bastante deformada da democracia tal como ele a entendia, sem dúvida influenciado por sua experiência com a arbitrariedade e a instabilidade da democracia ateniense, na qual todo cidadão homem adulto (mas não as mulheres nem os escravos) podiam votar nas reuniões que decidiam questões de política e os cargos do governo costumavam ser preenchidos por sorteio (555-57). Platão julgava absurdo conceder a cada pessoa igual voz quando a maioria delas, em sua opinião, não sabe o que é melhor. Ele critica o que rotula como tipo "democrático" de pessoa como carente de disciplina, em busca apenas dos prazeres do momento e se deixando levar por desejos "desnecessários, dissipadores". (O homem financeiramente bem-sucedido ao menos exerce, apesar de todos os seus defeitos, um certo grau de autocontrole.)

> Um jovem... se associa com criaturas descontroladas e perigosas que podem proporcionar todas as variedades de prazeres atraentes das mais diversas maneiras.
>
> ... vendo a cidadela da alma do jovem vazia de conhecimento, de modos adequados de viver e de palavras de verdade... [esses desejos] acabam por ocupar eles mesmos essa cidadela.
>
> ... e não admite nenhuma palavra de verdade no quartel, porque, se alguém lhe diz que alguns prazeres estão ligados a desejos adequados e bons, ao passo que outros estão ligados a maus desejos, e que ele deve buscar e valorizar aqueles e restringir e submeter estes últimos, ele nega tudo isso e declara que todos os prazeres são iguais e têm de ser igualmente valorizados (559-61).

Ao ver de Platão, a anarquia é a conseqüência da liberdade caótica e irrestrita da democracia: a permissividade se dissemina, pais e mestres perdem a autoridade. (Platão revela-se horrorizado diante da idéia de libertar as mulheres e os escravos.) Nasce então o desejo de restaurar uma certa ordem, e, caracteristicamente, emerge um indivíduo poderoso e inescrupuloso que conquista o poder absoluto e se torna um tirano (565-69). O caráter tirânico, no diagnóstico de Platão, não é tanto o tirano propriamente dito (que afinal tem de exercer alguma inteligência e autocontrole a fim de manter o poder), mas a pessoa completamente dominada ("tiranizada") por seus próprios apetites, em especial os desejos sexuais. Essa pessoa não se detém diante de nada; sacrifica posses e dinheiro, relações familiares e amigos, na busca frenética de seus impulsos luxuriosos (572-76).

Nessa série de diagnósticos sociais e esboços de caráter, pode-se sentir que as analogias entre indivíduo e sociedade são por vezes levadas a graus injustificados. Não obstante, cada esboço revela um notável discernimento sociológico e psicológico, e suas aplicações contemporâneas são evidentes. Platão conclui que cada tipo de pessoa e de sociedade se afasta cada vez mais do ideal, alcançando um grau mais profundo de degradação e de infelicidade. Ele deixa claro que pessoas dominadas pela sede de ganhar dinheiro, pela busca do prazer e pela luxúria estão longe de ser felizes, e isso faz parte de sua defesa da idéia de que a "justiça" é do interesse do indivíduo.

Prescrição

Platão afirmou que a "justiça" é essencialmente a mesma coisa tanto no indivíduo como na sociedade – um funcionamento conjunto desimpedido das partes no interior da alma e das classes no âmbito do Estado (435); a falta dessa harmonia constitui a injustiça. Há no entanto certa ambigüidade na *República* sobre até que ponto os indivíduos podem mudar a si mesmos sem que haja reformas institucionais, ou se a mudança social tem de vir da melhoria individual. (Trata-se de um problema que ainda hoje se acha muito presente em nosso mundo.) Um dos principais objetivos do argumento de Platão consiste em responder ao desafio do cínico Trasímaco (apresentado no Livro I), ao mostrar que é do interesse do indivíduo ser justo. Platão o faz ao reconceituar o que é a justiça, insistindo no fato de que ela é uma harmonia entre os três elementos da a alma (Livro IV), harmonia que por certo fará de cada um de nós um ser humano mais feliz e realizado (Livro IX).

Mas pode tal harmonia ser alcançada? Platão observa em 444 que a virtude e o vício são o resultado de nossas próprias ações, boas ou más; assim, ao que parece, aquilo que fazemos de nós mesmos depende, ao menos em alguma medida, de nós mesmos (um tema existencialista; ver o Capítulo 9, sobre Sartre). Não obstante, o mero reconhecimento intelectual ou julgamento moral dificilmente parece suficiente para isso: uma coisa é reconhecer o caráter atrativo da harmonia mental; outra bem distinta é *realizá-la* em nós mesmos.

Aqui entra o elemento social na história de Platão: ele põe grande ênfase na educação apropriada como a mais importante maneira de produzir pessoas virtuosas, harmoniosas, equilibradas, "justas" (376-412 e 521-41). Platão foi um dos primeiros a considerar a educação a chave para a construção de uma sociedade melhor. Ele designa por educação não somente a escolarização formal como também todas as influências sociais sobre o desenvolvimento de cada pessoa – ainda que ignore em larga medida o período da infância e da puberdade, que a psicologia mais recente veio a reconhecer como essencial (ver o Capítulo 8 sobre Freud e o 10 sobre Skinner). Platão apresenta um número razoavelmente grande de detalhes a respeito do tipo de educação que vislumbra, e o estudo acadêmico formal não está de modo algum no centro – este é algo reservado a um subgrupo de elite com idade suficientemente madura. O que Platão julga vital para todos é um treinamento da pessoa como um todo – Razão, Espírito e Apetite em conjunto. Assim, ele recomenda a ginástica, a poesia e a música como elementos do currículo comum. Podemos considerar os detalhes de sua proposta educacional risivelmente arcaicos, mas permanece realista o princípio geral de que os fundamentos voltados para a "formação do caráter" são ainda mais importantes do que as superestruturas acadêmicas.

Mas como deve ser instituída a educação? Isso requer uma clara concepção da meta visada – na verdade, toda uma teoria da natureza e do conhecimento humanos. Além disso, é algo que requer uma organização social e recursos de largo alcance. Esse é um dos principais motivos pelos quais Platão oferece na *República* uma prescrição de cunho radicalmente político:

> Não vão chegar ao fim os problemas dos Estados, ou da própria humanidade, enquanto os filósofos não se tornarem os reis neste mundo, ou enquanto aqueles que ora chamamos de reis e dirigentes não se tornarem real e verdadeiramente filósofos, fazendo com que o poder político e a filosofia passem desse modo às mesmas mãos (473).

Ele tem plena consciência de que isso soa absurdamente não-realista, mas, dada sua compreensão das Formas, do conhecimento humano e da natureza humana, podemos perceber o fundamento lógico dessa proposta. Se existe a verdade no tocante a como devemos viver, as pessoas dotadas desse conhecimento são as únicas adequadamente qualificadas para governar a sociedade. Na definição de Platão, os filósofos são aqueles que alcançaram o conhecimento das Formas; se eles viessem a governar a sociedade, os problemas da natureza humana poderiam ser resolvidos.

Para produzir amantes da sabedoria, aptos a ser reis-filósofos ou "Guardiães", Platão propõe que os estágios mais elevados da educação só sejam acessíveis àqueles mentalmente capazes de dar conta deles. Na idade apropriada, essas pessoas estudariam matemática e então, filosofia, as disciplinas que levam a mente ao conhecimento das Formas e ao amor da sabedoria por si mesmo. A elite assim produzida preferiria dedicar-se a estudos intelectuais, mas Platão espera que atendam ao chamado do dever social (imagina-se por quê?) e apliquem aquilo que sabem ao governo da sociedade. Depois de passarem por cargos subalternos, algumas delas estariam prontas para o poder supremo. Só esses amantes da sabedoria e da verdade estariam imunes às tentações comuns de abuso do poder, uma vez que valorizariam mais a felicidade de uma vida correta e racional do que as riquezas materiais (521).

O modo de vida desses Guardiães seria espartano, quase no sentido moderno da palavra. (Platão deve ter derivado parte de suas idéias da Esparta histórica.) Elas não teriam propriedades pessoais nem vida familiar; as mulheres e os filhos seriam mantidos em comum. O Estado escolheria os Guardiães adequados para a reprodução e organizaria ocasionais "festivais de acasalamento". As crianças daí resultantes seriam criadas comunalmente por amas-de-leite, e tomar-se-iam precauções para que nenhum pai reconhecesse os próprios filhos (457-61). Nesse aspecto, Platão contraria categoricamente a necessidade psicológica de vínculos emocionais fortes entre as crianças e os adultos que as criam (normalmente os próprios pais). Como um grego do sexo masculino nascido em berço de ouro, ele obviamente não tinha nenhuma experiência em cuidar de crianças nem em lidar com suas necessidades!

A idéia de Platão de que seus Guardiães treinados amariam a tal ponto a verdade e o bem que seria possível confiar que nunca abusassem do poder parece ingenuamente otimista. Precisamos sem dúvida de salvaguardas constitucionais que nos protejam da exploração ou da tirania. Platão pergunta: "Quem está qualificado para exercer o poder absoluto?" Mas deveríamos replicar: "Quem pode garantir que ninguém detenha o poder absoluto?" O que ocorreria se mesmo pessoas bem educadas divergissem acerca de questões de moral e de política, como sabemos acontecer com freqüência? Há alguma maneira de mostrar qual é a concepção correta? Platão alimenta a esperança de usar argumentos racionais para tanto, e é um dos grandes pioneiros filosóficos nesse sentido. Mas, quando julga deter a verdade última a respeito de alguma questão importante, uma dada pessoa pode ser intolerante com relação às que dela discordam e sentir-se justificada em impor o que pensa aos outros (como o testemunha a história das controvérsias políticas e religiosas).

E o que dizer dos demais membros da sociedade – a não-elite? Muitas funções econômicas e sociais diferentes precisam ser desempenhadas, e uma divisão do trabalho é a maneira natural e eficiente de organizá-las. Platão estabelece uma divisão tríplice da sociedade (412-27), paralela à sua teoria da alma. Além dos Guardiães, haveria uma classe, tradicionalmente chamada de classe dos "Auxiliares", que desempenharia o papel de soldados, policiais e servidores civis: eles colocariam em prática as orientações dos Guardiães. A terceira classe conteria os trabalhadores de todos os tipos – agricultores, artesãos, mercadores e todos os que produzem e distribuem os bens que atendem às necessidades materiais da vida. A divisão entre essas três classes seria bastante rigorosa; Platão diz que a "justiça" ou bem-estar da sociedade depende do fato de cada pessoa cumprir a função que lhe cabe e não interferir na função alheia (432-34).

> O objeto de nossa legislação não é o bem-estar de nenhuma classe particular, mas de toda a comunidade. Ela usa a persuasão ou a força para unir todos os cidadãos e fazer com que privem juntos dos benefícios que cada individualidade pode trazer à comunidade; e seu propósito ao promover essa atitude não é permitir a ninguém sua própria satisfação, mas fazer de cada homem um elo na unidade do todo (519-20).

Platão parece aqui mais preocupado com a harmonia e a estabilidade da sociedade como um todo do que com o bem-estar dos indivíduos que a compõem. Podemos ser favoráveis ao "espírito de comunidade", à idéia de que cada pessoa dê alguma contribuição ao bem-estar da sociedade. Platão, no entanto, parece conceber bem mais do que isso em sua rigorosa divisão de classes e sua insistência em que cada pessoa cumpra a função que lhe é atribuída – e apenas isso. É isso que ele chama de "justiça" no Estado, mas está claro que não é o que designamos com esse termo, que implica igualdade perante a lei e algo como uma parcela razoável para todos. Um trabalhador que não esteja contente em ser trabalhador, em aceitar uma certa parcela estritamente limitada dos bens econômicos e em não ter voz na política seria nesse caso levado à força pelo Estado de Platão a permanecer nessa condição. Mas que sentido faz uma sociedade estável se não servir aos interesses dos indivíduos que a formam?

A república de Platão apresenta um claro caráter autoritário, e um tanto totalitário. Por exemplo, ele não tem remorsos quanto à censura; propõe que se excluam os poetas e outros artistas, com o pretexto de que apelam às partes inferiores, não-racionais, de nossa natureza (605). Ele sem dúvida ficaria horrorizado com a penetrante influência daquilo que chamamos de "a mídia" sobre todas as pessoas desde a infância. Podemos não gostar de sua solução de censura estatal, mas ele chama a nossa atenção para o problema permanente de como podem a verdade e a bondade ser apresentadas em meio a uma barafunda de influências culturais e econômicas em competição.

Na *República*, Platão descarta constituições democráticas com grande rapidez, e, poderíamos dizer, de modo injusto. Ele pensa abertamente na democracia de tipo ateniense, na qual cada cidadão tinha um voto nas grandes decisões. Mesmo que sistemas eletrônicos de votação pudessem tornar isso tecnicamente viável nos Estados modernos, o resultado seria por certo um governo instável, sujeito aos impulsos mutáveis de um enorme eleitorado sob a influência da emoção coletiva e da "retórica" ou da propaganda inteligente – o que Platão criticava na democracia ateniense. Ele com certeza estaria atacando duramente a manipulação promovida pelos meios de comunicação de massas nas campanhas políticas contemporâneas! Não obstante, a característica mais essencial das modernas democracias parlamentares – a de que o governo tem de se submeter à reeleição após um determinado período de tempo – fornece um recurso de troca pacífica de governo que está ausente da *República* de Platão. Deve-se contudo observar que, no *Estadista* e nas *Leis*, ele oferece uma prescrição política substancialmente distinta: defende ali a regra da lei e endossa a democracia, apesar de todas as suas imperfeições, como o melhor tipo de constituição, dada a natureza humana tal como é.

A *República* é um dos livros mais influentes de todos os tempos. Este esboço oferece uma amostra da riqueza das idéias ali contidas, mas não pode ser um substituto adequado do estudo do próprio texto. Neste capítulo, concentrei-me nesse diálogo específico; o leitor deve ter em mente que Platão escreveu bem mais, desenvolvendo e alterando seus modos de ver as coisas. Sócrates e Platão iniciaram uma tradição de investigação racional acerca de como devemos viver; Aristóteles a levou mais longe (com uma metafísica menos extramundana). Suspeito que nada agradaria mais a Platão do que saber que alguns de nós ainda fazemos essa investigação ética.

Sugestões de leitura

Texto básico: A *República* de Platão. Há muitas traduções, mas a que obteve recentemente mais elogios por sua legibilidade e vivacidade é a de G. M. A. Grube, revista por C. D. C. Reeve, Indianápolis, Hackett, 1992. A *República* é uma obra extensa e complexa; alguns leitores podem preferir abordar Platão a partir de seus diálogos mais curtos, como o *Eutífron*, a *Apologia*, o *Críton*, o *Fédon*, o *Ménon* e o *Protágoras*.

Para uma introdução geral a todo o pensamento de Platão, ver, na série Past Masters, R. M. Hare, *Plato*, Oxford, Oxford University Press, 1982[1]. O texto está ainda disponível como a primeira parte de uma trilogia intitulada *Founders of Thought*, Oxford, Oxford University Press, 1991, que contém introduções igualmente magistrais a Aristóteles, por Jonathan Barnes[2], e a Santo Agostinho, por Henry Chadwick.

Para uma profunda discussão filosófica da *República*, ver Julia Annas, *An Introduction to Plato's Republic*, Oxford, Oxford University Press, 1981. A obra consegue combinar erudição (e

---

1. Trad. bras. *Platão*, São Paulo, Loyola, 2000. (N. do T.)
2. Trad. bras. *Aristóteles*, São Paulo, Loyola, 2001. (N. do T.)

dificuldade técnica, onde é necessário) com uma aguçada atenção ao argumento moral principal, sua fundamentação em alegações acerca da natureza humana e a continuidade de sua relevância contemporânea (ver especialmente o resumo no cap. 13).

Para um ataque clássico ao programa político de Platão (que influenciou em demasia versões anteriores deste capítulo), ver K. R. Popper, *The Open Society and its Enemies*, 4.ª ed., Londres, Routledge, 1962[3].

Para um tratamento plenamente acadêmico da filosofia moral de Platão, ver Terence Irwin, *Plato's Ethics*, Oxford, Oxford University Press, 1995.

---

3. Trad. bras. *A sociedade aberta e seus inimigos*, São Paulo/Belo Horizonte, Edusp/Itatiaia, 1974, 2 volumes. (N. do T.)

6. KANT: RAZÃO E LIBERDADE, HISTÓRIA E GRAÇA

Estamos dando um salto por sobre um longo período histórico, passando do mundo antigo da Grécia, de Roma e dos primórdios do cristianismo ao pensamento de Immanuel Kant (1724-1804), reconhecido de modo geral como o mais importante filósofo desde Platão e Aristóteles. Muitos eventos ocorreram nesse intervalo. Depois da queda do Império Romano, o cristianismo tornou-se a ideologia dominante na Europa. Suas formulações teológicas foram influenciadas pela filosofia grega; no caso de Santo Agostinho, por Platão e o neoplatonismo. A ascensão do islamismo no Oriente Médio a partir do século VII levou a um florescimento da teologia, da filosofia, da ciência e da medicina islâmicas no norte da África e na Espanha. Durante um certo período, houve algum contato benéfico entre as civilizações rivais, antes que a intolerância e o conflito predominassem; parte do pensamento do mundo clássico foi transmitida ao Ocidente por meio de estudiosos árabes. A grande sistematização cristã elaborada por Santo Tomás de Aquino no século XIII baseava-se na filosofia de Aristóteles. A queda do Império Bizantino (herdeiro da metade oriental do Império Romano) diante dos muçulmanos em 1453 causou um novo influxo de textos clássicos no Ocidente.

Três movimentos de importância mundial se desenvolveram então na Europa. Na Renascença dos séculos XV e XVI, a literatura, as artes e a filosofia do mundo antigo exerceram uma enorme influência sobre o pensamento ocidental. Quando a Reforma religiosa foi iniciada no século XVI, sob a liderança de Lutero e de Calvino, a unidade da Igreja Católica viu-se abalada, e se desenvolveram algumas igrejas, movimentos e seitas protestantes que apelavam à autoridade da Bíblia ou à experiência religiosa individual, e não à tradição da Igreja institucional. A ascensão da ciência física moderna no século XVII – e a combinação entre o método experimental e a teoria sistemática, exemplificada nas obras de Galileu e de Newton – demonstrou que novos conhecimentos sobre o mundo poderiam ser solidamente estabelecidos com base na observação.

Houve nesse período uma multiplicidade de novos desenvolvimentos no pensamento sobre a natureza humana, cujo número é demasiado grande para rever aqui. A partir do século XVII, filósofos se empenharam em aplicar os métodos da ciência ao estudo dos seres humanos; isso assumiu diferentes expressões no pensamento de Hobbes, Espinosa, Hume e muitos outros. No movimento de idéias denominado Iluminismo, esse veio a ser um tema dominante. O pensamento político de Locke exerceu forte influência sobre o esboço da nova constituição americana depois de 1776. Os *philosophes*[4] franceses – pensadores socialmente progressistas como Voltaire,

---

4. Em francês no original. (N. do T.)

Diderot e Condorcet – assentaram as bases intelectuais da Revolução Francesa de 1789. A grande esperança do Iluminismo era a de que se pudesse aplicar a racionalidade científica aos assuntos humanos, de que a humanidade pudesse deixar para trás a autoridade das crenças tradicionais e da posição social herdada e melhorar as condições da vida humana por meio do uso da razão.

Embora tenha passado toda sua vida na pequena cidade prussiana de Königsberg (atual Kaliningrado), que na época estava à margem oriental da cultura européia, Kant recebeu uma educação de amplo alcance e obteve um completo conhecimento da ciência de sua época. Ele tinha boa compreensão do sistema de Newton e sempre o tratou com enorme respeito. Ele mesmo deu contribuições à ciência em certa época da vida, ao desenvolver a hipótese nebular, que foi o primeiro relato naturalista (não-teológico) da origem do sistema solar. No final do século XVIII, o segundo estágio principal do desenvolvimento científico – a revolução química – estava em andamento, e Kant também estava ciente dele. Naturalmente, como ele antecedeu a revolução darwiniana do século XIX na biologia, parte de seus escritos sobre o desígnio na natureza ("teleologia") parece antiquada.

Kant também tinha uma educação humanista bem fundamentada, que abrangia tanto a filosofia e a literatura clássicas como a filosofia, a teologia e teoria política européias desde o século XVII. Um autor que causou uma impressão especialmente profunda em seu pensamento ético e social foi Rousseau, o dissidente do Iluminismo francês. As idéias de Rousseau sobre a natureza humana, a cultura, a educação e a história (especialmente os dois *Discursos* e o *Emílio*) foram transformados por Kant em seu próprio filosofar acerca da natureza humana.

As obras de "filosofia crítica" de Kant foram publicadas nas duas décadas finais do século XVIII. Seus principais escritos são a *Crítica da razão pura* (1781), os *Fundamentos da metafísica dos costumes* (1785), a *Crítica da razão prática* (1788), a *Crítica da faculdade de julgar* (1790), *A religião dentro dos limites da simples razão* (1793) e *Antropologia do ponto de vista pragmático* (1798). Nenhuma dessas obras é de fácil leitura, mas os *Fundamentos* são um texto relativamente curto, que costuma ser usado bastante em cursos de graduação (os *Prolegômenos* são uma introdução de bem menos sucesso à filosofia teórica de Kant). Kant também escreveu ensaios curtos e elegantes, para leitores especializados, sobre tópicos como "O que é Iluminismo?", "O que significa orientar-se no pensamento?", "Idéia para uma história universal com intenção cosmopolita" e "Paz perpétua". Ele queria ser não apenas filósofo acadêmico – o que era em todos os sentidos da palavra –, mas também um pensador socialmente influente e progressista. Criou reputação em ambas as áreas em sua época e tem sido desde então reverenciado como o mais profundo pensador do Iluminismo.

Kant exprimiu repetidas vezes sua fé no uso livre e democrático da razão para examinar todas as coisas, por mais tradicionais, autorizadas ou sagradas que fossem. A razão deve apelar somente ao assentimento desimpedido de toda pessoa capaz de julgamento racional. Assim, a razão humana tem de estabelecer sua própria autodisciplina: podemos submeter a escrutínio as pretensões e as limitações da própria razão por meio de nossa "razão judiciosa superior". É pois irônico que, na velhice, quando o seu renome já estava garantido, ele tenha tido problemas com o governo. Durante a maior parte da vida, ele foi beneficiado pelo regime relativamente liberal de Frederico, o Grande, mas depois da morte do monarca um regime mais conservador assumiu o poder. Seus censores detectaram uma inclinação não-ortodoxa no livro de Kant *A religião dentro dos limites da simples razão*, e o proibiram de publicar sobre o assunto. (Não foi preciso beber cicuta, à maneira de Sócrates, mas é interessante notar que foi uma pretensa subversão da religião aprovada pelo Estado que levou os dois filósofos a entrar em conflito com seus dirigentes políticos. Ainda existem países em que essas coisas podem acontecer.) A resposta de Kant foi habilidosa, se não claramente corajosa – ele prometeu obedecer, mas elaborou a promessa de tal maneira que só se sentia obrigado a cumpri-la enquanto Guilherme II vivesse, a quem ele, coincidentemente, sobreviveu.

Metafísica e epistemologia

Kant é um homem típico de seu tempo (e, na realidade, de boa parte do pensamento ocidental até hoje), no sentido de herdar as influências gêmeas do cristianismo e da ciência e de considerar que os problemas mais fundamentais da filosofia consistiam em como combinar as duas. Em seu caso, a influência cristã eram, de um lado, concepções teológicas tradicionais – Deus como onisciente, onipotente e benevolente; uma alma humana imortal; e o livre-arbítrio dos seres humanos –, mas, de outro, também as idéias morais de uma forma extrema de protestantismo, o pietismo de seus pais, que acentuava a importância da vida reta acima de todo dogma e de todo ritual. Veremos mais tarde neste capítulo que essa última influência veio a subverter a primeira.

O impacto da ciência sobre Kant é igualmente óbvio. Um dos objetivos fundamentais de sua filosofia era explicar como é possível o conhecimento científico. Ele desenvolveu uma teoria sistemática do conhecimento e das faculdades cognitivas humanas para mostrar que tanto os métodos empíricos da ciência física como o método da demonstração na matemática dependem de pressupostos apriorísticos. Alegava que esses pressupostos não podem ser provados por si mesmos mediante a experiência (observação do mundo), nem são eles meras verdades lógicas ("analíticos"). Esses princípios podem, não obstante, ser vistos pela reflexão filosófica, especificamente por "argumentos transcendentais", como condições necessárias de toda experiência empírica do mundo. Em sua *Crítica da razão pura*, Kant estabelece uma elaborada teoria de nossas formas de percepção, de pensamento e de julgamento, oferecendo uma descrição do modo como podemos obter algum conhecimento que é *a priori* e, no entanto, "sintético", no sentido de não ser mera questão de definição ou de análise de conceitos.

A "revolução copernicana" de Kant foi sua doutrina segundo a qual "os objetos devem conformar-se ao nosso conhecimento", o que parece querer dizer que certas características básicas dos objetos de nosso conhecimento são decorrência da natureza de nossas faculdades cognitivas humanas. Só podemos conhecer o mundo "tal como aparece" a nós; não o podemos conhecer "tal como é em si". O mundo que vivenciamos, o mundo das "aparências", está imbuído inteiramente das formas de nossa percepção (o espaço e o tempo) e das formas de nosso pensamento (as categorias – as formas lógicas dos julgamentos). O mundo tal como é em si pode não ser espacial nem temporal (na verdade, Kant desliza – com justificação questionável – para a asserção mais forte de que ele definitivamente *não* está no tempo e no espaço). Esse "idealismo transcendental" abalou as bases de toda a filosofia precedente, e suas reverberações se têm feito sentir desde então, inclusive nos debates filosóficos contemporâneos sobre o realismo e o idealismo.

Kant alegou (na "Segunda Analogia" de sua primeira *Crítica*) que o determinismo universal – o princípio de que todo evento tem uma causa precedente, um estado de coisas que faz esse evento ocorrer necessariamente – é um pressuposto da ciência e, com efeito, de todo conhecimento empírico do mundo. Empenhou-se em reconciliar isso com sua crença, igualmente sustentada com vigor, no livre-arbítrio humano. Nunca retirou sua afirmação de que todo evento do mundo físico é causalmente determinado; o problema para ele (assim como para muitos outros pensadores) consistia numa "Antinomia" entre duas crenças metafísicas aparentemente incompatíveis. Ele, naturalmente, não previu a mecânica quântica do século XX, com seus eventos indeterminados no nível subatômico, mas o advento de uma teoria física indeterminística não resolve por si só o problema do livre-arbítrio, pois ainda precisamos entender como as pessoas podem ser justificadamente consideradas responsáveis por suas ações.

Kant herdou e manteve a metodologia científica geral de sua época: acreditava que sempre é possível descobrir causas suficientes para todos os eventos materiais entre outros eventos materiais. Ele não aceitava o dualismo de Descartes, de acordo com o qual a mente é uma entidade não material que interage causalmente com o cérebro. Em sua "Primeira Analogia", sustenta que todos os eventos do mundo (o que precisa incluir os processos mentais) têm de ser vistos como mudanças de uma "substância" persistente, que aqui parece significar matéria. Na "Terceira Analogia", afirma que tudo o que existe no mundo tem de ser parte de um único sistema interativo da realidade. Mas, como veremos adiante, sua atitude com relação ao materialismo no tocante à natureza humana não era unificada.

Na segunda seção principal da *Crítica da razão pura*, a "Dialética", Kant alega diagnosticar como e por que tendemos a afirmar um ilusório conhecimento metafísico das coisas assim como são em si mesmas (a alma, o universo como um todo, eventos "livres" sem causa e Deus ou o "ser necessário"). Essas alegações há muito tempo são centrais à teologia cristã e, portanto, a boa parte da filosofia ocidental, mas vão além dos limites do conhecimento que Kant estabelecera na seção precedente, a "Analítica". A concepção de Kant é a de que *não podemos provar nem refutar* essas asserções metafísicas tradicionais. Num certo sentido, ele realiza uma ruptura decisiva com a tradição da filosofia racionalista e da teologia natural (ainda muito atuante), que tenta oferecer provas (lógicas ou empíricas) sobre Deus e a alma. Mas há muito tempo existe igualmente uma tradição "fideísta" no pensamento religioso, exemplificada de modo especial em Santo Agostinho, Pascal e Kierkegaard, que enfatiza que a fé tem de ir além da razão. À primeira vista, Kant parece enquadrar-se nessa tradição, conservando conceitos teológicos em seus significados tradicionais, porém afirmando que são antes uma questão de fé do que de conhecimento. Se essa é toda a história, é o que teremos de ver.

Teoria da natureza humana

O problema primordial da filosofia de Kant consistia em conciliar as alegações da moralidade e da religião (tal como ele as via) com o conhecimento científico (tal como ele o entendia). Assim, ele alimentou a esperança de relacionar a natureza física e a natureza humana numa única descrição global. Nisso permanece sendo uma personagem central e característica de toda a idade "moderna", desde a ascensão da ciência no século XVII.

Iniciemos com a explanação kantiana das faculdades cognitivas humanas. No começo da primeira *Crítica*, ele escreve:

> Nosso conhecimento provém de duas fontes principais da mente, sendo a primeira a faculdade de receber representações (a receptividade das impressões) e a segunda a capacidade de conhecer um objeto por meio dessas representações (a espontaneidade na produção de conceitos). Enquanto pela primeira um objeto nos é *dado*, pela segunda esse objeto é *pensado* ... Não se pode dar preferência a nenhuma dessas faculdades. Sem sensibilidade, nenhum objeto nos seria dado e sem entendimento, nenhum objeto seria pensado. Pensamentos sem conteúdo são vazios; intuições sem conceitos são cegas (A50-1/B74-5).

Kant desenvolveu uma teoria epistemológica que concilia as concepções unilaterais de seus precursores racionalistas e empiristas. O conhecimento depende da interação de dois fatores – de um lado, aquilo que é dado na percepção, a saber, estados sensoriais passivamente causados por objetos que se acham fora da mente, e, do outro, a maneira como a mente organiza ativamente ("espontaneamente") esses dados na forma de conceitos e, assim, faz julgamentos exprimíveis em proposições. Os animais são dotados da primeira capacidade ("sensibilidade"), mas lhes falta "entendimento"; não fazem julgamentos nem elaboram asserções. (Mas há uma interessante questão sobre até que ponto alguns animais superiores, como os primatas e os golfinhos, podem aproximar-se do pensamento humano.) Os animais percebem os alimentos, as presas, os predadores, os parceiros para o acasalamento e os filhotes com bastante eficiência, mas não pensam *que* alguma coisa é. Podem sentir dor, prazeres corporais, calor ou frio, e podem entrar em estados de excitação emocional como medo e agressão, mas não dispõem de *conceitos* de sensações nem de emoções – um animal não pode pensar *que* ele mesmo ou outro animal está com dor ou com medo. (No tocante a isso, Kant parece estar seguindo as distinções de Aristóteles entre plantas, animais e seres humanos.)

Em alguns de seus escritos, Kant adiciona a esse dualismo de "sensibilidade" e "entendimento" uma terceira faculdade, que denomina "imaginação". Antecipando a psicologia e a ciência cognitiva modernas, Kant percebeu que tem de haver algum tipo de processamento mental que leve dos dados brutos que nos chegam aos órgãos dos sentidos para os nossos reconhecimentos e julgamentos conceituais. Seu rótulo geral para esse processo é "síntese". Ele percebe a síntese como quase inteiramente inconsciente e a atribui à "imaginação". O motivo para dar esse nome à terceira faculdade decorre do fato de que a capacidade mental por vezes opera para produzir resultados meramente imaginários ou ilusórios, como por exemplo quando se "vê" um rosto na fogueira ou quando se pensa que há alguém espreitando nas moitas onde na verdade há apenas uma sombra. Kant sustenta ser essa mesma capacidade de imaginação que também opera na percepção verídica, como quando se vê que há de fato alguém nas moitas ou, com efeito, quando se reconhece a pessoa como alguém conhecido: a imaginação está envolvida de modo semelhante quando se vê uma charge num jornal como representando alguém em particular. A imaginação é um ingrediente necessário da percepção cotidiana, mas Kant alega que ela também opera na percepção estética, na qual pode praticar o "livre jogo" e nos proporcionar sensações de deleite, como por exemplo quando ouvimos a música ou contemplamos padrões visuais como os da arte abstrata.

Há um nível mais profundo no relato kantiano das faculdades cognitivas humanas, visto que ele dá enorme ênfase à "razão" (termo que figura nos títulos de suas duas primeiras *Críticas*). Em algumas ocasiões, parece ser essa apenas mais uma designação de entendimento, a capacidade de pensar conceitualmente que nos distingue dos outros animais. Mas verifica-se que Kant tem em mente um papel ainda mais elevado para a razão. Insiste que não nos limitamos a fazer um número indefinido de julgamentos particulares sobre o mundo, mas tentamos integrar esses fragmentos de conhecimento num sistema unificado. É comum que desejemos saber não só o que são as coisas, mas *por que* são; tentamos explicar um fato em termos de outros fatos. Na seção das "Antinomias" de sua primeira *Crítica*, Kant apresenta uma elaborada teoria sobre como nossa faculdade da "razão" nos leva a uma unificação cada vez mais abrangente de nosso conhecimento sob leis ou princípios gerais. Exprime nesse caso algo decisivo a respeito do método científico, que não se aplica somente às teorias especializadas da ciência, mas também à concepção de realidade de todas as pessoas – aceitamos que um fato deve ser coerente com todos os outros.

Há uma dimensão prática vital na concepção de realidade de Kant (ecoando Aristóteles no tocante à "razão prática"). Ele assinala que não somos seres limitados a perceber, julgar e teorizar; também somos *agentes* – fazemos coisas, afetamos o mundo por meio de nossas ações da mesma maneira como somos afetados pelo mundo na percepção. Também nesse aspecto estamos além dos animais. Obviamente, eles "fazem" coisas; eles podem "agir" com bastante eficácia, num dos sentidos dessas palavras. Não obstante, eles não têm conceitos daquilo que estão tentando realizar, de modo que não podemos atribuir-lhes intenções de fazer *que* um dado estado de coisas venha à existência. As causas de seu comportamento residem em desejos interiores e percepções exteriores; mas, como os animais não podem *dar razões* para suas ações, não se pode dizer que *haja* de fato razões para elas. Nesse sentido, os animais não *agem*, limitando-se a se comportar.

Kant faz distinções ulteriores entre as razões humanas para agir. Algumas de nossas razões apelam apenas aos próprios desejos do agente (e às suas crenças factuais) – faço A porque desejo conseguir B, e creio que, nas circunstâncias presentes, A é a maneira mais eficaz de fazer B acontecer. É a isso que Kant dá o nome de "imperativo hipotético". Mas ele insiste que nem todas as razões para agir tomam essa forma, que envolve apenas a seleção racional de meios a fins, que são a satisfação de nossos próprios desejos. Por vezes aceitamos uma obrigação, um "dever" moral, uma razão para agir que se sustentam independentemente de nossos desejos voltados para os nossos próprios interesses e que podem mesmo se opor a eles. Um exemplo simples é qualquer situação na qual se admitem as alegações da justiça elementar, "parcelas justas para todos", como quando se corta o bolo de que se dispõe. Nesses casos, Kant diz que reconhecemos a validade daquilo a que ele chama de um "imperativo categórico" da forma "devo fazer C, sejam quais forem meus próprios desejos e inclinações quanto ao assunto". É isso que Kant diz ser a "razão prática pura" operando em nós. Ele fornece algumas formulações altamente abstratas disso em suas obras teóricas sobre a ética, mas no fundo recorre à experiência comum da obrigação moral.

A análise que Kant faz das faculdades cognitivas humanas me parece basicamente correta. Mas a grande questão que surge é qual metafísica ou ontologia dos seres humanos tornam possíveis essas faculdades características. Aqui a coisa se torna mais difícil e controversa. A linha oficial de Kant na questão do dualismo ou materialismo no que toca à natureza humana consistiu em que *não podemos* saber o que somos "em nós mesmos". Os argumentos metafísicos tradicionais daquilo que ele denomina "psicologia racional" (por exemplo, em Platão ou Descartes) não podem, argumenta ele, provar a existência de uma alma incorpórea. Só podemos nos conhecer "tal como aparecemos" a nós mesmos na introspecção ("sentido interior") e uns aos outros na qualidade de seres humanos corporificados que agem no mundo (observados pelo "sentido exterior"). Mas Kant insiste que também não podemos provar que somos em última análise seres *materiais*: a seu ver, simplesmente não podemos saber nem uma coisa nem outra. À sua maneira característica, ele deixa aberta a questão metafísica, como uma questão antes de fé que de conhecimento. Sua própria inclinação se revela quando ele rejeita "um materialismo sem alma" e sugere que existem razões de tipo moral para crer que podemos sobreviver à morte e viver num futuro infinito.

Kant acreditava com grande firmeza na liberdade e na responsabilidade moral do ser humano. Ele nos concebe como seres livres e racionais que podem agir por razões morais, e não apenas a partir de desejos egoístas. É provável que seu maior problema filosófico individual, ao qual dedicou algumas de suas teorizações mais obscuras e controversas, tenha sido o de como conciliar o livre-arbítrio com o determinismo físico. Ele apresenta uma famosa, embora obscura, distinção entre as aparências e as coisas em si como chave para esse enigma. Em sua solução à Terceira Antinomia, na primeira *Crítica*, Kant sugere que, se "vistas não como coisas em si, mas como meras representações", as aparências podem ter tanto causas empíricas como "causas [ou "fundamentos] inteligíveis":

> O homem se conhece também por meio da pura apercepção ... em atos e determinações interiores que ele não pode considerar como sendo impressões dos sentidos. Assim, ele é para si mesmo, de um lado, fenômeno, e, do outro, no tocante a certas faculdades cuja ação não pode ser atribuída à receptividade da sensibilidade, um objeto puramente inteligível. Damos a essas faculdades o nome de entendimento e razão (A546/B574-5).

Uma interpretação natural dessa asserção é que podemos ter consciência das razões (as "causas inteligíveis") de nossas ações – e, com efeito, de nossas crenças – de uma maneira que difere de nossa percepção do mundo exterior e mesmo de nossa percepção passiva das sensações, dos desejos corporais e das emoções. (Na terminologia técnica de Kant, "apercepção" difere do sentido "exterior" e do "interior".)

Até agora, tudo bem – talvez! Mas como isso pode resolver o problema do livre-arbítrio? No Capítulo 3 dos *Fundamentos*, Kant distingue dois pontos de vista a partir dos quais podemos nos considerar parte tanto do mundo sensível das aparências perceptíveis como do mundo inteligível das leis e das razões. Diz ele que nossa razão tem causalidade com relação às aparências (ou ao menos nós a concebemos assim). Isso significa presumivelmente que nosso reconhecimento das normas racionais e morais tem efeitos perceptíveis sobre aquilo que fazemos. No entanto, segundo sua teoria da limitação da categoria da causalidade à experiência perceptível, não deveríamos ser capazes de *conhecer* essa causalidade da razão. Kant parece estar preso aqui numa antinomia que ele mesmo criou – entre o truísmo segundo o qual as razões ou intenções das pessoas são estados mentais que ocorrem no tempo e que são cognoscíveis por meio de nossos modos comuns de nos entender uns aos outros, e sua própria insistência na incognoscibilidade e não-temporalidade do mundo numênico, incluindo a nós seres humanos "tal como somos em nós mesmos", nosso "caráter inteligível".

Será verdade que não podemos saber coisa alguma sobre as razões das pessoas, incluindo suas motivações morais? Em algumas passagens, Kant parece engolir essa idéia, alegando que a real moralidade das ações, mesmo de nossa própria conduta, se acha inteiramente fora de nosso alcance e que "nossas imputações só podem referir-se ao caráter empírico" (A551/B579, nota). Isso implica não somente que nunca podemos fazer um julgamento *perfeitamente* justo (o que Kant sabiamente reconhece), mas que nunca podemos fazer sequer um julgamento razoavelmente bem justificado sobre os aspectos morais de uma ação. Esse ceticismo dificilmente é compatível com a insistência de Kant na idéia de que a pessoa comum tem na prática um julgamento moral tão bom quanto o do filósofo. Nem com sua afirmação de que, por mais que saibamos das influências que induzem alguém a mentir, ainda assim culpamos o agente da mentira e sustentamos que ele poderia ter resistido a essas influências.

Kant está aqui, como a maioria de nós, sendo impelido em duas direções. Julgamos que podemos e devemos dar continuidade à nossa prática de considerar as pessoas responsáveis por suas ações, louvando-as ou recriminando-as, por vezes recompensando ou punindo – e não de maneira simplesmente manipuladora, causalmente calculista, puxando os cordõezinhos. Mas, por outro lado, quando pensamos no assunto, queremos ser adequadamente sensíveis às influências causais da formação do caráter e dos estados emocionais das pessoas e nos mostrar devidamente cautelosos em nossas interpretações e julgamentos sobre as suas motivações para agir.

Nos *Fundamentos*, Kant oferece uma defesa caracteristicamente prática da liberdade. Em toda situação na qual se está decidindo sobre como agir, revendo as razões a favor e contra vários cursos possíveis de ação, não se pode ao mesmo tempo pensar que a decisão já está determinada: por mais impressionado que se esteja por argumentos teóricos em favor do determinismo, não há como escapar à necessidade de se decidir sobre o que fazer aqui e agora. No dizer de Kant, temos sempre de agir "sob a idéia da liberdade" – de modo que, do ponto de vista prático, já somos livres. Se essa é uma resposta suficiente para o problema filosófico do livre-arbítrio é algo que ainda merece muitas discussões.

Diagnóstico

Vimos que Kant enfatiza a distinção entre razões determinadas pelo interesse do próprio sujeito e razões morais, entre as inclinações e o dever. Ele contrasta nossa natureza humana com os animais, de um lado, e com a concepção de uma "vontade divina", do outro. Os animais não exibem tensão entre desejos e dever, porque não dispõem do conceito de dever, nem, com efeito, de algum tipo de razão para agir, ainda que, naturalmente, tenham desejos. Um ser racional hipotético sem desejos (um anjo?) também não vivenciaria nenhuma tensão entre dever e inclinação, mas pelo motivo oposto: um tal ser não estaria sujeito à tentação dos desejos e sempre faria a coisa certa. Mas nós humanos somos seres mistos, a meio caminho entre os animais e os anjos. Somos seres finitos com necessidades individuais (não só desejos físicos, mas também necessidades emocionais ou impulsos de obtenção de amor, aprovação, posição social e poder); não obstante, somos igualmente seres racionais – e, para Kant, isso inclui a "razão prática pura", o reconhecimento das obrigações morais. A tensão entre esses dois lados de nossa natureza é uma característica incontornável da condição humana.

Aqui, um problema filosófico básico é como as pessoas podem ser motivadas para cumprir seu dever, para cumprir uma obrigação moral, quando isso contraria os desejos voltados para seus interesses pessoais. "Por que ser moral?" – pergunta o filósofo cético. Sobre essa questão, Kant oferece uma teorização muito tortuosa que desde então tem ocupado seus comentadores, mas acho que, na base, ele apela ao que toma como fato universal e necessário: todos nós aceitamos a validade de uma ou outra obrigação moral (ainda que por vezes discordemos sobre qual é a obrigação em casos específicos).

Cabe assinalar aqui uma distinção – que Kant reconhece em algumas ocasiões – *no interior* da classe das razões determinadas pelos interesses pessoais, entre desejos de satisfação imediata e considerações acerca de interesses pessoais mais prudentes, a longo prazo. Podemos resistir ao atrativo de um segundo pedaço de bolo de creme, um carro ou uma roupa caros, ou de um(a) tentador(a) sedutor(a), no interesse de nossa própria saúde, riqueza ou felicidade. Assim, nossa natureza mista – acima do reino animal, mas abaixo de uma racionalidade perfeita – também se manifesta em nossa capacidade de reconhecer razões prudentes e em nosso poder de agir a partir delas – pelo menos de vez em quando! Todos precisamos ser capazes de adiar a satisfação de desejos imediatos em função de objetivos a longo prazo. Ser incapaz disso é não ser plenamente humano, é ser reduzido a um nível quase animal (como o homem "tirânico" de Platão). Toda criança precisa começar a aprender desde cedo a adiar algumas gratificações (Freud faz interessantes comentários a esse respeito, como veremos no Capítulo 8.) Todos temos de negociar um equilíbrio entre a satisfação a curto e a longo prazo.

No tocante à questão moral, há um problema bem prático para pais, professores, assistentes sociais, legisladores e reformadores da sociedade: a saber, como podem as pessoas adquirir a motivação para fazer a coisa certa? Kant tinha muito a dizer acerca dessas questões práticas; nem todos os seus escritos estão no nível da teoria metafísica de compreensão difícil. Uma resposta óbvia é oferecer recompensas ou ameaçar com punições. Isso pode ajudar a resolver a questão prática, mas não responde ao problema filosófico de como alguém pode ser motivado para buscar algo distinto do interesse pessoal. Estabelecer um sistema de recompensas e punições equivale apenas a instalar novas razões motivadas pelos interesses pessoais. Isso pode (ou não!) induzir à conformidade exterior a regras legais ou morais, mas não pode criar uma atitude interior verdadeiramente virtuosa, a vontade de praticar a ação correta *simplesmente por ser correta* (e reconhecida pelo agente como tal). Essa boa "vontade" é, insiste Kant, a única coisa boa em si mesma.

Kant não vê o louvor ou a recriminação morais como meros incentivos exteriores para que as pessoas cumpram deveres éticos. São, em vez disso, maneiras de "partilhar das razões uns dos outros". Minha recriminação a você por negligenciar um dever ético não é o mesmo que meu ato de bater em sua mão. O louvor e a recriminação morais só induzem você a agir corretamente se você estiver racionalmente convencido de que são adequados. Se forem concebidos para operar apenas mediante o recurso de apelar meramente ao seu interesse em evitar o desprazer e a má opinião dos outros, perdem seu conteúdo moral. Todas as recompensas e punições externas referem-se para Kant somente ao "domínio da lei", não ao da ética. Nenhum dever ético pode ser posto em vigor por meio de recompensas e punições de qualquer tipo sem violar os direitos de seres livres. Trata-se de uma importante doutrina ética de Kant que o distingue de grande parte da teoria moral (especialmente a tradição utilitarista).

Em suas obras de teoria ética, Kant tende a apresentar sua concepção de uma maneira que parece moralmente severa, o que sugere que a única motivação que ele de fato aprova é a firme determinação de cumprir o dever independentemente das inclinações que se têm. Ele quase parece sugerir que o fato de alguém ser espontaneamente inclinado a cuidar dos filhos, a dizer a verdade e a ajudar alguém necessitado não torna suas ações admiráveis, podendo mesmo *depor contra* o valor moral delas!

Uma leitura mais ampla e mais cuidadosa de Kant costuma corrigir essa interpretação errônea comum. Claro que ele se preocupa em aprovar e encorajar virtudes como componentes do caráter humano (não é isso que todos fazemos?) – quanto mais as pessoas desenvolverem disposições mentais para fazer as coisas certas, tanto melhor. O que lhe importa é que, na qualidade de seres racionais, não somos mero agregado de inclinações dadas inatamente ou advindas do treinamento social; temos razões para nossas ações, e essas razões são sempre implicitamente gerais, de modo que podem ser explicitadas como "máximas" e avaliadas racional e moralmente. Não basta obtermos resultados apropriados no mundo: a virtude caracteristicamente humana implica ter razões e intenções boas do ponto de vista moral.

Como então devem as ações corretas e as disposições virtuosas ser alcançadas e encorajadas? Não é suficiente a mera formulação de uma teoria filosófica sobre o que a razão prática pura requer por meio da universalização das "máximas" que estão na base de nossas ações, de sua aplicação a todos os seres racionais e do tratamento de cada pessoa como um fim "em si". Nem basta afirmar regras morais mais específicas ou descrever sua aplicação em casos particulares. Porque, como Platão e São Paulo perceberam, uma coisa é reconhecer um "dever" e outra coisa cumpri-lo. Filosofar e fazer discursos morais têm efeito notoriamente limitado sobre o comportamento humano.

Em sua obra tardia *A religião dentro dos limites da simples razão*, Kant continuou a lidar com os mais profundos problemas da natureza humana, e sugeriu algumas novas idéias, ou novas versões de antigas idéias. Ele fala do "mal radical" que há na natureza humana, usando uma linguagem quase bíblica. Cita ou parafraseia a Bíblia com freqüência, e sugere que essas escrituras sagradas da tradição cristã devem ser interpretadas como expressão de verdades morais fundamentais acerca da eterna condição humana, ainda que esse não seja seu significado literal ou histórico. Reconhece aquilo que denomina a "fraqueza" da natureza humana, nossa dificuldade em fazer o que sabemos que devemos fazer, e nossa "impureza" – a tendência a confundir ou adulterar as razões morais a partir de outras motivações. Para Kant, (radicalmente) maus não são nossos desejos naturalmente dados; nem a tensão entre esses desejos e o dever. É antes aquilo que ele chama de "depravação" da natureza humana, ou do coração humano – a *subordinação* voluntária do dever à inclinação, a preferência intencional pela própria felicidade (tal como cada qual a concebe) acima das obrigações para com as outras pessoas, na medida em que haja conflito entre elas.

Eis outro ponto no qual Kant, ao lado de tantos outros pensadores, é impelido em duas direções. De um lado, insiste com bastante vigor que o mal em nós resulta de nossa própria opção, de nosso uso errôneo da liberdade de que somos dotados. Mas, do outro, em sua própria versão da doutrina do pecado original, quer dizer que o mal é "radical" ou inato em nós, que é uma característica universal e inevitável de nossa condição de seres necessitados mas racionais:

> Há no ser humano uma propensão natural para o mal; e essa propensão é ela mesma moralmente má, uma vez que deve ser buscada em última análise num livre poder de escolha, e por isso é imputável. Esse mal é *radical*, uma vez que corrompe o fundamento de todas as máximas; na qualidade de propensão natural, também não pode

ser *extirpada* por forças humanas... No entanto, deve igualmente ser possível *sobrepujar* esse mal, visto que ele é encontrado no ser humano enquanto capaz de agir livremente (*Religião* 6:37).

Kant não propõe que o mal radical deva ser associado a toda criatura necessitada racional mas finita (ele concebe o ideal de uma "humanidade agradável a Deus" e livre desse mal, ao mesmo tempo que continua a ter as mesmas necessidades e inclinações que nós). Nossas necessidades como seres finitos envolvem nossa natureza animal, que Kant considera inocente em si mesma. Nem julga coerente atribuir uma predisposição para o mal à nossa natureza racional, o que faria de nós seres demoníacos. Ele acha que o mal radical associa-se a nossa predisposição para a humanidade (para o amor racional por si mesmo) não como conseqüência inevitável dessa predisposição, mas como resultado de seu desenvolvimento sob as condições sociais. Trata-se do aspecto rousseauniano da doutrina de Kant, a "sociabilidade a-social" dos seres humanos –, nossa necessidade, e inclinação a ser membros da sociedade, combinada com nossa tendência a ser egoístas e competitivos. Paradoxalmente, a tese de Kant de que somos maus por natureza equivale à famosa asserção de Rousseau de que somos por natureza bons (houve um debate semelhante no âmbito da tradição confuciana; ver o final do Capítulo 2). A expressão "por natureza" é usada pelos dois filósofos de maneiras opostas. Rousseau diz com ela "anterior à condição social", alegando que o desenvolvimento social corrompeu a condição humana original. Kant, ao contrário, julga que nossa natureza só se desenvolve adequadamente na sociedade, mas não crê que haja alguma condição *humana* pré-social.

Prescrição

A resposta de Kant aos problemas da natureza humana apresenta a mesma ambigüidade de seu diagnóstico. A citação de sua *Religião* sugere vigorosamente que só uma resposta religiosa é suficiente. Se o mal que há em nós não pode ser "extirpado por forças humanas", mas precisa ser "sobrepujado" de alguma maneira, fiéis de uma corrente ou outras vão se apressar a vir dizer que só a salvação de Deus (na versão que cada qual recomenda) pode realizar a façanha. Boa parte da obra madura de Kant, incluindo as últimas seções das três *Críticas*, aborda temas religiosos. Isso pode sugerir à primeira vista que se trata de mera piedade convencional, incorporada artificialmente ao seu trabalho filosófico sério (nesse sentido, alguns leitores a atribuíram à senilidade de Kant, ao seu desejo de agradar a seu criado, seu público ou seus dirigentes políticos). Mas uma leitura mais atenta mostra que sua compreensão do papel legítimo da crença religiosa está longe da ortodoxia cristã, não sendo surpreendente, embora de modo algum louvável, que os censores prussianos tentassem impedir a publicação de seu pensamento.

O Capítulo 3 da Dialética da *Crítica da razão pura* se inicia com observações acerca da inspiração a ser obtida de ideais de perfeição e sabedoria divinas, que transcendem toda experiência (até uma descrição num "romance"!). Kant então classifica todos os argumentos teóricos possíveis em favor da existência de Deus em três – os argumentos ontológico, cosmológico e "físico-teológico" (do desígnio) – e os critica um por um. Os argumentos kantianos são expressos clara e vigorosamente; são clássicos da crítica filosófica da teologia natural (ao lado dos *Diálogos acerca da religião natural*, de Hume). Um dos seus aspectos originais é a alegação feita por Kant de que o argumento do desígnio pressupõe o cosmológico, que por sua vez depende do ontológico. Assim, se ele tem razão, demolir este último faz cair por terra todo o castelo de cartas.

Mas Kant destrói somente para tentar reconstruir a partir de um fundamento diferente, de caráter prático. Embora proposições sobre Deus, a imortalidade e o livre-arbítrio não possam ser provadas (nem refutadas) por meio do uso teórico da razão, Kant julga que podem ser justificadas do ponto de vista "prático". Quando estamos pensando em como *agir*, surgem diferentes considerações. A idéia da liberdade está envolvida mais diretamente em nossas deliberações acerca do que fazer. Mas e Deus e a imortalidade? De onde eles vêm, ou eles têm mesmo de ocorrer? Kant oferece várias versões de sua "teologia moral" – na seção do Método da *Crítica da razão pura*, na Dialética da *Crítica da razão prática*, nas seções 86-91 da *Crítica da faculdade de julgar* (em que acentua a importância dos sentimentos de gratidão para o bem-estar, de obrigação para o sacrifício do desejo ao dever e de responsabilidade para o julgamento), e, é claro, na *Religião*.

Em várias passagens, Kant distingue três questões que resumem "todos os interesses da razão, tanto especulativa como prática":

1. O que posso saber?
2. O que devo fazer?
3. O que posso esperar?

A primeira questão é discutida profundamente na primeira *Crítica*. A segunda, sobre o dever moral, é tratada nos *Fundamentos*, na segunda *Crítica* e em outras obras éticas. A terceira ("Se faço o que devo fazer, o que posso então esperar?") é um tópico novo, relativamente negligenciado na filosofia, que faz uma pergunta que de certo modo é tanto teórica como prática. Na Dialética da segunda *Crítica*, Kant oferece uma das mais completas exposições de seu argumento "prático" para a crença na imortalidade e em Deus, mas em obras posteriores, como a *Religião*, a força desses argumentos e a própria interpretação dos argumentos metafísicos parecem um tanto atenuados.

Kant está profundamente preocupado com a relação entre a virtude e a felicidade. Ele alega, como vimos, que a moralidade não se restringe à realização de ações corretas: também apresenta a idéia de que tem de haver um objetivo final de todo empenho moral – o "bem maior" –, objetivo que é uma combinação de virtude e felicidade para todos os seres racionais. Não obstante, é demasiado óbvio que as ações virtuosas não são necessariamente recompensadas com a felicidade no mundo tal como o conhecemos. Parece um passo evidente – que foi dado por milhões de pessoas – dizer que a justiça requer que haja uma "Razão Suprema", subjacente à natureza, que governa de acordo com regras morais e que vai recompensar a todos apropriadamente numa vida futura além deste mundo.

Pode parecer que, ao invocar Deus e a imortalidade, Kant não faça mais do que repetir a esperança humana comum de justiça e de recompensa numa vida após a morte. Mas é fundamental à sua filosofia moral que nossa motivação para cumprir o dever *não* esteja em obter benefícios com isso; seria portanto uma profunda incoerência que ele postulasse recompensas após a morte a fim de motivar a ação correta. E no entanto, diz ele, precisamos ter motivos para esperar que no final a virtude seja recompensada. A idéia dele parece ser a de que nossa própria motivação para a ação moral será solapada se não pudermos ao menos crer que o maior bem, a combinação última de virtude e felicidade, é *possível*. Não se supõe que se busque diretamente o bem maior para si próprio, mas é preciso ter *esperança* – tem-se de supor que fazer a coisa certa aqui e agora não é algo absolutamente sem sentido. Mas será que a resolução moral de fato exige a crença em alegações teológicas tradicionais sobre a sobrevivência de pessoas individuais num futuro infinito, ou sobre a existência de um Deus onipotente, onisciente e benevolente? Isso está longe de ser óbvio.

Na *Religião*, Kant às vezes recua, como quando diz que as noções convencionais de céu e inferno são "representações fortes o suficiente ... sem a necessidade de pressupor dogmaticamente, como artigo de doutrina, que uma eternidade de bem e de mal é o destino humano também objetivamente" (6:69). E "essa fé precisa apenas *da idéia de Deus*..., sem pretender assegurar realidade objetiva para a idéia por meio da cognição teórica" (6:154, nota). Mais uma vez, a respeito da batalha entre "os princípios do bem e do mal":

> É fácil ver, uma vez que retiremos a roupagem mística desse vívido modo de representar as coisas, ao que parece o único, na época, *adequado às pessoas comuns*, por que ele (seu espírito e seu significado racional) tem sido válido e respeitado na prática por todo o mundo e em todas as épocas: porque ele reside perto o suficiente de todo ser humano para que cada um deles reconheça nele seu dever. Seu significado é que não há absolutamente nenhuma salvação para os seres humanos exceto na adoção mais íntima de genuínos princípios morais à sua disposição... (*Religião* 6:83).

Não admira que essa linguagem "desmitologizante" tenha preocupado conservadores religiosos há dois séculos na Prússia; ela desestabiliza a ortodoxia cristã mesmo hoje, talvez especialmente agora que estamos menos inclinados do que Kant e Platão a distinguir o que é crível por parte de uma elite e o que é crível por parte de "pessoas comuns".

Apesar de todo o seu uso da linguagem religiosa, e especificamente cristã, Kant também alimentava esperanças mais mundanas, expressas especialmente em seus ensaios sobre a história, que abriram o caminho para as filosofias mais explicitamente históricas de Hegel e Marx no século seguinte. Ele concebeu a possibilidade do progresso na história humana por meio da gradual emancipação das pessoas da pobreza, da guerra, da ignorância e da deferência a autoridades tradicionais. Foi partidário da Revolução Francesa, embora consciente dos seus excessos. Em seu ensaio *Paz perpétua*, ele esboça uma futura ordem mundial de cooperação pacífica entre nações com constituições democráticas. (Ele por certo se deleitaria com as realizações da União Econômica Européia na segunda metade do século XX, não obstante suas falhas.) No final de sua *Antropologia*, sua esperança assumiu uma forma especificamente mundana – em favor do progresso da humanidade na história, apesar de suas propensões para o mal. Kant foi em tudo isso um pensador do Iluminismo, mas, ao contrário de outros, tinha um sentido vívido e realista do lado sombrio da natureza humana, nossa potencialidade para o mal – o que foi se confirmando cada vez mais desde a sua época até os nossos dias. Seu otimismo social não é ingênuo: seu grau de realismo é algo que temos de julgar por nós mesmos ao tentar avaliar o alcance de seu pensamento.

A filosofia prática de Kant deixa essa ambigüidade fundamental, que faz pensar, entre a esperança de uma gradual melhoria social, com a correspondente resolução de contribuir para ela, e um ponto de vista mais religioso que vê nossa esperança última na graça divina, dada a nós na medida em que reconhecemos nossa finitude e nossas faltas e tomamos a decisão de nos tornar os melhores seres humanos que a nossa imperfeição permitir.

Sugestões de leitura

Para uma breve introdução às idéias centrais de Kant, ver Roger Scruton, *Kant*, Oxford, Oxford University Press, 1982, Série Past Masters, uma pequena pérola de inteligência.

Para uma introdução mais abrangente, porém ainda palatável, ao conjunto do pensamento kantiano, ver Otfried Hoeffe, *Kant*, Albany, State University of New York Press, 1994.

Para uma apresentação clara da ética, ver Roger J. Sullivan, *An Introduction to Kant's Ethics*, Cambridge, Cambridge University Press, 1994.

Allen Wood, em *Kant's Moral Religion*, Ítaca, Cornell University Press, 1970, oferece uma excelente defesa da teoria da religião de Kant. O livro está infelizmente esgotado, mas Wood escreveu um capítulo sobre o assunto em *The Cambridge Companion to Kant*, org. Paul Guyer, Cambridge, Cambridge University Press, 1992.

Os corajosos o bastante para começar a ler Kant diretamente têm como pontos de partida convencional suas duas obras mais curtas, cujos títulos são dignos de nota: *Fundamentos da metafísica dos costumes* e os *Prolegômenos a qualquer metafísica futura*, das quais há várias traduções.

Textos mais fáceis para os interessados no lado prático do pensamento de Kant podem ser encontrados em *Kant on His-*

tory, org. L. W. Beck, Indianápolis, Bobbs-Merrill, 1963, ou *Kant's Political Writings*. 2.ª ed., org. H. Reiss, Cambridge, Cambridge University Press, 1991. Pode-se querer examinar *Religion within the Bounds of Reason Alone* [A religião dentro dos limites da simples razão]. Há uma tradução de T. M. Greene e H. H. Hudson, Nova York, Harper & Row, 1960, e outra mais recente na edição em vários volumes *Cambridge Edition of the Works of Immanuel Kant*.

7. MARX: A BASE ECONÔMICA DA NATUREZA HUMANA

Ao comparar o marxismo com o cristianismo no Capítulo 1, mencionei as idéias mais fundamentais do marxismo e algumas das objeções correntes. Neste capítulo, vou mergulhar um pouco mais profundamente nas teorias de Marx. É claro que a idéia contemporânea que fazemos do marxismo é fortemente afetada pelo nosso conhecimento da ascensão e da queda do comunismo no século XX, mas me proponho a concentrar a atenção aqui no pensamento do século XIX do próprio Karl Marx (incluindo as obras que escreveu em colaboração com Engels). Embora suas idéias tenham tido uma enorme influência, Marx não pode ser considerado totalmente responsável pelos fracassos de regimes comunistas ulteriores.

Se Kant foi o mais profundo filósofo do Iluminismo, Marx foi o grande teórico da Revolução Industrial, o desenvolvimento do sistema econômico capitalista contemporâneo. Embora hostil à religião, Marx (ao lado da maior parte da civilização ocidental) herdou do cristianismo um ideal de igualdade humana, e alimentava a esperança iluminista de que o método científico pudesse diagnosticar e resolver os problemas da sociedade humana. Por trás de sua elaborada teorização social e econômica, ele tinha um entusiasmo profético em apontar para uma forma secular de redenção.

Vida e obra

Karl Marx nasceu em 1818 na região alemã do Reno, no seio de uma família judaica que se converteu ao cristianismo; foi educado como protestante, mas logo abandonou a religião. Exibiu desde cedo sua capacidade intelectual, e em 1936 ingressou na Universidade de Berlim como aluno da Faculdade de Direito. Havia no movimento "romântico" da época uma efervescência de idéias filosóficas, estéticas e sociais, às quais o jovem Marx se lançou avidamente. Escreveu poesia e trabalhou numa dissertação acadêmica sobre a metafísica grega antiga, ao mesmo tempo que se interessava seriamente pela reforma social. Seus primeiros escritos apresentam um estilo filosófico e poético vigoroso, exprimindo a intensidade passional de seu pensamento. A influência intelectual predominante na Alemanha de então era a filosofia de Hegel, e Marx se dedicou com afinco ao estudo e à discussão das idéias hegelianas, a tal ponto que abandonou os estudos jurídicos e passou a ocupar-se da filosofia (no sentido amplo do termo).

A inspiração dominante do pensamento de Hegel é a idéia do progresso na história humana. Hegel argumenta que cada cultura ou nação tem um tipo de personalidade própria e que seu desenvolvimento histórico deve ser explicado em termos de seu caráter particular. Aplica essa personificação a todo o mundo e identifica a realidade com o que chama de *Geist*, isto é, a Mente ou o Espírito (o termo pode soar vagamente teológico, mas parece mais próximo do panteísmo do que da concepção bíblica de Deus). Interpreta a história da humanidade como a progressiva auto-realização do *Geist*, vendo-o como o movimento espiritual fundamental que está por trás de toda a história. Estágios sucessivos da vida social humana exprimem idéias cada vez mais adequadas de liberdade, mas cada um dos estágios está sujeito a tendências em conflito; sua queda assenta as bases do estágio de liberdade seguinte. Hegel desenvolveu uma influente concepção de "alienação"; nela, o sujeito cognoscente se vê diante de um objeto distinto ("alheio a") de si mesmo; Hegel supõe que essa distinção entre sujeito e objeto seja de alguma maneira superada no processo por meio do qual o Espírito se realiza gradualmente no mundo.

Os seguidores de Hegel se dividiram em dois campos opostos quanto à forma de aplicação de suas idéias à política e à religião. Os hegelianos "de direita" sustentavam que era possível confiar que os processos da história levassem aos melhores resultados possíveis, e viam o Estado prussiano da época como o ponto culminante de todo o desenvolvimento histórico precedente. Assim, sustentavam concepções políticas conservadoras, tendendo a enfatizar os elementos religiosos do pensamento de Hegel. Em contrapartida, os hegelianos "de esquerda", ou "jovens hegelianos", sustentavam que a melhor forma de liberdade ainda estava por se realizar, que os Estados-nação da época estavam longe do ideal, e que cabia ao povo ajudar a mudar a velha ordem e instaurar o próximo estágio da história humana. Assim sendo, sustentavam idéias radicais nos campos da política e da religião.

Um dos mais importantes pensadores do grupo radical era Feuerbach, cujo livro *A essência do cristianismo* foi publicado em 1841. Feuerbach afirma que Hegel tinha invertido tudo, que, longe da auto-realização progressiva de Deus na história, as crenças religiosas são produzidas pelos seres humanos como pálidos reflexos deste mundo, que constitui a única realidade. É por não se realizarem em sua vida real, prática, que as pessoas precisam acreditar nessas idéias ilusórias, e assim se tornam "alienadas", projetando seu próprio potencial superior em fantasias teológicas, bem como desvalorizando seus reais relacionamentos humanos. Feuerbach diagnosticava a metafísica como "psicologia esotérica", a expressão de sentimentos de nosso íntimo, em vez de verdades sobre o universo. A religião é um sintoma de alienação do qual temos de nos libertar mediante a realização de nosso destino puramente humano neste mundo. Feuerbach foi um precursor do humanismo moderno e das explicações sociológicas e psicológicas da religião apresentadas por Marx, Dürkheim e Freud.

Essa era por conseguinte a atmosfera intelectual que prevalecia durante os anos de formação de Marx. Suas leituras de Feuerbach quebraram o encanto em que Hegel o tinha deixado, mas ele conservou a suposição de que a filosofia hegeliana do desenvolvimento histórico continha verdades acerca da natureza humana e da sociedade de forma invertida. Marx escreveu uma crítica da *Filosofia do direito* de Hegel em 1842-43 e tornou-se editor de um jornal radical chamado *Rheinische Zeitung* [Gazeta do Reno]. Essa publicação logo foi suprimida pelo governo prussiano, e Marx fugiu para Paris. Em 1845, tendo sido expulso de Paris, foi para Bruxelas. Nesses anos de formação, Marx conheceu as outras grandes influências intelectuais de sua vida: suas amplas leituras incluíam as obras do economista britânico Adam Smith e do socialista francês

Saint-Simon; encontrou-se com outros pensadores socialistas e comunistas, como Proudhon e Bakúnin, e deu início à sua colaboração de toda uma vida com Friedrich Engels.

Na década de 1840, Marx e Engels começaram a formular a chamada concepção materialista da história. Ao inverter o ponto de vista de Hegel, como havia sugerido Feuerbach, Marx passou a ver a força motriz da mudança histórica como material em vez de espiritual. A chave de toda a história está não em meras *idéias,* nem por certo em algum Espírito cósmico, mas nas condições *econômicas* da vida. Ele acredita que a alienação não tem bases metafísicas nem religiosas, mas sociais e econômicas. Nas condições do sistema capitalista, o trabalho é alheio ao trabalhador; este não trabalha para si, mas para alguém que dirige o processo e detém a posse do produto como propriedade privada. Essa concepção da alienação se acha expressa nos *Manuscritos econômico-filosóficos,* que Marx escreveu em Paris em 1844, mas que permaneceram inéditos por um século. A concepção materialista da história está expressa em outras obras do período, notadamente em *A ideologia alemã,* de 1846 (escrita em parceria com Engels) e *A miséria da filosofia,* de 1847.

Marx envolveu-se com a organização prática dos movimentos socialista e comunista, porque via como propósito de sua obra "não apenas interpretar o mundo, mas transformá-lo" (como diz a famosa passagem de suas *Teses sobre Feuerbach,* de 1845). Convencido de que a história avançava para a revolução mediante a qual o capitalismo daria lugar ao comunismo, tentou instruir e organizar o "proletariado" – a classe dos trabalhadores industriais que tinham de vender sua força de trabalho para sobreviver, que julgava que no final sairia vencedora. Pediram-lhe que escrevesse uma declaração definitiva dos objetivos do movimento comunista internacional, e ele (novamente com Engels) produziu o *Manifesto [do partido] Comunista* em 1848. Nesse mesmo ano (embora dificilmente como resultado do *Manifesto*), houve revoluções abortadas em vários países europeus. Depois do fracasso destas, Marx se exilou na Inglaterra, onde passou o resto da vida.

Em Londres, levou uma vida de relativa pobreza, mantendo-se com rendimentos de trabalhos jornalísticos e de doações feitas por Engels. Começou a fazer pesquisas na Sala de Leitura do Museu Britânico, onde encontrou ampla documentação sobre as condições sociais. Em 1857-58, escreveu outro conjunto de manuscritos, o *Grundrisse*, em que esboçou um plano de sua teoria total da história e da sociedade; o texto completo dessa obra só se tornou disponível em inglês na década de 1970. Em 1859, publicou sua *Para a crítica da economia política* e, em 1867, o primeito volume de sua obra máxima, *O capital*. Essas duas últimas obras contêm uma história econômica e social bastante detalhada, refletindo o trabalho de Marx no Museu Britânico. Embora usando então bem menos a filosofia hegeliana, Marx ainda tentava aplicar sua interpretação materialista da história para mostrar a inevitabilidade e a urgência da superação do capitalismo pelo comunismo.

São essas últimas obras, a partir do *Manifesto*, que se tornaram mais conhecidas e formaram a base de boa parte da teoria e da prática comunistas subseqüentes. Nelas, vemos a filosofia alemã, o socialismo francês e a economia política britânica, as três principais influências sofridas por Marx, integradas numa teoria cabal da história, da economia, da sociologia e da política. Foi a isso que Engels veio a chamar de "socialismo científico": porque Marx e Engels julgavam ter descoberto o método *científico* correto para o estudo da sociedade humana, podendo assim estabelecer a verdade objetiva a respeito do funcionamento atual e do futuro desenvolvimento da sociedade em que viviam.

Não obstante, a publicação das primeiras obras de Marx no século XX, particularmente de *A ideologia alemã* e dos *Manuscritos econômico-filosóficos* de 1844, muito nos mostrou quanto a origem das suas idéias deve às idéias de Hegel. Assim, tem-se levantado a questão sobre a existência de dois períodos distintos em seu pensamento – uma fase inicial, chamada de humanista ou mesmo de existencialista, e o "socialismo científico" ulterior. Creio ser justo dizer que o consenso afirma a existência de uma continuidade entre essas duas fases – que o tema da alienação e da esperança de salvação em relação a ela já está presente nas primeiras obras; o conteúdo do *Grundrisse* o confirma. Por conseguinte, minha discussão de Marx se baseia no pressuposto de que seu pensamento forma basicamente uma unidade. Ao expor seu fundamento metafísico, sua teoria da natureza humana, seu diagnóstico e sua prescrição, incluo alguns comentários críticos sobre cada um desses aspectos.

Teoria da história

Marx era ateu, e a tendência geral de seu pensamento era materialista e determinista. Como um candidato a cientista social, propôs-se a explicar todos os fenômenos humanos por meio dos métodos da ciência tal como os entendia. Mas nada disso é exclusivo dele: boa parte dessa descrição se aplica à maioria dos pensadores do Iluminismo do século XVIII, incluindo Voltaire, de la Méttrie e Hume. O que há de caracteristicamente novo na compreensão de Marx é sua alegação de ter descoberto o método verdadeiramente científico para o estudo do *desenvolvimento histórico* das sociedades humanas. Em seus primeiros escritos filosóficos programáticos, vislumbrava ansiosamente o dia em que houvesse uma única ciência, que unisse a ciência da humanidade à ciência natural. Mas essa "ciência única" certamente incluiria vários níveis – física, química, biologia, psicologia, sociologia. Marx não era reducionista, e não julgava que se pudesse explicar tudo em termos de física. Sustentava que há leis socioeconômicas gerais que atuam na história humana e que as grandes mudanças sociais e políticas podem ser explicadas mediante a aplicação dessas leis às condições existentes. No prefácio à primeira edição de *O capital*, compara seu método com a física, afirmando que "o objetivo último desta obra é desvelar a lei econômica do movimento da sociedade moderna", além de se referir às leis naturais da produção capitalista, que "agem com necessidade férrea rumo a resultados inevitáveis". Essas famosas tiradas retóricas sugerem um determinismo histórico bastante estrito, mas é preciso verificar se Marx de fato tinha esse sentido em mente.

O aspecto mais característico da visão de Marx é a chamada concepção materialista da história. Tal como Hegel, ele sustentava que cada época tem seu próprio caráter, e as únicas leis universais da história dizem respeito aos processos de desenvolvimento por meio dos quais um estágio faz surgir o seguinte. Mas sua teoria é que essas leis não têm natureza mental, mas *econômica*. Como diz em sua tão citada formulação, no prefácio à *Para a crítica da economia política*:

> Na produção social que conduzem, os homens estabelecem relações determinadas, imprescindíveis e inde-

pendentes da sua vontade. Essas relações de produção correspondem a um determinado grau de desenvolvimento das suas forças produtivas materiais. A totalidade destas relações de produção constitui a estrutura econômica da sociedade, a base concreta sobre a qual se elevam superestruturas jurídicas e políticas e à qual correspondem determinadas formas de consciência social. O modo de produção da vida material determina o caráter geral da vida social, política e intelectual em geral. Não é a consciência dos homens que determina sua existência; é sua existência social que, pelo contrário, determina a sua consciência.

Em exposições correntes do "marxismo", essa passagem é às vezes levada a significar que a base econômica da sociedade determina *tudo* o mais que existe nela, até os últimos detalhes. Mas as afirmações ponderadas de Marx são mais vagas e não têm necessariamente de comprometê-lo com um determinismo tão implausivelmente rígido.

É inegável que os fatores econômicos têm enorme importância e que nenhum estudo sério de história ou de ciência social pode ignorá-los. Marx merece grande parte do crédito pelo fato de hoje reconhecermos isso tão prontamente. Mas será que a base econômica de uma sociedade *determina* sua superestrutura ideológica? O que Marx tem a dizer sobre isso é de difícil interpretação, porque não está claro onde se deve traçar a linha divisória entre infra-estrutura e superestrutura. Ele fala de "forças produtivas materiais", o que presumivelmente inclui recursos naturais (terra, clima, plantas, animais, minerais); ferramentas e maquinaria; e talvez o conhecimento e as habilidades personificados nos seres humanos ("recursos humanos"). Mas também diz que a "estrutura econômica" inclui "relações de produção", o que presumivelmente significa a maneira pela qual o trabalho é organizado (por exemplo, a divisão do trabalho, as hierarquias de autoridade nos locais de trabalho, os direitos legais e as prerrogativas em termos de propriedade, os sistemas de retribuições e de pagamentos). A descrição destes últimos, ao menos nas sociedades modernas, precisam por certo usar conceitos como posse, propriedade e dinheiro.

Parece que Marx (ao menos na passagem citada) distingue antes *três* que dois níveis: forças produtivas materiais, relações de produção e superestrutura ideológica (idéias, crenças, a moral e o direito, a política, a religião e a filosofia). O que então ele designa por "base"? O que determina exatamente o quê? Se a base inclui apenas as forças produtivas estritamente materiais, então ele está comprometido com um "determinismo tecnológico" bastante implausível – mas não podem os mesmos recursos naturais e as mesmas tecnologias ser usados em sociedades com diferentes ideologias (por exemplo, cristã, islâmica ou secular)? Se a base inclui também as relações de produção, então as distinções entre base e superestrutura fica imprecisa. A princípio, Marx parecia considerar conceitos legais como a propriedade como parte da superestrutura ideológica; mas, se as mesmas tecnologias podem ser usadas em sistemas capitalistas e socialistas com diferentes relações de propriedade, então pelo visto restaria muito pouco determinismo econômico. Não admira que continue o debate sobre o que Marx queria dizer e sobre o que pode ser verdade!

Marx aplicava sua concepção materialista da sociedade de duas maneiras – sincrônica e diacronicamente. A todo momento dado, supõe-se que a base econômica (seja o que for exatamente) determine a superestrutura ideológica característica do estágio em que se encontra a sociedade. Com o tempo, no entanto, ocorrem mudanças: os sistemas econômicos podem ser estáveis por algum tempo, mas dão vazão a processos de desenvolvimento tecnológico e econômico que acabam por produzir mudanças sociais em larga escala. Marx dividia a história, *grosso modo*, em épocas identificadas por seus respectivos sistemas econômicos: as fases asiática, a antiga, a feudal e a "burguesa" ou capitalista –, e sustentava que cada fase dera lugar à seguinte quando as condições econômicas eram propícias. Ele esperava que o capitalismo desse lugar, de maneira igualmente inevitável, ao comunismo.

Que grau de determinismo Marx deseja afirmar, sincrônica ou diacronicamente? É inegável que toda sociedade tem de produzir o suficiente dos bens necessários à vida para assegurar a sobrevivência e a reprodução. Temos de comer se quisermos pensar, mas disso não decorre que o que comemos, ou a maneira como produzimos o que comemos, determine aquilo que pensamos. Nem todo aspecto da cultura, da política e da religião é determinado inteiramente por fatores econômicos. Quanto a Marx, ele não afirmou isso – ao analisar episódios particulares da história, admitiu a influência de fatores culturais como a religião e o nacionalismo. É bem plausível que ele comparasse o *status* de sua própria teoria com o da teoria da evolução de Darwin, que também esboça um mecanismo geral a partir do qual podem ser explicadas mudanças, mas que não oferece um método para prevê-las, porque isso exigiria um conhecimento infinitamente detalhado de conjunções particulares das condições implicadas.

Evidencia-se assim que o mais plausível a dizer – e parece que foi o que Marx fez, quando foi cauteloso – é que a base econômica tem uma influência muito significativa sobre tudo o mais: ela estabelece limites dentro dos quais os outros fatores desempenham seus papéis. A maneira pela qual a sociedade produz os bens necessários à vida em qualquer estágio do desenvolvimento econômico vai exercer uma influência importante sobre a maneira como as pessoas de uma dada sociedade pensam especificamente. Mas isso é vago – o que conta como "muito significativo" ou "importante"? Isso equivale apenas à recomendação de que se procurem os fatores econômicos em qualquer caso particular e que se examine até que ponto podem influenciar o resto. Trata-se porém de algo que se mostrou uma metodologia imensamente fértil em história, antropologia, sociologia e política.

A história é um estudo *empírico* no sentido de que suas proposições precisam ser testadas mediante o recurso a provas do que de fato aconteceu. Mas não segue disso que seja uma *ciência*, entendendo-se a ciência como capaz de formular *leis da natureza*, generalizações de universalidade irrestrita. Porque a história é, afinal, o estudo do que aconteceu a seres humanos em nosso planeta num período finito de tempo. O assunto é amplo, mas se refere a uma série *particular* de eventos: não conhecemos eventos semelhantes em outros pontos do universo. Para cada conjunto particular de eventos, mesmo a queda de uma maçã da macieira, não há limite preciso para o número de diferentes leis e fatos contingentes envolvidos em sua causa – as leis da gravidade e a mecânica, a pressão do vento e o clima, a deterioração da madeira e a elasticidade dos ramos, bem como um puxão de mãos humanas. Se não há determinismo nem no controle da queda da maçã de Newton, é bem mais implausível dizer que o curso da história é predeterminado. Pode haver *tendências* a curto e a longo prazos a ser descobertas, como o aumento da população humana a partir da Idade Média. Mas uma tendência não é uma lei; sua continuidade não é inevitável, mas depende de condições sujeitas a mudanças. (É óbvio, por exemplo, que a população não pode aumentar indefinidamente – e seu crescimento pode ser interrompido de maneira bastante brusca por guerras, doenças ou surtos de fome endêmica.)

Com base em sua teoria geral da história, Marx esperava que o capitalismo fosse ficando cada vez mais instável economicamente, que a luta de classes entre os proprietários burgueses do capital e os membros do proletariado, que têm de vender sua força de trabalho, se acirrasse, com o proletariado ficando tanto mais pobre quanto maior numericamente, até que, numa grande revolução social, os trabalhadores tomassem o poder e instituíssem uma nova fase da história, a fase comunista. Porém Marx, ao contrário do que diz a interpretação comum, não previu confiantemente que a revolução iria ocorrer primeiro nos países em que o capitalismo era mais desenvolvido – a Inglaterra, a França e os Estados Unidos. No *Manifesto comunista*, indicou a Alemanha, que ainda era semifeudal na época, como o lugar em que esperava que uma revolução burguesa fosse logo sucedida por uma proletária. Em alguns de seus textos jornalísticos, sugeriu que o comunismo poderia ter sucesso primeiro na China. Marx via que o desenvolvimento capitalista mundial permite a importação de idéias socialistas por países em que um proletariado relativamente pequeno, aliado a um campesinato empobrecido, poderia tomar o poder da classe dirigente tradicional. Tudo isso se aplica claramente às duas revoluções da Rússia em 1917.

Quanto à Rússia e à China, parece que Marx estava mais ou menos certo ao prever a revolução, mas não a respeito de suas subseqüentes vicissitudes (dificilmente podemos considerar a imposição do comunismo ao Leste Europeu pelo Exército Vermelho depois de 1945 como revolução proletária no sentido de Marx). Contudo, nos países capitalistas avançados o sistema econômico (de modo geral, com notáveis exceções, como a Grande Depressão da década de 1930) tornou-se mais estável, as condições de vida da maioria das pessoas melhoraram muito com relação ao que eram na época de Marx, e as divisões de classe antes se atenuaram do que se intensificaram (considere-se o grande número "de colarinhos-brancos" – funcionários de escritório e de administração empresarial, servidores públicos, professores etc. – que nem são trabalhadores braçais nem proprietários industriais). Essa é uma refutação importante da previsão de Marx. Não é possível descartá-la pura e simplesmente afirmando que o proletariado foi "comprado" por concessões de salários mais elevados – porque Marx afirmou que o seu quinhão iria piorar. Nem basta dizer que as colônias serviram como o proletariado dos países industrializados – porque alguns países capitalistas, como os escandinavos, não tiveram colônias. Pode-se porém sugerir que o capitalismo *tal como Marx o conheceu* deixou de existir, que reformas pacíficas e graduais alteraram de modo radical a natureza de nosso sistema econômico. Examino essa idéia adiante, na "Prescrição".

Teoria da natureza humana

Exceto em seu primeiro estudo sobre os gregos e Hegel, Marx não estava interessado em questões de filosofia "pura" ou acadêmica, que ele mais tarde teria descartado como especulação vazia em comparação com as tarefas vitais de mudar o mundo. Logo, se ele é rotulado como materialista, isso se refere mais à sua teoria materialista da história do que à sua posição com respeito aos estados mentais do cérebro. De acordo com uma interpretação estrita da teoria de Marx, a consciência seria determinada pelas condições materiais da vida. Mas isso ainda poderia ser considerado uma posição "epifenomenalista" – a de que os conteúdos da consciência, embora ontologicamente não físicos, são inteiramente determinados por eventos materiais. Marx sentiu-se autorizado a descartar muitas das idéias das pessoas como "falsa consciência", não sustentadas adequadamente pelas "racionalizações" que elas apresentam para elas, mas antes como reflexo de seus papéis socioeconômicos, produzido por meio de um processo mental inconsciente do qual os sujeitos não se dão conta. Marx não precisa ser comprometido com uma concepção metafisicamente materialista segundo a qual a consciência deve ser literalmente identificada com processos cerebrais.

O que há de mais característico no conceito de humanidade de Marx é sua visão de nossa natureza essencialmente *social*: "a verdadeira natureza do homem é a soma total das relações sociais". Afora a existência de fatos biológicos óbvios como a necessidade de comer e de se reproduzir, Marx acreditava que não existe uma natureza humana fixa, individual, que o que se aplica a pessoas de uma sociedade ou um período pode não se aplicar a essas pessoas em outro lugar ou em outra época: "Toda a história não é senão uma contínua transformação da natureza humana." Tudo o que uma pessoa faz são atos sociais, o que pressupõe a existência de outras pessoas que mantêm com ela certas relações. Mesmo os modos pelos quais produzimos nosso alimento e criamos nossos filhos são socialmente aprendidos. Isso se aplica a toda a produção econômica, que é tipicamente uma atividade social que requer alguma espécie de cooperação. Não devemos conceber a sociedade como uma entidade abstrata que afeta misteriosamente o indivíduo; em vez disso, o tipo de indivíduo que se é e o tipo de coisas que se fazem são determinados pelo tipo de sociedade em que se vive. O que parece "instintivo" e "natural" numa dada sociedade ou numa dada época – por exemplo, um certo papel para as mulheres – pode ser bem distinto em outra sociedade ou em outra época.

Em termos modernos, podemos resumir esse aspecto essencial dizendo que a sociologia não é redutível à psicologia. Nem tudo que se refere aos seres humanos pode ser explicado em termos de fatos relativos a indivíduos; tem-se igualmente de considerar o tipo de sociedade em que vivem os indivíduos. Esse aspecto metodológico é uma das contribuições mais características de Marx, e uma das mais amplamente aceitas. Só por esse motivo, ele já tem de ser reconhecido como um dos pais fundadores da sociologia. E o *método* pode ser aceito independentemente de se concordar ou não com as *conclusões* particulares a que ele chegou.

Mas há ao menos uma generalização universal que Marx tem condições de fazer a respeito da natureza humana. Trata-se da nossa condição de seres *ativos*, produtivos; diferimos por natureza dos outros animais porque *produzimos* nossos meios de subsistência – e não da maneira como as abelhas produzem mel, uma vez que fazemos planos conscientes no tocante aos nossos meios de vida. É natural aos seres humanos trabalhar pelo próprio sustento. Não há dúvida de que temos aqui uma verdade, mas (tal como ocorre com muitas asserções sobre a natureza humana) Marx também extrai disso um juízo de valor, a saber, que o tipo de vida *apropriada* aos seres humanos envolve a atividade produtiva proposital. Como veremos, isso está implícito em seu diagnóstico da alienação como a falta de realização no trabalho industrial e em sua prescrição de uma futura sociedade comunista na qual todos podem ser livres para cultivar seus próprios talentos em qualquer direção. Por causa desse aspecto claríssimo em seus primeiros escritos, Marx tem sido considerado um humanista.

O que a teoria de Marx deixa implícito acerca das mulheres e da questão do feminismo? Se há verdade em sua insistência sobre a importância da produção, também há por certo verdade sobre a necessidade da *reprodução*. Porém temos de pensar a reprodução não somente como o intercurso sexual, a gravidez e o parto, mas também como o processo mais longo do cuidado, da educação e da socialização dos filhos. Obviamente, nenhuma sociedade pode sobreviver sem produzir novos membros para dar-lhe continuidade. Em alguns trechos de seus escritos, Marx reconhece isso (por exemplo, em *A ideologia alemã*), e Engels mais tarde abordou essas questões de maneira mais sistemática. Em *A origem da família, da propriedade privada e do estado,* Engels alega que a produção social determina ambos os tipos de produção: a do trabalho e a da família. Mas, de modo geral, Marx era um homem de sua época ao pressupor que a divisão sexual tradicional do trabalho na família, onde as mulheres são quase totalmente responsáveis pelo cuidado dos filhos, tem um "fundamento puramente fisiológico" (*A ideologia alemã*, pp. 51-2). Ao que parece, ele não se deu conta de que mesmo aquilo que pensamos como diferenças biologicamente determinadas entre os sexos pode ser afetado por fatores socioeconômicos. Desenvolvimentos técnicos como métodos confiáveis de contracepção, leite artificial e uma estrutura econômica que requer mais habilidades mentais do que trabalho manual pesado transformaram a questão da "natureza" masculina e feminina de maneiras que o próprio Marx não previu, mas que sua teoria tem condições de incorporar.

Diagnóstico

A teoria de Marx acerca do que há de errado com as pessoas e as sociedades nos primórdios da era capitalista em que viveu envolve o conceito de "alienação" ou "estranhamento", que descende de um conceito usado por Hegel e Feuerbach. Para Marx, "alienação" compreende tanto uma descrição de certas características da sociedade capitalista como um juízo de valor de acordo com o qual essas características estão fundamentalmente erradas. Mas a noção é tão vaga que costuma ser difícil concluir *quais* são exatamente as características do capitalismo que Marx critica. Afinal, não o condenou globalmente: reconheceu que o capitalismo permite grandes incrementos da produtividade econômica. Acreditava que o capitalismo é um estágio necessário de desenvolvimento econômico e social, mas julgava que seria e deveria ser superado.

Logicamente, a alienação é uma relação, ou seja, tem de ser alienação *de* alguém ou de alguma coisa; não se pode ser pura e simplesmente "alienado", do mesmo modo como não se pode ser casado sem ser casado com alguém. Marx diz que a alienação é "do próprio homem e da Natureza". Mas não fica claro como se pode ser alienado de si mesmo; o conceito de Natureza aqui implicado tem obscuras raízes hegelianas na distinção entre o sujeito e um objeto supostamente alheio. Para Marx, Natureza parece ser o mundo criado pelos homens, de modo que podemos entendê-lo como dizendo que as pessoas não são o que deveriam ser porque estão alienadas dos objetos e das relações sociais que criam. Pessoas que não dispõem de capital precisam vender sua força de trabalho para sobreviver, e por conseguinte têm sua vida de trabalho dominada pelos interesses dos proprietários do capital. E a competitividade da vida no capitalismo vai de encontro aos ideais de solidariedade com outros seres humanos (que Feuerbach enfatizou). A idéia geral que surge daí é que a sociedade capitalista não está de acordo com a natureza humana essencial.

Tem-se muitas vezes a impressão de que Marx condena primordialmente a instituição de propriedade privada: numa passagem, afirma audaciosamente que "a abolição da propriedade privada é a abolição da alienação". Mas em outra diz que, "embora pareça ser a base e a causa do trabalho alienado, a propriedade privada é antes conseqüência deste". Marx descreve essa alienação do trabalho como traduzida no fato de o trabalho não ser parte da natureza do trabalhador; ele não se realiza nesse trabalho, sentindo-se em vez disso infeliz, fisicamente exaurido e mentalmente degradado. Seu trabalho lhe é imposto como um meio de atender a outras necessidades, e, no trabalho, ele "não pertence a si mesmo"; está sob o controle de outras pessoas. Mesmo os materiais que usa e os objetos que produz são alheios a ele, porque são propriedade de outrem. Às vezes Marx parece estar culpando pela alienação a instituição do dinheiro como um meio de troca que reduz todas as relações sociais a um denominador comercial comum ("insensível 'pagamento em dinheiro'", como ele diz no *Manifesto*). Fica-se a imaginar por que deveria o pagamento em dinheiro ser "insensível". Nesse contexto, Marx estava estabelecendo um contraste com a sociedade feudal, em que havia relações econômicas não-monetárias – mas talvez essas relações pudessem ser insensíveis à sua própria maneira. Em outro ponto, ele sugere que é a divisão do trabalho que torna o trabalho das pessoas uma força alheia que as impede de passar à vontade de uma atividade a outra.

O que então Marx *está* diagnosticando como a causa básica da alienação? É difícil crer que alguém possa defender seriamente a abolição do dinheiro (e um retorno a um sistema de escambo?), o fim de toda especialização no trabalho ou o controle público de todas as coisas (mesmo escovas de dente, roupas e livros?). É a propriedade privada ou pública da *indústria* – os meios de produção e de troca – que costuma ser considerado o traço característico do capitalismo ou do socialismo. Entre os principais pontos do programa prático do *Manifesto* estão a nacionalização da terra, das fábricas, dos sistemas de transporte e dos bancos. Parece porém muito implausível que o controle estatal desses fatores elimine a alienação do trabalho que Marx descreve nesses termos psicológicos em suas primeiras obras. Se o *Estado* constitui a base de todos os males sociais, a nacionalização poderia muito bem piorar as coisas ao aumentar o poder do Estado, como sugere vigorosamente a história dos regimes comunistas no século XX.

Talvez devêssemos entender que Marx afirma (ao menos em sua primeira fase?) que a alienação consiste numa falta de *comunidade*, de modo que as pessoas não podem ver seu trabalho como contribuição a um grupo de que são membros, visto que o Estado não é uma verdadeira comunidade. Esse diagnóstico poderia sugerir uma prescrição não tanto de nacionalização, mas antes de descentralização em "comunas" (em que a abolição do dinheiro, da especialização e da propriedade privada poderia começar a parecer mais realista). Mas a viabilidade e a conveniência disso é obviamente controversa em termos econômicos marxistas: como seria organizado o tipo de produção e distribuição mundial fundado na alta tecnologia de que atualmente dependemos numa sociedade formada por comunas independentes?

Há, no entanto, um diagnóstico mais geral implícito na obra de Marx, que talvez obtivesse o consenso universal: aquele segundo o qual é errado tratar qualquer ser humano como mero meio para um fim econômico (cf. a formulação kantiana da lei moral como um requisito de que sempre tratemos os seres racionais como um fim em si). Essa exploração de fato aconteceu no capitalismo sem restrições do começo do século XIX, quando crianças trabalhavam horas a fio em condições insalubres e os trabalhadores morriam precocemente depois de levar uma vida horrivelmente privada de realização. Algo desse tipo ainda acontece em alguns países; e mesmo nas nações avançadas em que o capitalismo é apregoado como um espantoso sucesso, há entre os administradores a constante tendência de extrair o máximo de lucro possível do trabalho dos operários, seja por meio da redução dos salários, pelo corte da força de trabalho ou pelo aumento das horas de trabalho. O Estado pode impor restrições a essas práticas, mas tão logo as regras se afrouxam, cada negócio, naturalmente, aproveita ao máximo suas oportunidades competitivas.

Talvez possamos expressar a principal questão de Marx numa paráfrase das palavras de Jesus sobre o sabá:

a produção é feita para o homem, e não o homem para a produção. Isso tem de levar em conta *todas* as pessoas (homens e mulheres, é claro) – patrões, empregados, consumidores e qualquer um que sofra os efeitos colaterais da indústria, tais como a poluição. Mas é difícil concordar sobre o modo de executar esse juízo de valor universal.

Prescrição

"Se o homem é formado pelas circunstâncias, essas circunstâncias têm de ser formadas pelo homem." Se a alienação é um problema social causado pela natureza do sistema econômico capitalista, a solução é abolir esse sistema e substituí-lo por um melhor. Marx julgava que isso estava fadado a acontecer de uma maneira ou de outra, que o capitalismo iria ruir em decorrência de suas contradições internas, e que a revolução comunista subseqüente iria introduzir uma nova ordem de coisas. Assim como o cristianismo alegava que a salvação de Deus havia sido reservada para nós, Marx alegava que a resolução dos problemas do capitalismo já estava a caminho no movimento da história.

A concepção de Marx acerca da questão metafísica do livre-arbítrio é deveras ambígua. Sua visão geral obviamente soa determinista, com sua teoria do progresso aparentemente inevitável ao longo de estágios econômicos. Não obstante, assim como a controvérsia agostiniano-pelagiana no âmbito do cristianismo, parece permanecer na teoria um elemento irredutível de liberdade humana. Marx e seus seguidores conclamavam constantemente as pessoas a perceber a direção que a história está seguindo e *agir* de acordo com isso, para ajudar a fazer acontecer a revolução comunista. No interior dos movimentos comunistas, houve controvérsias entre os que acentuavam a necessidade de esperar o estágio apropriado de desenvolvimento econômico antes de alimentar a expectativa de que a revolução acontecesse e aqueles (como Lênin) que afirmavam a necessidade de *agir* de modo decisivo a fim de fazer que a revolução acontecesse. Mas talvez não haja contradição nisso, dado que Marx pode dizer que, embora a revolução esteja fadada a acontecer cedo ou tarde, é possível que indivíduos e grupos organizados prescientes ajudem a fazer que ela aconteça e "aliviem suas dores de parto", agindo como parteiros da história. Ele provavelmente condenaria como especulação ociosa as investigações filosóficas ulteriores do determinismo e do livre-arbítrio.

Marx sustentava que só a sua completa revolução haveria de resolver adequadamente os problemas do sistema econômico. Reformas limitadas do capitalismo, como salários mais altos, menor número de horas de trabalho e planos de pensão podem ser melhorias bem-vindas da dureza do sistema, mas não alteram sua natureza básica. Daí a radical diferença entre, de um lado, o Partido Comunista, e, de outro, a maioria dos sindicatos e partidos social-democratas ou socialistas democratas. Porém, mais uma vez, os seguidores de Marx discordaram acerca da estratégia política prática. Alguns temiam que o trabalho de reformar o sistema desviaria a atenção da tarefa realmente importante de derrubá-lo. Outros diziam, com apoio de Marx, que o próprio processo de incitar os trabalhadores a se unir para trabalhar em favor de reformas iria "despertar sua consciência", criar "solidariedade de classe", fazê-los perceber o seu próprio poder e, assim, acelerar mudanças mais revolucionárias.

Reformas paulatinas *têm* modificado significativamente o sistema econômico capitalista, a começar pelas leis fabris inglesas, que impediram a exploração ainda mais violenta de trabalhadores e crianças, e tiveram continuidade com a seguridade nacional, os salários-desemprego, os serviços nacionais de saúde pública (na Europa, embora não nos Estados Unidos) e um constante progresso obtido pelos sindicatos no tocante ao aumento dos salários reais e à redução da jornada de trabalho. Na verdade, muitas das medidas específicas propostas pelo *Manifesto comunista* há muito estão em vigor nos chamados países capitalistas – imposto de renda progressivo, consolidação de boa parte do controle econômico nas mãos do Estado, nacionalização de indústrias importantes em alguns países, educação pública gratuita. O sistema capitalista irrestrito que Marx conheceu na metade do século XIX deixou de existir na maioria dos países mais desenvolvidos – e isso se deu por meio de reformas graduais, não por meio de uma revolução única. Isso não quer dizer que o sistema atual seja perfeito – longe disso. Mas sugere que a rejeição de programas de reformas gradualistas por alguns marxistas (quando não pelo próprio Marx) é errônea; uma reflexão sobre o sofrimento e a violência de revoluções em alguns lugares do mundo pode confirmar isso.

Como os cristãos, Marx concebia uma total regeneração da humanidade, mas a esperava no âmbito do mundo secular. O comunismo é "a solução do enigma da história", porque se supõe que a abolição da propriedade privada garanta o desaparecimento da alienação e a vinda de uma sociedade verdadeiramente sem classes. Marx é extremamente vago a respeito de como se vai conseguir isso, mas foi realista o bastante para dizer que haverá um período intermediário antes de poder acontecer a transição e que isso requer "a ditadura do proletariado". Não se pode vencer a alienação no primeiro dia de vitória da revolução. Numa frase que soa bem ameaçadora à luz da história do século XX, ele escreveu que "é necessária a alteração dos homens em massa" – mas pode-se dizer em sua defesa que ele pensava em alteração de consciência, e não nos métodos de engenharia social violenta da Rússia soviética. Na fase superior da sociedade comunista, supõe-se que o Estado desapareça e tenha início o verdadeiro reino da liberdade. Então o potencial humano vai se desenvolver em benefício do próprio homem, e o princípio disso pode ser: "De cada um conforme sua capacidade, a cada um conforme sua necessidade."

Algumas dessas visões utópicas devem por certo ser consideradas irrealistas. Marx não apresenta boas razões para crer que na sociedade comunista de fato não vai haver classes nem que os executores da ditadura do proletariado não formem uma nova classe governante com muitas ocasiões para abusar do poder, como evidentemente sugere a história de países com regimes comunistas. Não há fundamento para esperar que algum conjunto de mudanças econômicas elimine *todos* os conflitos de interesse. Os Estados não desapareceram; tornaram-se mais poderosos – ainda que se tenha também de reconhecer o poder de enormes corporações e a natureza crescentemente global do mercado, que limitam o poder de todo e qualquer governo.

Mas podemos concordar com outros elementos da concepção de Marx. A aplicação da ciência e da tecnologia a fim de produzir o suficiente para todos; a redução da jornada de trabalho; o acesso universal à educação, de modo que todos os seres humanos possam desenvolver seu potencial; a visão de uma sociedade descentralizada em que as pessoas cooperem em comunidades para o bem comum; e uma sociedade em equilíbrio com a natureza – esses são ideais que quase todos compartilham, embora não seja fácil desenvolver um modo de torná-los realizáveis harmoniosamente. Foi sem dúvida porque apresentou esse tipo de visão esperançosa de um futuro humano que o marxismo obteve e conservou a adesão de tantas pessoas. Como o cristianismo, o pensamento de Marx é mais do que uma teoria; tem sido para muitos uma fé secular, uma concepção de salvação social.

Mesmo em nossos dias, embora algumas asserções teóricas de Marx permaneçam, em suas formulações mais radicais, altamente discutíveis, e apesar dos fracassos dos chamados regimes comunistas do século XX, as suas idéias estão longe de desaparecer. Embora as reformas sociais e os desenvolvimentos técnicos e econômicos tenham alterado a face do capitalismo, alguns pensadores identificam a necessidade de uma transformação de maior alcance do sistema socioeconômico e buscam em Marx inspiração para tanto. Não obstante, a ênfase marxista nos fatores *econômicos* dirige nossa atenção para apenas um dos obstáculos à realização humana. Temos de buscar alhures – por exemplo, em Freud, em Sartre e em algumas concepções religiosas – compreensões mais profundas da natureza e dos problemas dos *indivíduos* humanos.

Sugestões de leitura

Não há um grande texto de Marx que se possa recomendar como básico. O *Manifesto comunista* é um ponto de partida natural (ainda que sua terceira seção seja datada); *A ideologia alemã* é mais longo, mas perfeitamente legível.

Há várias seleções úteis das obras de Marx, incluindo *Karl Marx: Selected Writings in Sociology and Social Philosophy*, trad. T. B. Bottomore, org. T. B. Bottomore e M. Rubel, Londres, Penguin, 1963; Nova York, McGraw-Hill, 1964, organizado proveitosamente por temas; há ainda *Marx and Engels: Basic Writings in Politics and Philosophy*, org. L. S. Feuer, Nova York, Anchor Books, 1959[5].

Para uma biografia de Marx, ver Sir Isaiah Berlin, *Karl Marx: His Life and Environment*, 3.ª ed., Oxford, Oxford University Press, 1963.

Para uma crítica clássica a Marx, ver Karl Popper, *The Open Society and its Enemies*, vol. 1, 5. Ed., Londres, Routledge, 1966.

Para uma discussão mais profunda das idéias de Marx sobre a natureza humana, ver J. Plamenatz, *Karl Marx's Theory of Man*, Oxford, Oxford University Press, 1975.

Para um guia enciclopédico e crítico das muitas variedades de marxismo, ver L. Kolakowski, *Main Currents of Marxism*, 3 vols., Oxford, Oxford University Press, 1975.

Para uma defesa sofisticada de Marx à luz da filosofia analítica, ver G. A. Cohen, *Karl Marx's Theory of History: A Defence*, Oxford, Oxford University Press, 1978.

Para uma abordagem inicial à questão de até que ponto a teoria marxista precisa ser alterada a fim de dar conta do feminismo, ver Engels, *Origin of the Family, Private Property and the State*, Nova York, International Publishers, 1972, e A. Jaggar, *Feminist Politics and Human Nature*, Totowa, Rowman & Littlefield, 1983, cap. 4.

Para uma defesa recente pós-comunista das idéias de Marx, ver Keith Graham, *Karl Marx Our Contemporary: Social Theory for a Post-Leninist World*, Toronto, University of Toronto Press, 1992.

---

5. Ver em português a seleção de textos de Marx em *Marx* (Os Pensadores), São Paulo, Nova Cultural, 1987. (N. do T.)

8. FREUD: A BASE INCONSCIENTE DA MENTE

A próxima teoria que examino é a de Freud, que revolucionou nossa compreensão da natureza humana no século XX. Freud passou cerca de cinqüenta anos desenvolvendo e modificando suas teorias, um montante tão vasto de materiais que somente um especialista poderia alimentar a esperança de apreendê-los na totalidade. Nenhuma discussão razoável da natureza humana pode deixar de abordar seu pensamento, mas essa é uma tarefa difícil de realizar num só capítulo curto, mesmo que nos concentremos no próprio Freud, e não nos muitos desenvolvimentos ulteriores da teoria e da prática psicanalíticas. Faço aqui um esboço de sua vida e sua obra, exponho as características fundamentais de sua teoria, de seu diagnóstico e de sua prescrição, e então passo a algumas observações críticas.

Vida e obra

Sigmund Freud nasceu na Moravia em 1856, mas em 1860 sua família mudou-se para Viena, onde ele viveu e trabalhou até seu último ano de vida. Mesmo em seus tempos de escola, os precoces interesses de Freud abrangiam a totalidade da vida humana; e, quando entrou na Universidade de Viena como aluno de medicina, não se restringiu a esse campo, mas freqüentou outras palestras, como as do influente filósofo da mente Franz Brentano. Freud interessou-se profundamente pela biologia e passou seis anos fazendo pesquisas no laboratório do grande fisiologista Brücke e escrevendo artigos sobre temas técnicos, como o sistema nervoso dos peixes. Quase criou uma reputação controversa para si mesmo ao defender pioneiramente o uso medicinal da cocaína. Para se casar com sua noiva, Martha Bernays, precisava de uma carreira que oferecesse recompensas econômicas mais seguras, de modo que, um pouco a contragosto, começou a trabalhar como médico no Hospital Geral de Viena. Em 1886, estabeleceu-se como médico particular de "doenças dos nervos". A maioria de seus primeiros pacientes eram mulheres vienenses abastadas que sofriam do que na época recebia o nome de "histeria", e ele continuou a tratar uma variedade de problemas psicológicos durante toda a vida.

A carreira de Freud a partir de então pode ser dividida em três fases principais. Na primeira delas, ele chegou a suas hipóteses originais sobre a natureza dos problemas neuróticos e desenvolveu sua teoria e seu método de tratamento característicos, ambos vindo a ser conhecidos como "psicanálise". Seu interesse pela psicologia e pelos problemas mentais humanos foi desencadeado por uma visita a Paris em 1885-86, para estudar com Charcot, neurologista francês que usava a hipnose para tratar "histéricas". Eram tipicamente mulheres acometidas de misteriosas paralisias, perda da capacidade verbal ou perda de sensibilidade em regiões do corpo que não tinham nenhuma relação com insuficiências ou lesões neurológicas mas apenas com os conceitos comuns de partes do corpo, como por exemplo a "mão" ou o "braço". Etimologicamente, a palavra "histeria" vincula-se com explicações antigas de sintomas desse gênero como decorrentes de distúrbios do útero – e hoje a palavra significa simplesmente um estado de emoção irracional –, mas na época de Freud referia-se a uma síndrome reconhecida mas enigmática que a medicina ortodoxa julgava quase impossível tratar. (Claro que ficamos a imaginar se a prevalência da histeria em mulheres burguesas do final do século XIX não tinha algum vínculo com sua situação social marcada pela repressão.) Freud ficou impressionado, ao menos de início, pela maneira como o método puramente psicológico de hipnotismo usado por Charcot parecia induzir a curas surpreendentes.

Diante de sintomas similares em seus próprios pacientes, Freud primeiro fez experiências com a eletroterapia e a sugestão hipnótica, mas descobriu que esses métodos eram insatisfatórios, razão pela qual começou a experimentar outro método, derivado do de Breuer, um velho consultor vienense que era seu amigo. A abordagem de Breuer baseava-se no pressuposto de que a histeria era causada por alguma experiência emocional intensa (um "trauma") de que o paciente se esquecera; seu tratamento consistia em induzir a recordação da experiência e uma "descarga" da emoção correspondente. A hipótese de que as pessoas pudessem sofrer de uma "idéia", uma lembrança ou emoção de que não tinham consciência, mas da qual podiam ser aliviadas ao trazer essa lembrança ou emoção à consciência, é a base a partir da qual se desenvolveu a psicanálise de Freud.

Freud descobriu que as idéias relevantes dos seus pacientes tinham tipicamente algum conteúdo sexual definido, e (sempre pronto a arriscar uma generalização) especulou que as neuroses *sempre* têm origem sexual. Em muitos casos, os pacientes chegavam com relatos de "sedução infantil" – o que hoje chamamos de abuso sexual de crianças. No início acreditou nesses relatos, mas depois, numa surpreendente virada teórica que mais tarde considerou uma descoberta crucial, concluiu que eles se baseavam em larga medida na fantasia, refletindo antes desejos inconscientes do sujeito do que lembranças de eventos realmente acontecidos. (Diante de recentes debates e controvérsias, temos de nos perguntar se sua primeira idéia a respeito dessa difícil questão não poderia estar mais perto da verdade.) Em 1895, ele publicou *Estudos sobre a histeria*, em colaboração com Breuer, mas logo depois a parceria se desfez, e Freud seguiu seu próprio caminho teórico. (Essa foi a primeira de muitas disputas intensas com colegas.)

Nos últimos anos do século XIX, Freud começou a formular suas polêmicas teorias sobre a sexualidade infantil e a interpretação dos sonhos, que ocupam um lugar central na teoria psicanalítica. Também tentou submeter-se à psicanálise. Introduziu seus conceitos teóricos característicos de resistência, repressão e transferência. Nessa época, escrevia (em correspondência com Fliess, outro amigo médico dado a especulações não-ortodoxas, que muito o influenciou no período) *Projeto de uma psicologia científica*. Nessa obra, Freud tentava relacionar a teoria psicológica que desenvolvia então com uma base física nas células nervosas do cérebro, tópico que estudara em seus trabalhos fisiológicos. Embora muito animado com o projeto, veio a considerá-lo demasiado à frente de seu tempo e não tentou publicá-lo. O manuscrito se perdeu e só veio a ser recuperado e publicado em 1950.

A segunda fase da obra de Freud, na qual surgiram as grandes produções que constituem sua teoria madura, pode ser convenientemente datada a partir da publicação, em 1900, de *A interpretação dos sonhos*, que ele mesmo considerava o seu melhor livro. Seguiu-se em 1901 a *Psicopatologia da vida cotidiana*, obra em que analisava a causa de erros cotidianos como lapsos verbais, e, em 1905, seus *Três ensaios sobre a teoria da sexualidade*. Eram livros que aplicavam a teoria psicanalítica à totalidade da vida mental normal, em vez de apenas a casos neuróticos. Tiveram início o reconhecimento internacional e a disseminação da psicanálise: em 1909, Freud recebeu convites para ir aos Estados Unidos, onde ministrou as *Cinco lições de psicanálise*, a primeira das exposições curtas e populares de suas idéias. No período de 1915 a 1917, pronunciou as palestras bem mais longas da *Introdução à psicanálise* na Universidade de Viena, nas quais expôs toda a teoria desenvolvida até aquele momento.

A partir do final da Segunda Guerra Mundial, e até a sua morte, Freud dedicou-se à terceira fase de sua obra, realizando algumas importantes mudanças em suas teorias fundamentais e levando a efeito amplas tentativas especulativas de aplicar suas teorias a questões sociais. Em 1920, surgiu *Além do princípio do prazer*, em que introduziu pela primeira vez o conceito de "instinto de morte" (para explicar a agressão e a autodestruição), bem como os "instintos de vida" (autopreservação e sexualidade). Outro desenvolvimento ulterior foi a estrutura tripartite da mente – id, ego e superego –, que apresentara primeiramente em *O ego e o id* (1923). Numa obra popular, *A questão da análise leiga* (1926), que recebeu esse título como decorrência do fato de que ele ali discutia se a qualificação médica é necessária à prática da psicanálise, expôs suas idéias básicas nos termos dessa nova estrutura de três partes.

Nos seus últimos anos, Freud dedicou-se a maior parte do tempo à teorização social. (Em 1913, já tentara aplicar suas teorias à antropologia em *Totem e tabu*.) Em *O futuro de uma ilusão* (1927), tratou a religião como um sistema de falsas crenças cuja raiz profunda em nossa mente tem de ser explicada psicanaliticamente. Em *O mal-estar na civilização* (1930), Freud discutiu o conflito entre as exigências da sociedade civilizada e os instintos humanos, e, em *Moisés e o monoteísmo* (1939), apresentou uma polêmica interpretação psicanalítica da história judaica. Em 1938, os nazistas anexaram a Áustria e os judeus passaram a correr perigo, mas Freud, devido à sua imensa fama internacional, recebeu permissão para fugir para Londres, onde passou seu último ano de vida escrevendo um breve e derradeiro *Esboço de psicanálise*.

Teoria de base

O que distingue o pensamento de Freud é sua teoria da mente humana, mas temos de levar em conta seus pressupostos de base e a maneira como diferem dos das teorias até agora discutidas. Freud iniciou a carreira como fisiologista e afirmava ter sido um cientista por toda a vida: sua esperança inabalável era explicar cientificamente todos os fenômenos da vida humana. Não fez suposições sobre a teologia, a metafísica transcendente nem o progresso da história. Apoiado em seu amplo conhecimento da ciência biológica tal como desenvolvida até a sua época e em seu treinamento na pesquisa fisiológica, supôs que todos os fenômenos são determinados pelas leis da física, da química e da biologia, e que também os seres humanos estão sujeitos a elas. Era um homem imbuído na segurança que tinha a ciência biológica do final do século XIX depois do advento da teoria da evolução de Darwin, reconhecendo que os seres humanos são uma espécie animal (embora de um tipo muito especial), e de acordo com isso propôs que nossos problemas podem ser diagnosticados e sanados pelos métodos da ciência. Freud foi descrito há não muito tempo como "biólogo da mente", mas veremos até que ponto ele se afastou dos métodos fisiológicos de explicação e tratamento.

Teoria da natureza humana

Exponho a abordagem de Freud acerca da natureza humana em cinco tópicos principais. Seu primeiro pressuposto básico é o *materialismo*. Freud reconhecia uma distinção entre estados mentais e estados fisiológicos do sistema nervoso, mas tratava-se para ele de uma diferença de linguagem, não de um dualismo de substâncias (mente e corpo). Muitos filósofos (mas não todos) concordam hoje que, ao falar de estados de consciência (pensamentos, desejos e emoções), não nos comprometemos com o dualismo metafísico, e não há motivo para supor que haja alguma divergência com relação a isso nos estados mentais *inconscientes* que Freud postula. Depois de sua ousada tentativa inicial de identificar uma base fisiológica para todos os estados mentais (em seu *Projeto de uma psicologia científica*), concluiu que essa teorização estava demasiado à frente do conhecimento de sua época. Pelo resto da vida, contentou-se em deixar a base física da psicologia a cargo do desenvolvimento futuro da ciência – e a pesquisa na área fez de fato enormes progressos em anos recentes. Mas não tinha dúvidas de que todos os complicados processos e estados que postulava tinham *alguma* base fisiológica.

O segundo ponto é uma aplicação estrita do *determinismo* – o princípio segundo o qual todo evento tem causas precedentes – ao domínio do mental. Pensamentos e comportamentos antes julgados sem importância para a compreensão de uma pessoa – como os lapsos verbais, os atos falhos, os sonhos e os sintomas neuróticos –, Freud supôs que fossem determinados por causas ocultas na mente de uma pessoa. Ele julgava que esses elementos podiam ter enorme importância, revelando de forma disfarçada o que de outra maneira teria permanecido desconhecido. Nada que uma pessoa sente, faz ou diz é de fato casual ou acidental; tudo pode em princípio ser explicado por alguma coisa que se acha na mente dessa pessoa. Isso parece implicar a negação do livre-arbítrio, visto que, mesmo quando julgamos que fazemos uma opção verdadeiramente livre (e mesmo arbitrariamente), Freud alegaria que há causas desconhecidas que determinam nossa escolha. Há aqui um interessante paralelo com Marx, já que tanto ele como Freud acreditavam que os conteúdos de nossa consciência, longe de ser perfeitamente "livres" e peculiarmente "racionais", são determinados por causas de que de modo geral não nos damos conta. Mas, enquanto Marx disse que essas causas têm natureza social e econômica, Freud alegou que são individuais e psicológicas, arraigadas em nossos impulsos biológicos.

O terceiro e talvez o mais característico traço da teorização de Freud – o postulado de *estados mentais inconscientes* – surge assim a partir da segunda. Mas precisamos ter o cuidado de compreender corretamente seu conceito de inconsciente. Há inúmeros estados mentais, como por exemplo lembranças de experiências e fatos particulares, de que não temos consciência contínua mas dos quais podemos nos lembrar quando necessário. Freud denomina-os "pré-conscientes" (querendo dizer com isso que podem tornar-se conscientes de modo imediato); ele reserva o termo "inconsciente" para estados que *não podem* tornar-se conscientes em circunstâncias normais. Sua afirmação crucial é que nossa mente não é coextensiva com aquilo que está à disposição da atenção consciente, mas inclui itens de que em geral não podemos ter conhecimento em condições normais. Para usar uma analogia conhecida, a mente é como um *iceberg*, com apenas uma pequena porção visível acima da superfície, mas também com um imenso volume oculto que exerce sua influência sobre o resto. Freud ficaria feliz com as descobertas da ciência cognitiva recente segundo as quais o reconhecimento de objetos envolve um grande processamento de informações; não percebemos esses processos na mente, mas os psicólogos podem inferi-los como a melhor explicação dos fatos da percepção (e de sua distorção).

Até agora, isso nos dá o chamado relato *descritivo* do inconsciente, mas o conceito de Freud também tem natureza *dinâmica*. Para explicar fenômenos humanos intrigantes como paralisias histéricas, comportamentos neuróticos, pensamentos obsessivos e sonhos, Freud postulou a existência de idéias emocionalmente carregadas na parte inconsciente da mente que exercem ativas mas misteriosas influências sobre o que a pessoa pensa, sente e faz. Desejos ou lembranças inconscientes podem levar as pessoas a fazer coisas que elas não podem explicar racionalmente aos outros nem a si mesmas. Alguns estados inconscientes podem ter sido antes conscientes (por exemplo, experiências emocionais traumáticas), mas foram reprimidos porque se tornou doloroso demais reconhecê-los. Mas as forças motrizes últimas de nossa vida mental são inatas e operam de modo inconsciente desde a infância.

Freud introduziu um novo conceito *estrutural* da mente em sua teoria dos anos 1920, que não coincide com a distinção entre consciente, pré-consciente e inconsciente que vinha usando até então. Nessa última fase, ele distinguiu três sistemas no interior do "aparelho mental". Diz-se que o *id* contém todas as pulsões instintivas que buscam satisfação imediata como o faz a criança pequena (diz-se que esses impulsos operam a partir do "princípio de prazer"); o *ego* contém os estados mentais conscientes, e sua função consiste em perceber o mundo real e decidir como agir, servindo de mediador entre o mundo e o id (o ego é governado pelo "princípio de realidade"). Tudo o que pode vir a ser consciente se acha no ego (embora ele também contenha elementos que permanecem inconscientes), ao passo que tudo o que está no id é permanentemente inconsciente. O *superego* é identificado como uma parte especial da mente que contém a consciência moral, as normas morais adquiridas de pais e de outras pessoas influentes na primeira infância; embora pertença ao ego e partilhe com ele o mesmo tipo de organização psicológica, o superego é considerado como estando em íntima ligação com o id, uma vez que pode confrontar o ego com regras e proibições como se fosse um pai severo. As forças de repressão localizam-se no ego e no superego, e operam tipicamente de modo inconsciente. O pobre velho ego tem a seu cargo a difícil tarefa de tentar conciliar as exigências conflitantes do id e do superego, tendo em vista os fatos muitas vezes nada amigáveis do mundo real. Esse é o quadro dramático que Freud apresenta da condição humana, sempre assediada por problemas externos e conflitos internos.

Há interessantes paralelos, ainda que parciais, com Platão, na teoria freudiana ulterior da estrutura tripartite da mente. O id obviamente corresponde de perto ao Apetite ou desejo, mas não fica tão claro como o ego e o superego podem corresponder, respectivamente, à Razão e ao Espírito de Platão. Em sua função de conhecimento da realidade, o ego parece próximo da Razão, mas a Razão para Platão tem igualmente uma função moral, que Freud atribui ao superego. No entanto o elemento platônico do Espírito parece estar realizando a função moralista na situação em que se sente desgosto com relação a seus próprios desejos (ver o Capítulo 5).

Os *instintos* ou "pulsões" formam a quarta característica principal da teoria de Freud. São as forças motivadoras presentes no aparato mental, e toda a "energia" de nossa mente vem apenas deles. Freud usou essa linguagem mecânica ou elétrica de maneira quase literal, influenciado por sua formação científica e pela teoria psicofísica de seu *Projeto* inicial, em que escreveu de modo previdente sobre fluxos de carga elétrica que passam pelos neurônios do sistema nervoso. Seu modelo dos impulsos mentais baseia-se em cargas contidas ou pressões em busca de descarga. Sua classificação psicológica dos instintos é, contudo, uma das partes mais especulativas, variáveis e incertas de sua teoria. Embora admitisse que podemos distinguir um número indeterminado de instintos, Freud julgava que todos eles podiam ser derivados de uns poucos instintos básicos, que podem se combinar e mesmo substituir uns aos outros de variadas maneiras.

É claro que Freud sustentava que os instintos têm natureza sexual, e fez notoriamente remontar boa parte do comportamento humano a pensamentos e desejos sexuais, muitas vezes reprimidos no inconsciente. É contudo uma interpretação vulgar e errônea dizer que ele tentou explicar *todos* os fenômenos humanos em termos de sexo. A verdade é que Freud deu à sexualidade um escopo bem mais amplo do que se reconhecia até então. Ele alegou que os primórdios do comportamento sexual existem nas crianças desde o nascimento e que os fatores sexuais desempenham um papel crucial nas neuroses dos adultos. Mas sempre sustentou que há ao menos um outro instinto – ou grupo de instintos – básico. Em sua primeira fase, distinguiu o que chamava instintos de "autopreservação", como a fome, do instinto erótico ("libido"). Tratou o sadismo como uma manifestação perversamente agressiva da sexualidade. Mas em seu trabalho ulterior Freud mudou sua classificação e colocou a libido e a fome juntos num único instinto básico de "Vida" (Eros), remetendo o sadismo, a agressão e a autodestruição ao instinto de "Morte" (Tânatos). Na linguagem popular, sua dualidade de amor e fome foi substituída por amor e ódio.

O quinto ponto principal na teoria de Freud é seu *relato evolucionário* do caráter humano individual. Não se trata simplesmente do truísmo de que a personalidade depende tanto da experiência como do legado hereditário. Freud partiu da descoberta de Breuer de que experiências "traumáticas" específicas, embora aparentemente esquecidas, continuam a exercer uma influência danosa sobre a condição mental de uma pessoa. A teoria plenamente desenvolvida da psicanálise faz com base nisso uma generalização e afirma a crucial importância, para o caráter adulto, das experiências dos primeiros anos da infância. Os primeiros cinco anos de vida são considerados o período em que se assenta a base de cada personalidade individual. Assim, não se pode entender plenamente uma pessoa até que se venha a conhecer fatos cruciais sobre sua primeira infância.

Freud elaborou teorias detalhadas sobre os estágios psicossexuais do desenvolvimento pelos quais se supõe que passe toda criança. Essas teorias particulares são testadas com maior facilidade por meio da observação do que o resto de suas teorizações. Freud propôs a ampliação do conceito de sexualidade para incluir todo tipo de prazer que envolva partes do corpo. Sugeriu que os bebês obtêm prazer primeiramente da boca (a fase oral) e depois da outra extremidade do aparelho digestivo (a fase anal). Meninas e meninos interessam-se pelo órgão sexual masculino (a fase fálica). Alega-se que o menino pequeno tem desejos sexuais pela mãe e teme a castração da parte do pai (o "complexo de Édipo"). Tanto o desejo pela mãe como a hostilidade ao pai são então, de modo geral, reprimidos. Dos cinco anos à puberdade (o período de "latência"), a sexualidade é bem menos aparente. Ela reaparece nessa época e – se tudo correr bem, algo que com muita freqüência não acontece – alcança sua expressão "genital" plena na idade adulta. Freud sugere que por volta da época em que o complexo de Édipo ocorre nos meninos, as meninas desenvolvem a "inveja do pênis"; mas, por alguma razão misteriosa, ele nunca tratou da sexualidade feminina tão exaustivamente quanto da masculina. Numa etapa bem posterior de sua carreira, fez uma afirmação surpreendente, já que vinda de alguém cuja prática profissional consistiu largamente no tratamento dos problemas psicológicos de mulheres: escreveu que "a vida sexual de mulheres adultas é um continente desconhecido para a psicologia"!

Diagnóstico

Tal como Platão, Freud diz que o bem-estar ou a saúde mental individual depende de uma relação harmoniosa entre as várias partes da mente e entre a pessoa e o mundo social externo em que ela tem de viver. O ego tem de conciliar o id, o superego e o mundo externo, escolhendo oportunidades para satisfazer as demandas instintivas sem transgredir os padrões morais requeridos pelo superego, o representante interior da sociedade. Se o mundo não fornecer suficientes oportunidades de realização, surge o sofrimento, mas, mesmo quando o ambiente é razoavelmente favorável, haverá distúrbios mentais se houver demasiado conflito interior entre as partes da mente. As doenças neuróticas resultam da frustração do instinto sexual, seja devido a obstáculos externos, seja devido a um desequilíbrio mental interior.

Há um processo mental específico que Freud considerava ter crucial importância na causa de doenças neuróticas: chamava-o de *repressão*. Numa situação de conflito mental extremo, no qual uma pessoa tem a experiência de um impulso instintivo agudamente incompatível com os padrões a que julga dever aderir, é provável que essa pessoa o reprima, ou seja, afaste-o da consciência, fuja dele, finja que ele não existe. A repressão é um dos "mecanismos de defesa" por meio dos quais uma pessoa tenta evitar conflitos interiores. Mas é essencialmente uma fuga, um fingimento, uma retração em relação à realidade, e, como tal, fadada ao fracasso. Porque aquilo que é reprimido não deixa de existir, mas, em vez disso, permanece na porção inconsciente da mente. Ele mantém toda a sua energia instintiva e exerce sua influência ao enviar à consciência um substituto disfarçado de si mesmo – um sintoma neurótico. Assim, as pessoas podem se surpreender agindo de maneiras que, embora admitam ser irracionais, sentem-se compelidas a continuar assumindo sem saber o motivo. Pois, ao reprimir alguma coisa e expulsá-la da consciência, renunciaram ao seu controle efetivo; nem podem livrar-se dos sintomas que essa coisa está causando nem suspender voluntariamente a repressão e trazê-la de volta à consciência.

Como era de esperar de sua abordagem evolucionária do indivíduo, Freud localiza as repressões decisivas no começo da infância e sustenta que são basicamente sexuais. É essencial para a futura saúde mental do adulto que a criança passe com sucesso pelas fases normais do desenvolvimento da sexualidade. Mas isso nem sempre ocorre tranqüilamente, e todo percalço deixa uma predisposição a futuros problemas; as várias formas de perversão sexual podem ser remetidas a uma tal causa. Uma espécie típica de neurose consiste naquilo que Freud chamou de "regressão", o retorno a um dos estágios em que foi obtida a satisfação infantil. Ele chegou mesmo a identificar certos tipos de caráter adulto como "orais" e "anais", referindo-se às etapas da infância em que julgava terem tido origem.

Há bem mais detalhes nas teorias freudianas das neuroses dos quais não podemos tratar aqui, mas ele atribui parte da culpa por essas neuroses ao mundo externo, e temos de observar esse aspecto social de seu diagnóstico. Porque os padrões a que as pessoas julgam dever conformar-se são um dos fatores cruciais nos problemas mentais, e esses padrões são, na visão de Freud, um produto do ambiente social de cada pessoa – primordialmente os pais, mas também toda e qualquer pessoa que tenha exercido influência emocional e autoridade sobre a criança em crescimento. A instilação desses padrões é a essência da educação, tornando as crianças membros da sociedade; na visão de Freud, a civilização requer um certo grau de autocontrole, o sacrifício da satisfação instintiva individual a fim de tornar possíveis as realizações culturais.

Os padrões instilados por toda família ou cultura particular não são automaticamente os "melhores" nem os mais racionais ou os mais proveitosos à felicidade. Há amplas variações entre as pessoas, e pais desajustados levam notoriamente a filhos desajustados. Freud tinha condições de alimentar uma especulação mais abrangente segundo a qual todo o relacionamento entre a sociedade e o indivíduo estava desequilibrado, talvez tornando neurótica toda a nossa vida civilizada. Esse tema veio a dominar seu trabalho ulterior, *O mal-estar na civilização*, mas já nas *Cinco lições de psicanálise*, de 1909, ele havia sugerido que nossos padrões civilizados tornam a vida demasiado difícil para a maioria das pessoas e que não deveríamos negar certo grau de satisfação a nossos impulsos instintivos. Logo, há nos escritos do próprio Freud bases para neofreudianos, como Erich Fromm, que iria diagnosticar nossos problemas atribuindo-os ao menos tanto à sociedade como ao indivíduo.

Prescrição

Freud alimentava a esperança de restaurar um equilíbrio harmonioso entre as partes da mente e, idealmente, sugerir maneiras de aprimorar o ajustamento do indivíduo ao mundo. Este ajustamento poderia envolver programas de reforma social, mas Freud nunca os especificou em detalhes; sua própria prática profissional até o fim da vida foi o tratamento de pacientes neuróticos. Ele foi realista quanto aos limites da influência terapêutica – fez uma famosa descrição da meta da psicanálise como a mera substituição da infelicidade neurótica pela infelicidade comum. (A palavra "psicanálise" se refere ao menos tanto ao método de tratamento de Freud quanto às teorias em que se baseia o tratamento.) É essa terapia que temos de examinar agora.

O método foi desenvolvido gradualmente a partir da descoberta de Breuer de que uma paciente histérica particular poderia ser ajudada pelo simples fato de ser estimulada a *falar* sobre os pensamentos e as fantasias que estavam ocupando sua mente e de que ela aparentemente estaria curada se pudesse ser induzida a se recordar das experiências "traumáticas" que deram origem a seus problemas. Freud começou a usar essa "cura por meio da fala", supondo que as memórias patogênicas de alguma maneira ainda permaneciam na mente da pessoa; pedia aos pacientes que falassem sem inibições, na esperança de poder interpretar as forças inconscientes que estavam por trás daquilo que diziam. Requeria que falassem o que lhes viesse à mente, por mais absurdo ou embaraçoso que fosse (o método da "livre associação"). Mas verificou muitas vezes que o fluxo secava; o paciente alegava que não tinha nada mais a dizer e podia até objetar quanto à continuidade da investigação. Quando ocorria essa "resistência", Freud a entendia como sinal de que a conversação estava se aproximando do complexo reprimido. Julgava que a mente inconsciente do paciente estava de algum modo percebendo isso e tentando evitar que a dolorosa verdade viesse à consciência, assim como alguém que sente dor em alguma parte do corpo pode retraí-la ao ser examinado. Mas, se se conseguisse trazer o material reprimido de volta à consciência, o ego poderia recuperar o domínio perdido sobre o id, e o paciente poderia ser curado da neurose.

Alcançar esse resultado feliz pode exigir um longo processo, envolvendo talvez sessões semanais ao longo de anos. O analista precisa tentar chegar a interpretações corretas sobre os estados mentais inconscientes do paciente e apresentá-las num tal momento e de tal maneira que o paciente possa aceitá-las. Os sonhos oferecem um excelente material para a interpretação, visto que, segundo a teoria de Freud, o conteúdo "manifesto" de um sonho é a realização disfarçada dos desejos inconscientes que constituem seu conteúdo real ou "latente". Os erros e os atos falhos também podem ser interpretados para revelar sua causa inconsciente. Como é de esperar, as interpretações muitas vezes se referem à vida sexual da pessoa, às suas experiências da infância, à sua sexualidade infantil e a seus relacionamentos com os pais. Está claro que tudo isso requer um relacionamento de especial confiança entre paciente e analista, mas Freud descobriu que se desenvolvia bem mais do que isso; na verdade, seus pacientes de modo geral manifestavam certo grau de emoção com relação a ele que poderia ser chamado de amor – ou, por vezes, ódio. Esse fenômeno recebeu de Freud a denominação de "transferência", com base no pressuposto de que a emoção era de algum modo projetada no analista, seja a partir de situações da vida real em que um dia estivera presente, seja a partir das fantasias inconscientes do paciente. Lidar com essa transferência tem crucial importância para o sucesso da terapia, se ela mesma puder ser analisada e se suas fontes puderem ser rastreadas no inconsciente do paciente.

A meta do tratamento psicanalítico pode ser resumida como o autoconhecimento. Aquilo que o neurótico supostamente curado faz com sua nova autocompreensão é uma decisão individual, e várias conseqüências são possíveis. O paciente pode substituir a repressão insalubre de instintos por um controle racional e consciente deles (a supressão em lugar da repressão), pode conseguir desviar os instintos e os desejos para canais aceitáveis (sublimação) ou pode decidir afinal realizá-los. Porém, de acordo com Freud, não é preciso temer que os instintos primitivos assumam o controle do sujeito, uma vez que o seu poder é na verdade *reduzido* quando são trazidos à consciência.

Freud nunca julgou que a psicanálise fosse a resposta para todos os problemas humanos. Quando especulou sobre os problemas da civilização e da sociedade, foi suficientemente realista para se dar conta de sua extrema complexidade e se abster de apresentar algum programa social geral. Mas de fato sugeriu que a psicanálise tinha aplicações bem mais amplas do que apenas o tratamento de pessoas neuróticas. Ele afirmou: "Nossa civilização nos impõe uma pressão quase insuportável", especulando que a psicanálise poderia ajudar a preparar um corretivo. No final de *O mal-estar na civilização*, propôs com cautela uma analogia entre culturas e indivíduos, sugerindo que também as culturas poderiam ser "neuróticas" e necessitadas de alguma espécie de terapia. Mas reconheceu a precariedade da analogia e se recusou a "erguer-se diante dos seus semelhantes como profeta".

Discussão crítica

A posição da psicanálise no mapa intelectual tem sido objeto de disputa desde os seus primórdios. Psicanalistas de orientação freudiana e neofreudiana continuam a atuar, e se desenvolveu uma grande variedade de teorias e métodos psicoterapêuticos não-freudianos. Muitos psicólogos acadêmicos condenaram as teorias de Freud como não-científicas, ou demasiado vagas para ser verificadas, ou não sustentadas por evidências quando as alegações são verificáveis. A terapia psicanalítica tem sido criticada por funcionar mediante o poder da sugestão, mais afim da lavagem cerebral ou da feitiçaria do que da medicina científica. Alguns críticos se detiveram na ortodoxia próxima do culto que tem sido imposta com freqüência pelos institutos de psicanálise e a "doutrinação" pela qual se exige que todos os candidatos a analistas passem ao se submeter eles mesmos à análise. A teoria e a prática da psicanálise chegaram mesmo a ser comparadas a uma fé quase religiosa.

A teoria freudiana tem, é claro, um método prontamente disponível para analisar com desdém as motivações de seus críticos. Qualquer questionamento de sua verdade pode ser considerado por seus defensores como fundado numa resistência inconsciente. Assim, se, como muitas vezes se diz, a teoria freudiana tem um método embutido de explicar de maneira esquiva toda evidência que pareça falseá-la, ela seria então um sistema fechado nos termos do Capítulo 1. E, como a crença na teoria é um pré-requisito para os membros das sociedades de psicanálise, poder-se-ia dizer até que ela é a ideologia desses grupos. Mas temos de examinar a questão mais de perto antes de fazer um juízo a seu respeito.

Temos em primeiro lugar de distinguir duas questões independentes: a verdade das teorias de Freud e a eficácia do tratamento baseado nelas. Naturalmente, quaisquer dúvidas sobre a teoria psicanalítica estendem-se à terapia. Mas, considerando que o método psicanalítico a esta altura já foi amplamente aplicado, devemos ter condições de fazer alguma avaliação de seu sucesso. Isso seria em princípio um teste da teoria, visto que, se as alegações teóricas são válidas, é de esperar que o tratamento seja eficaz. Mas as coisas não são tão simples. Porque compreender as causas de uma condição não confere necessariamente o poder de mudá-la (por exemplo, pode ser impossível desfazer os efeitos de uma infância traumática, por melhor que o terapeuta os compreenda). Em segundo lugar, uma teoria válida poderia ser aplicada ineptamente na prática clínica. Em terceiro lugar, há uma considerável falta de precisão quanto aos parâmetros do que constitui a "cura" da doença neurótica. Quem vai fazer esse julgamento, e com base no quê? Alega-se haver uma taxa de recuperação de dois terços entre pacientes que persistem na terapia psicanalítica. Isso pode soar razoavelmente favorável, mas tem de ser comparado com grupos de controle de casos similares que não tenham recebido nenhum tratamento (ou que foram tratados por outros métodos, como a terapia comportamentalista ou outros tipos, não analíticos, de psicoterapia). A proporção de recuperações espontâneas da neurose também tem sido estimada em cerca de dois terços, de modo que esses números não constituem uma prova evidente de alguma eficácia terapêutica.

No tocante à verdade das teorias, o problema crucial é saber se são verificáveis empiricamente. Freud apresentou suas teorias como hipóteses científicas baseadas em evidências observáveis, e vimos no Capítulo 1 que a verificabilidade por meio da observação é uma condição necessária ao *status* científico. Mas, em relação a algumas das proposições centrais da teoria freudiana, não está claro se são ou como são verificáveis. Ilustremos esse ponto com exemplos extraídos de diferentes níveis da teorização freudiana.

Ao aplicar seu postulado geral do determinismo psíquico, Freud chega a algumas alegações bastante específicas, como a de que todos os sonhos são realizações de desejos, com freqüência de modo disfarçado. Mas, mesmo que aceitemos que os sonhos tenham de ter alguma espécie de causa, não se segue que a causa (ou causas) tenha de ser antes mental do que física (por exemplo, uma reação ao alimento que se ingeriu à noite ou uma necessidade neurofisiológica de algum processo de "limpeza" das informações guardadas no cérebro). E, ainda que a causa seja mental, não se segue que seja inconsciente, nem profundamente significativa; poderia o sonho resultar de uma experiência trivial do dia anterior ou de uma preocupação bem corriqueira com o dia seguinte? Logo, pode a alegação geral de Freud segundo a qual a causa de todo sonho é um desejo (com freqüência inconsciente e com freqüência disfarçado) ser testada? Não há nenhum problema quando se torna plausível uma interpretação nos termos do desejo, estabelecidos independentemente, de alguém que sonha. Mas e se não se chegar a tal interpretação? Um freudiano convicto afirmará que tem de haver um desejo cujo disfarce ainda não foi descoberto. Mas isso tornaria impossível mostrar que um sonho *não* é uma realização disfarçada de um desejo, e arriscaria esvaziar a alegação de qualquer genuíno conteúdo empírico, deixando apenas a sugestão de que sempre temos de *procurar* um desejo relevante. A alegação de Freud só pode ser sustentada se pudermos dispor de provas independentes da existência do desejo e a correta interpretação de seu disfarce. É temerário sustentar que se pode encontrar o disfarce de cada sonho individual. (Surgem dúvidas semelhantes sobre o postulado de causas inconscientes para os erros cotidianos e os lapsos de linguagem.)

Considere-se em seguida o postulado fundamental dos estados mentais inconscientes. Temos de nos perguntar se isso oferece alguma boa explicação acerca do que sabemos sobre os seres humanos. Não podemos descartá-los apenas por não serem observáveis, uma vez que as teorias científicas postulam muitas vezes entidades que não são perceptíveis pelos sentidos – por exemplo, os átomos, os elétrons, os campos magnéticos e as ondas de rádio. Todavia, há nesses casos regras evidentes que vinculam as entidades teóricas com fenômenos observáveis; podemos, por exemplo, inferir a presença ou a ausência de um campo magnético a partir do comportamento visível de uma bússola ou da limalha de ferro. Ao explicar a ação e o comportamento humanos em termos cotidianos, recorremos a crenças, percepções, sensações, desejos e intenções – e nada disso constitui um estado literalmente observável. Algumas das teorizações de Freud vão um pouco além desse tipo cotidiano e relativamente indiscutível de explicação. Sob sugestão hipnótica, os sujeitos podem realizar bem acuradamente ações incomuns ou "tolas" que o hipnotizador lhes solicitou de antemão; se lhes perguntam por que estão fazendo essas coisas absurdas, eles não parecem recordar-se das instruções do hipnotizador e tentam apresentar "racionalizações" bastante infundadas para suas ações. Nesse caso, parece plausível explicar o comportamento (e as racionalizações) dos sujeitos em termos de uma lembrança inconsciente das instruções do hipnotizador. Alguns dos sintomas das pacientes histéricas de Freud convidam a explicações similares. Mas como vamos verificar se essas explicações, embora intuitivamente plausíveis, são de fato verdadeiras?

Sugeriu-se que a psicanálise não é primordialmente um conjunto de hipóteses científicas a ser verificadas empiricamente, mas antes uma maneira de compreender as pessoas, de ver um *significado* em suas ações, erros, brincadeiras, sonhos e sintomas neuróticos. Visto que as pessoas, na qualidade de seres conscientes e racionais, são muito diferentes das entidades estudadas pela química e pela física, por que deveríamos criticar a psicanálise por não atender aos critérios de *status* científico tomados das ciências físicas? Talvez o relato psicanalítico de um sonho ou de um sintoma se assemelhe mais à interpretação de uma obra de arte como um poema ou um quadro, na qual pode haver boas razões, mas de um tipo inconclusivo, para uma variedade de interpretações. Muitas das concepções de Freud podem ser consideradas extensões de nossas maneiras comuns de compreender os outros em termos de conceitos familiares como o amor, o ódio, o medo, a ansiedade, a rivalidade e assim por diante. E os psicanalistas experientes podem ser considerados pessoas que adquiriram uma profunda compreensão intuitiva das fontes da motivação humana e uma capacidade de compreender as multifárias complexidades do modo como funcionam em situações particulares, independentemente das concepções teóricas que adotem.

Tal visão da psicanálise tem recebido apoio filosófico da distinção entre *razões* e *causas*. A explicação científica em termos de causas tem sido muitas vezes contrastada com a explicação das ações humanas em termos de razões – as crenças e os desejos que tornaram racional que o agente fizesse o que fez. (Ver o Capítulo 9 para o que Sartre tem a dizer sobre isso.) E se sugeriu até mesmo que Freud houvesse entendido mal a natureza de suas próprias teorias, ao apresentá-las como portadoras de descobertas científicas sobre as causas do comportamento humano. Mas a agudeza dessa dicotomia tem sido questionada por aqueles que alegam que crenças e desejos conscientes podem agir como razões *e* como causas, e que, portanto, crenças e desejos *inconscientes* também podem fazer esse duplo papel. Há aqui profundas interrogações filosóficas sobre até que ponto os métodos da investigação e da explicação científicas são aplicáveis a crenças e ações humanas, mas não as posso abordar aqui (aponto-as novamente no Capítulo 12).

Mesmo que aceitemos que os estados mentais inconscientes explicam a hipnose e certos tipos de neurose, o sucesso nesses casos sobremodo especiais está longe de comprovar toda a teorização de Freud. O problema que afeta muitos estados inconscientes freudianos é a obscuridade dos critérios para inferir sua presença ou ausência em qualquer pessoa particular (como na discussão dos sonhos). Se colecionar selos for considerado sinal de "retenção anal" inconsciente, como se poderá provar que tal característica inconsciente *não* está presente em alguém? Freud apresentou teorias bastante gerais que vão bem além de nossas explicações cotidianas em termos de razões. Em especial recorreu ao conceito de repressão como um processo postulado de jogar idéias mentais no inconsciente e mantê-las ali à força. Aqui ele corre o risco de falar de pessoas dentro das pessoas, de "homúnculos" interiores dotados de conhecimentos e propósitos próprios. O que exatamente realiza o ato de repressão e como sabe que itens selecionar para reprimir? Como veremos no Capítulo 9, Sartre faz uma crítica justamente sobre isso.

A teoria dos instintos ou pulsões é particularmente obscura quanto ao seu *status*, como o sugerem as vacilações sobre o assunto. Pode-se descrever como instintiva toda forma de comportamento que não seja aprendida no curso da vida do indivíduo (embora possa ser muitas vezes difícil *mostrar* que não foi aprendida de alguma maneira). Mas ganha-se algo em remeter o comportamento instintivo a *um* instinto como sua causa? Se se afirma que há *alguns* instintos básicos, como decidir quais são básicos, e como distingui-los e contá-los? Se se alega que a pulsão sexual está por trás de comportamentos que à primeira vista não reconhecemos como sexuais – a criação artística ou a busca do poder político, por exemplo –, como decidir quem está certo nesse caso? Surge uma questão semelhante quando se apresenta um instinto agressivo ou de "morte" para explicar a depressão e o comportamento autodestrutivo. Pode determinada evidência estabelecer se alguma das principais teorias freudianas dos instintos está certa em oposição a, digamos, uma teoria adleriana de um instinto básico de auto-afirmação ou de uma teoria junguiana da necessidade instintiva de Deus? Há aqui problemas conceituais de definição, bem como a necessidade de testes perceptíveis para fatores inobserváveis postulados.

O relato que Freud apresenta dos instintos ou pulsões parece indevidamente reducionista e fisiológico: "O que querem então esses instintos? Satisfação – isto é, o estabelecimento de situações nas quais as necessidades corporais possam ser aplacadas. Uma redução da tensão da necessidade é sentida pelo nosso órgão da consciência como agradável, e um aumento da tensão da necessidade é logo sentido como um desprazer." Obviamente, Freud tinha em mente aqui a sexualidade, talvez sobretudo o orgasmo *masculino* – embora suas palavras sobre a satisfação prazerosa de necessidades corporais também possam ser aplicadas a comer e beber. Mas é remotamente plausível dizer que *todo* comportamento humano é movido, direta ou indiretamente, por necessidades corporais de curto prazo? Isso não se aplica nem mesmo a muitos animais. Considere-se o comportamento parental. Muitas criaturas gastam uma energia tremenda na alimentação e na defesa de seus filhos, e parece que esse comportamento é instintivo, mas movido por algo distinto daquilo que impele à cópula. Os seres humanos também demonstram (ainda que de modo imperfeito) um comportamento parental que tem por certo um componente biológico instintivo. Considere-se também nossa necessidade de trabalhar, de tentar fazer alguma coisa difícil que sirva a algum fim significativo. Se nossos desejos de alimento e sexo são copiosamente atendidos porém já não há nada mais a fazer, ficamos logo entediados. Veremos no Capítulo 11 como Lorenz alterou as teorias das pulsões ou instintos.

A abordagem evolucionária do caráter humano e a teoria das fases do desenvolvimento sexual infantil são verificadas bem mais facilmente por meio da observação. Nessa área, algumas das proposições de Freud parecem confirmadas pelas provas; outras não são claramente comprovadas, ao passo que outras são bem difíceis de verificar. A *existência* do que Freud chamava de caracteres oral e anal tem sido confirmada pela descoberta de que certos traços de caráter (por exemplo, a parcimônia, a ordem e a obstinação – os traços anais) de fato tendem a vir juntos. Mas a alegação de que esses tipos de caráter *advêm* de certos procedimentos na educação dos filhos não tem sido tão bem comprovada. Há dificuldades práticas no estabelecimento de correlações entre experiência infantil e caráter adulto, de modo que é difícil refutar a teoria de modo decisivo. Outras teorias psicossexuais de Freud apresentam dificuldades conceituais no tocante à sua verificabilidade. Como, por exemplo, verificar se os bebês obtêm prazer caracteristicamente *erótico* do ato de sugar?

As alegações de Freud sobre a sexualidade infantil obviamente requerem uma investigação muitíssimo cuidadosa, tendo em vista a sua notória mudança de opinião, primeiro aceitando as histórias de abuso infantil dos seus pacientes e depois concluindo que essas lembranças ostensivas deviam-se em larga medida à fantasia.

Esse tratamento de alguns exemplos sugere sérias dúvidas acerca do *status* científico de algumas das principais asserções teóricas de Freud. Algumas parecem não verificáveis devido a obscuridades conceituais, e, entre as que *podem* ser verificadas, só algumas obtiveram apoio empírico. Mesmo hoje não há como emitir um veredicto não ambíguo sobre as teorias de Freud como um todo. Seu gênio imaginativo na sugestão de novas hipóteses psicológicas é inegável. Freud também era dotado de consideráveis talentos literários, e podemos nos deixar enlevar pelo estilo primoroso de sua prosa. Mas qualquer que seja o grau de influência e de persuasão do pensamento e da escrita de alguém, nunca devemos nos furtar à tarefa da avaliação crítica. Freud escreveu tanto, sobre assuntos de tamanha importância humana, que seu deslindamento crítico ainda vai nos ocupar por muitos anos.

Sugestões de leitura

Um excelente ponto de partida para a leitura do próprio Freud é "Cinco lições de psicanálise", reproduzido em *Two Short Accounts of Psycho-Analysis*, Londres, Penguin, 1962[6], e *A General Selection from the Works of Sigmund Freud*, org. J. Rickman, Nova York, Doubleday Anchor, 1957. Há também o se-

---

6. Ver em português a seleção de textos de Freud em *Freud* (Os Pensadores), São Paulo, Abril Cultural, 1978. (N. do T.)

gundo "relato curto" de Freud, "A questão da análise leiga", que introduz a teoria ulterior do id, do ego e do superego. Uma exploração mais aprofundada do pensamento de Freud pode continuar com suas *Introductory Lectures on Psycho-Analysis* [Introdução à psicanálise], de 1915-17, reproduzida na Pelican Freud Library.

Para um breve panorama da obra de Freud, ver Anthony Storr, *Freud*, Oxford, Oxford University Press, 1989, da série Past Masters. Richard Wollheim, *Freud*, Londres, Fontana, 1971, da série Modern Masters, proporciona uma introdução escrita por um filósofo freudiano.

Os estudos biográficos começam com o clássico *The Life and Work of Sigmund Freud*, de Ernest Jones, em três volumes, apesar de seu tom de culto ao herói, versão resumida por L. Trilling e S. Marcus. Londres, Penguin, 1964; Nova York, Basic Books, 1961. Entre muitos livros recentes estão Frank J. Sulloway, *Freud: Biologist of the Mind*, Nova York, Basic Books, 1979; Londres, Fontana, 1980, e o polêmico estudo de Jeffey Masson, *The Assault on Truth: Freud's Supression of the Seduction Theory*, Nova York, Farrar, Straus & Giroux, 1987, que questiona a integridade de Freud.

Entre muitas avaliações gerais da obra de Freud, B. A. Farrell, *The Standing of Psycho-Analysis*, Oxford, Oxford University Press, 1981, faz um levantamento claro e equilibrado, e R. Webster, *Why Freud Was Wrong: Sin, Science and Psycho-Analysis*, Londres, Harper, Collins, 1995 apresenta uma concepção mais hostil em comparação com obras recentes.

Para um panorama da teoria psicanalítica pós-freudiana, ver Morris E. Eagle, *Recent Developments in Psychoanalysis: A Critical Evaluation*, Nova York, McGraw-Hill, 1984.

Para a discussão de questões filosóficas evocadas pela teorização de Freud, ver R. Wollheim e J. Hopkins, orgs., *Philosophical Essays on Freud*, Cambridge, Cambridge University Press, 1982.

9. SARTRE: A LIBERDADE RADICAL

Ao passar de Freud a Sartre, deixamos a biologia, a medicina e a psicopatologia e nos dirigimos para um sistema filosófico acadêmico que Sartre também exprimiu em romances e peças de teatro e aplicou a questões sociais e políticas. Não obstante, há uma preocupação comum com a natureza da mente e da consciência humana, bem como com os problemas do indivíduo humano. Para compreender Sartre, é útil antes de tudo situá-lo no contexto do desenvolvimento histórico do pensamento existencialista.

Muitos escritores, filósofos e teólogos diferentes têm sido considerados "existencialistas". Na medida em que se pode discernir algum núcleo comum, há três preocupações principais que são centrais ao existencialismo. A primeira vincula-se a seres humanos *individuais*. Os existencialistas pensam que as pretensas teorias gerais sobre a natureza humana deixam de fora precisamente o mais importante – a peculiaridade de cada indivíduo e sua situação de vida. Há em segundo lugar a preocupação com o *significado* ou o propósito das vidas humanas, e não com verdades científicas ou metafísicas, ainda que estas tratem dos seres humanos. A experiência interior ou "subjetiva" é considerada mais importante do que a verdade "objetiva". Em terceiro, há uma forte ênfase na *liberdade* dos seres humanos, na capacidade que tem cada pessoa de escolher suas próprias atitudes, propósitos, valores e ações. Os existencialistas, além de sustentar que isso é verdade, tentam persuadir as pessoas a agir tendo-o como base, exercer sua liberdade e ter consciência de que estão fazendo isso. Na concepção existencialista típica, o único modo de vida realmente admirável, "autêntico", é aquele que cada pessoa escolhe livremente.

Esse núcleo comum do existencialismo pode ser encontrado numa ampla variedade de contextos. Ele se exprime naturalmente em descrições dos detalhes concretos de personagens e situações particulares, seja na vida real ou na literatura de ficção. É também característico de relatos religiosos da condição humana que não se limitem a enunciar proposições metafísicas, mas as apresentem como tendo importância vital para vidas humanas individuais; busca-se a resposta livre de cada pessoa. Mas só pode contar como *filósofo* existencialista alguém que ofereça uma análise geral da condição humana. As filosofias existencialistas assumem várias formas, sendo a divisão mais radical entre elas a que separa as religiosas das atéias.

O pensador cristão dinamarquês Søren Kierkegaard (1813-55) é de modo geral reconhecido como o primeiro existencialista moderno, embora haja naturalmente uma dimensão existencialista na maior parte do pensamento cristão, notadamente em São Paulo, Santo Agostinho e Pascal. Tal como seu contemporâneo Karl Marx, Kierkegaard reagiu à filosofia de Hegel, mas de uma maneira bem distinta daquele. Ele rejeitou o sistema teórico abstrato hegeliano, comparando-o a uma vasta mansão em que na verdade ninguém vive, e sustentou a suprema importância do indivíduo e de suas escolhas de vida. Kierkegaard distinguiu três modos básicos de vida, que denominou estético, ético e religioso, e exigia que as pessoas escolhessem entre eles. Sustentava que o modo religioso (mais especificamente, cristão) era o "mais elevado", embora só pudesse ser alcançado por meio de um "salto nos braços de Deus" livre e não-racional.

O outro grande existencialista do século XIX foi um ateu militante. O escritor alemão Friedrich Nietzsche (1844-1900) alegava que, como "Deus está morto" (ou seja, como as ilusões da crença religiosa tinham sido desveladas), temos de repensar todo o fundamento de nossa vida e descobrir nosso sentido e nosso propósito apenas em termos humanos. Nisso ele tinha muito em comum com seu compatriota anterior Feuerbach, cujo ateísmo humanista mencionamos ao apresentar Marx. O que há de mais característico em Nietzsche é sua ênfase em nossa radical e inegociável liberdade de alterar a base de nossos valores. Tal como ocorre em outros pensadores existencialistas, há uma tensão entre uma tese "relativista" segundo a qual não há bases objetivas para valorizar um modo de vida mais do que outro e o que parece ser a recomendação de uma escolha particular. No caso de Nietzsche, isso é sugerido por sua concepção do "Super-homem", que rejeita nossos atuais valores humildes de base religiosa e os substitui pela "vontade de poder" (expressão que, à luz da história subseqüente, assumiu conotações sinistras).

Também no século XX havia entre os existencialistas tanto fiéis religiosos como ateus, mas o existencialismo foi por certo uma grande força na teologia. A filosofia existencialista tem se concentrado na Europa continental e tem tido menos influência em países de fala inglesa. Embora influenciada parcialmente por Kierkegaard e Nietzsche, tornou-se nas mãos de Heiddeger e de Sartre um estilo de filosofar mais acadêmico e, na verdade, dominado pelo jargão. Uma das principais influências por trás disso é a "fenomenologia": o filósofo alemão Husserl esperava encontrar um novo ponto de partida para a filosofia, descrevendo não tanto o mundo objetivo, mas os "fenômenos" como dados na experiência humana.

Essa preocupação com o subjetivo, com a maneira pela qual as coisas se apresentam à consciência humana, mais do que com a verdade científica acerca do mundo físico, é característica dos filósofos existencialistas do século XX. O mais influente e original deles é sem dúvida Martin Heidegger (1889-1976), cuja grande obra inicial, *Ser e tempo*, apareceu em 1927. A linguagem de Heidegger é estranha e difícil: ao rejeitar os problemas e conceitos da metafísica tradicional, ele inventa neologismos hifenizados na língua alemã para tentar exprimir suas descobertas muito próprias. Tem uma preocupação existencial central com o "Ser" e o significado da existência humana e com a possibilidade de uma vida "autêntica" alcançada por meio do enfrentamento da situação real de cada pessoa no mundo e, de modo particular, da inevitabilidade da própria morte. "Ser" nos escritos de Heidegger começa a soar bem parecido com Deus, ou ao menos com um substituto impessoal do Deus bíblico – uma realidade última de que podemos tomar consciência se observarmos de maneira correta (em experiências quase místicas) e que pode ser expressa na poesia e na música, mas não pode ser adequadamente formulada em asserções científicas ou filosóficas.

A vida e a obra de Sartre

O mais famoso existencialista francês é Jean-Paul Sartre (1905-1980). A filosofia de Sartre deve muito a Heidegger, mas seus escritos (ao menos em parte) são bem mais acessíveis. Numa brilhante carreira acadêmica, Sartre absorveu, ao lado de muito mais coisas, o pensamento dos grandes filósofos europeus, especialmente Hegel, Husserl e Heidegger. Muitas das obscuridades de sua filosofia remontam à influência desses três autores de pesadas abstrações alemãs. Podem-se detectar temas da fenomenologia de Husserl nos primeiros livros de Sartre – o notável romance filosófico *A náusea*, de 1938, e seus quatro estudos curtos de temas psicológicos, *A transcendência do ego* (1936-37), *A imaginação* (1936), *Esboço de uma teoria das emoções* (1939) e *A psicologia da imaginação* (1940). Sua obra central, que expõe longamente sua filosofia da existência humana, é o celebrado *O ser e o nada*, escrito quando ele era prisioneiro de guerra e publicado em 1943.

Durante a Segunda Guerra Mundial, Sartre foi simpático à Resistência Francesa à ocupação nazista, e parte da atmosfera da época pode ser encontrada em sua obra. A escolha que todos os franceses e francesas tinham diante de si – a colaboração com os alemães, a resistência ou uma tranqüila autopreservação – era um exemplo bem óbvio daquilo que os existencialistas vêem como a necessidade sempre presente da escolha individual. Esses temas se exprimem na trilogia de romances de Sartre, *Os subterrâneos da liberdade*, e em suas peças teatrais, como *Entre quatro paredes* e *As moscas*. Sartre apresentou um curto e estiloso relato do existencialismo ateu em *O existencialismo é um humanismo*, palestra proferida, com muita aclamação pública, em Paris, depois de a cidade ter sido libertada dos alemães em 1945, mas o tratamento ali é mais popular, não fornece uma visão adequada de seu pensamento.

Sartre tornou-se um intelectual francês bastante conhecido publicamente durante toda a sua vida. Com o passar do tempo, modificou a abordagem bastante individualista de seus primeiros escritos e deu bem mais atenção a realidades sociais, econômicas e políticas. Veio a esposar uma forma de marxismo, que descreveu como "a filosofia incontornável de nosso tempo", embora precisasse ser refertilizada pelo existencialismo. Essa mudança é expressa em seu livro *Questão de método* (1957) e em sua segunda obscura *magnum opus*[7] *Crítica da razão dialética* (1960). Era politicamente ativo na esquerda e participou por alguns anos do Partido Comunista, do qual no entanto saiu na época da Revolução Húngara de 1956. Foi a favor da luta de libertação da Argélia do domínio francês e se opôs à guerra norte-americana no Vietnã. Perto do final da vida, aplicou seu método de "psicanálise existencial" a grandes biografias dos escritores franceses Baudelaire e Flaubert. Não vou tentar lidar com desenvolvimentos ulteriores do pensamento de Sartre neste capítulo; examino apenas a filosofia existencialista de *O ser e o nada* (e de outras obras iniciais), fazendo referências às páginas da tradução inglesa.

O ser e o nada, convém alertar o leitor, é provavelmente o texto de mais difícil leitura entre os citados neste livro. Não se trata apenas de uma questão de extensão e de repetição, mas de um deleite preciosista pelo termo técnico, pelas designações abstratas, pela metáfora ardi-

---

7. Em latim no original: "obra-prima". (N. do T.)

losa e pelo paradoxo irresolvido. A influência de Hegel, Husserl e Heidegger pode explicar mas dificilmente desculpar isso. Fica-se de fato a imaginar por que Sartre não poderia ter dito o que tinha a dizer com mais clareza e com muito mais brevidade. Ele tinha um talento extraordinariamente presunçoso para verter verborragia filosófica no papel (em geral nos cafés, altas horas da noite, conta a história), mas não parece ter sido tão bom em autocrítica e revisão editorial (diz a lenda que seus escritos iam da mesa do café diretamente para a gráfica). Isso é ainda mais espantoso quando se encontram passagens de relativa lucidez e argúcia no interior do conglomerado verborrágico. Mas o leitor que se esforçar por compreendê-lo vai começar a descobrir uma concepção da natureza humana que traz um certo fascínio arrebatador.

Teoria do universo

Sartre tem muitas coisas obscuras a dizer sobre a natureza do "ser" ou da existência, mas, para nossos propósitos introdutórios, a asserção metafísica mais importante é sua negação da existência de Deus. Embora fortemente influenciado por *Ser e tempo* de Heidegger, *O ser e o nada* de Sartre não assimila a dimensão quase mística ou religiosa do "Ser" do filósofo alemão. (Contudo, uma publicação póstuma de Sartre, *Verdade e existência*, permanece um pouco mais próxima do espírito heideggeriano.)

Sartre alega que a própria idéia de Deus é contraditória em si mesma (*O ser e o nada*, p. 615) e não argumenta muito mais a respeito do assunto. Parece preocupado principalmente em considerar as conseqüências da inexistência de Deus para o significado de nossa vida. Como

Nietzsche, sustenta que a ausência de Deus é da maior importância para as vidas humanas; o ateu não difere do fiel religioso apenas no tocante a uma questão metafísica, mas tem de sustentar uma concepção profundamente distinta da existência humana. Se Deus não existe, tudo é permitido (como disse certa vez Dostoiévski). Na visão de Sartre, não há valores objetivos transcendentes estabelecidos para nós, nem leis de Deus nem Formas platônicas. Não há sentido ou propósito último inerente à nossa existência; quanto a isso, a vida é "absurda". Estamos "desamparados" ou "abandonados" neste mundo, e não há um Pai celestial que nos diga o que fazer e que nos ajude a fazê-lo; como pessoas maduras, temos de decidir por nós mesmos e cuidar de nós mesmos. Sartre insiste repetidamente que o único fundamento dos valores reside em nosso próprio ser, em nossa liberdade humana de escolha, e que não pode haver uma justificativa externa ou objetiva para os valores, as ações e o modo de vida que alguém opta por adotar (p. 38).

Teoria da natureza humana

Num certo sentido, Sartre negaria que exista uma "natureza humana" para que existam teorias verdadeiras ou falsas sobre ela. Trata-se de uma rejeição tipicamente existencialista de asserções gerais acerca dos seres humanos e das vidas humanas. Sartre o exprimiu na fórmula "a existência do homem precede sua essência" (pp. 438-9). Ele queria dizer com isso que não dispomos de uma natureza "essencial" e não fomos criados para nenhum propósito particular, seja por Deus, pela evolução ou por qualquer outra coisa; vemo-nos simplesmente existindo sem que tenhamos optado por isso e temos de *decidir* o que fazer de nós mesmos – cada qual tem de criar sua própria "essência". Dificilmente Sartre pode negar a existência de certos universais humanos – por exemplo, a necessidade de comer para sobreviver, a fisiologia de nosso metabolismo e a força de nossos impulsos sexuais. É evidente que há algumas verdades científicas a respeito de nós, embora, como observamos ao discutir Marx, haja espaço para profundos debates acerca do que conta como fatos puramente biológicos sobre a natureza humana. Sartre pretende dizer, ao que parece, que não há verdades gerais acerca do que os seres humanos *querem* ser ou *devem* ser.

Mas, como filósofo existencialista, Sartre tem de fazer *algumas* afirmações gerais acerca da natureza humana e da condição humana. Sua asserção central é a da liberdade dos seres humanos. Estamos "condenados a ser livres"; não há limite para a nossa liberdade, afora o fato de que não podemos deixar de ser livres (p. 439). Examinemos como ele chega a essa conclusão por meio de uma análise da noção de consciência. Ele parte da distinção radical entre consciência ou "realidade humana" (*l'être-pour-soi*, o ser-para-si) e coisas inanimadas e não conscientes (*l'être-en-soi*, o ser-em-si; p. xxxix). Esse dualismo básico decorre da verdade necessária de que a consciência é "intencional" no sentido que o filósofo austríaco Franz Brentano, um dos precursores da fenomenologia, tornou famoso. A consciência sempre tem um objeto: quando temos consciência, temos consciência *de* alguma coisa que concebemos como distinta de nós mesmos (p. xxxvii). (Mesmo que se esteja errado ou em dúvida num caso particular, como o estava Macbeth com respeito ao punhal ilusório, pensa-se em algo que *existiria*, caso existisse, independentemente do ser de cada um.) Logo, para Sartre, toda consciência é consciência do mundo, ou pelo menos de algo concebido como existindo no mundo – e implica o que se chama de consciência "posicional" ou "tética".

O aspecto seguinte a considerar é o vínculo que Sartre aponta entre a consciência e o misterioso conceito de "nada" que aparece no título de seu livro. Evito aqui qualquer tentativa de mapear a origem desse conceito na filosofia precedente e vejo em vez disso que pontos inteligíveis a seu respeito podemos interpretar a partir de Sartre. Observamos que a consciência é sempre consciência de alguma coisa que não é ela mesma; Sartre sustenta que ela sempre percebe também a si mesma (pp. xxix, 74-5), de modo que se distingue de seus objetos: o sujeito percebe de maneira *não*-reflexiva (não-tética) que o objeto *não* é o sujeito. Um juízo sobre o mundo pode ser negativo ou positivo; podemos reconhecer e afirmar o que *não* é o caso, como quando procuro meu amigo no café onde combinamos nos encontrar e digo "Pierre não está aqui" (pp. 9-10). Se fazemos uma pergunta, temos de compreender a possibilidade de que a resposta seja "Não" (p. 5). Os seres conscientes que podem pensar e dizer o que é o caso podem igualmente bem conceber aquilo que *não* é o caso e até crer nisso (trata-se de um aspecto cujas profundas implicações ocuparam o pensamento de muitos outros filósofos, de Platão a Wittgenstein).

Sartre se deixa levar por certos desnorteantes jogos verbais com seu conceito de nada, em frases paradoxais como "a existência objetiva de um não-ser" (p. 5), que talvez signifique que há asserções negativas verdadeiras. E adora ditos metafóricos obscuros como "O nada se acha enrodilhado ao redor do coração do ser – como um verme" (p. 21). Mas o papel crucial do nada em Sartre parece ser a criação de um vínculo conceitual entre a consciência e a liberdade. Porque a capacidade de conceber o que não é o caso envolve a liberdade de imaginar outras possibilidades (pp. 24-5), bem como a liberdade de fazer com que estas se realizem (pp. 433 ss.). Nunca se pode chegar a um estado em que não restem possibilidades imagináveis ou não-realizadas, visto que, seja qual for a situação em que nos encontramos, sempre podemos conceber que ela seja de outra maneira no futuro. O desejo envolve o reconhecimento da *falta* de alguma coisa (p. 87), o mesmo ocorrendo com a ação intencional (p. 433), uma vez que só posso tentar efetuar uma mudança no mundo se acredito que aquilo que pretendo fazer ser o caso ainda não é o caso. Logo, o poder mental da negação é então o mesmo que a liberdade – tanto a liberdade da mente (de imaginar possibilidades) como a da ação (de tentar efetivar essas possibilidades). A condição de ser consciente consiste em estar continuamente diante de escolhas quanto àquilo no que crer e fazer. Ser consciente é ser livre.

Observe-se que essa proposição de Sartre contradiz frontalmente duas de Freud. É incompatível com a crença freudiana no completo determinismo psíquico (pp. 458 ss). Mas também entra em conflito com o postulado dos estados mentais inconscientes, já que Sartre sustenta que a consciência é necessariamente transparente a si mesma (pp. 49 ss.). Exploro um pouco mais essa diferença adiante.

Na opinião de Sartre, todos os aspectos de nossa vida são de algum modo de nossa escolha e, em última análise, de nossa responsabilidade. Costuma-se pensar as emoções como fora do controle da vontade, mas Sartre sustenta que, se estou triste, isso se deve tão-somente ao fato de que optei por ficar triste (p. 61). Sua concepção, exposta mais plenamente em seu *Esboço de uma teoria das emoções*, é que as emoções não são apenas estados de espírito que "nos sobrevêm", mas maneiras de apreender o mundo. O que distingue as emoções de outras maneiras de ter consciência das coisas é o fato de elas implicarem a tentativa de transformar magicamente o mundo – quando não se pode alcançar o cacho de uvas, desistimos dele dizendo que elas "estão verdes", atribuindo-lhes essa qualidade, ainda que se saiba muito bem que sua madureza independe de serem ou não alcançáveis. Desse modo, somos *responsáveis* por nossas emoções; há modos pelos quais escolhemos reagir ao mundo (p. 445). Somos igualmente responsáveis por traços mais duradouros de nosso caráter. Não podemos simplesmente afirmar "sou tímido" como se isso fosse um fato fisiológico imutável a nosso respeito, como "sou negro", já que nossa timidez é nossa maneira de nos comportar na companhia dos outros, e já que podemos optar por outro comportamento. Mesmo dizer "sou feio" ou "sou estúpido" não é afirmar um fato já existente, mas antecipar a reação das pessoas diante de mim no futuro, algo que só pode ser verificado por meio da experiência real (p. 459).

Logo, mesmo que muitas vezes não nos demos conta disso, nossa liberdade e nossa responsabilidade abrangem tudo o que pensamos, sentimos e fazemos. Há, porém, ocasiões em que essa liberdade radical se manifesta claramente em nós. Em momentos de tentação ou de indecisão – por exemplo, quando o homem que resolveu parar de jogar se vê diante das mesas de jogo mais uma vez –, damo-nos conta, de modo doloroso, de que nenhuma motivação ou resolução passada, por mais forte que seja, determina o que se vai fazer *em seguida* (p. 33). Cada momento requer uma escolha nova ou renovada. Seguindo Kierkegaard e Heidegger, Sartre usa o termo "angústia" para descrever essa consciência de nossa própria liberdade (pp. 29, 464). A angústia não é o medo de um objeto externo, mas a consciência da imprevisibilidade última de nosso próprio comportamento. O soldado teme ser ferido ou morrer, mas sente angústia quando imagina se vai poder "resistir" na batalha vindoura. A pessoa que caminha por um penhasco perigoso no alto da montanha teme cair, mas sente angústia por saber que nada pode impedi-la de se jogar no abismo (pp. 29-32).

Diagnóstico

A angústia, a consciência de nossa liberdade, é dolorosa, e sintomaticamente tentamos evitá-la (p. 40). Sartre julga que gostaríamos de chegar a um estado em que não haja opções a escolher, em que simplesmente "coincidimos conosco" como objetos inanimados (*être-en-soi*), em vez de seres conscientes. Trata-se porém de uma fuga ilusória, porque é uma verdade necessária que somos seres conscientes (*être-pour-soi*) e, por conseguinte, livres. Eis o diagnóstico metafísico que Sartre faz da condição humana. Disso decorre sua descrição da vida humana como "uma consciência infeliz sem possibilidades de superar seu estado de infelicidade" (p. 90), como "uma paixão inútil" (p. 615).

Um conceito crucial do diagnóstico de Sartre é o de "má-fé" (*mauvaise foi*, por vezes traduzido como "autoengano"). A má-fé é a tentativa de escapar à angústia pensando que nossas atitudes e ações são determinadas por nossa situação, nosso caráter, nosso relacionamento com os outros ou nosso papel social – por qualquer coisa que não sejam nossas próprias opções. Sartre crê que a má-fé é característica de boa parte da vida humana; ela não se restringe a quem filosofa (p. 556).

Ele dá dois exemplos famosos de má-fé, um e outro cenas dos cafés parisienses, que eram seu ambiente favorito (pp. 55-60). Retrata uma jovem sentada ao lado de um homem que – ela tem todos os motivos para suspeitar disso – está tentando seduzi-la. Mas, quando o homem pega a sua mão, a jovem tenta esquivar-se da necessidade de decidir se aceita ou repele as investidas dele fingindo que não percebeu: ela mantém a conversa intelectual enquanto deixa a mão na dele como se não se desse conta de que ele a segura. Na interpretação de Sartre, ela está numa situação de má-fé, porque de algum modo finge – não apenas para seu acompanhante, mas *para si mesma* – que pode distinguir-se de suas ações ou posturas corporais, que sua mão é um objeto passivo, uma mera coisa, enquanto ela é, obviamente, um ser corporificado consciente que sabe o que está acontecendo e é responsável por suas ações ou pela ausência delas.

O segundo exemplo diz respeito ao garçom do café que faz seu trabalho de maneira um tanto exagerada; seus movimentos com as bandejas e as xícaras são cheios de floreios e hiperdramáticos; ele está evidentemente "representando o papel" de garçom. Se há aí alguma má-fé (e pode ser que não haja), ela reside em sua completa identificação com esse papel, julgando que este determina todas as suas ações e atitudes, quando a verdade é que ele optou por esse emprego e é livre para desistir dele quando bem quiser, mesmo ao preço do desemprego. Ele não é *essencialmente* garçom, dado que ninguém é essencialmente coisa alguma. "O garçom não pode ser imediatamente um garçom de café no mesmo sentido que um tinteiro *é* um tinteiro"; "é necessário que nós mesmos façamos o que nós somos" (p. 59). Tudo o que fazemos, todo papel que representamos, e mesmo (Sartre quer dizer) toda emoção que sentimos ou todo valor que respeitamos (pp. 38, 627) só se mantêm em existência graças à nossa decisão constantemente reiterada.

Sartre rejeita enfaticamente toda explicação da má-fé em termos de estados mentais inconscientes (pp. 50-4). Um freudiano poderia tentar descrever os casos acima como exemplos de repressão no inconsciente – poder-se-ia dizer que a jovem estava reprimindo o conhecimento de que seu acompanhante lhe fazia uma investida sexual; o garçom poderia estar reprimindo o conhecimento de que é um agente livre não obrigado a continuar agindo como garçom por mais tempo do que decidir agir assim. Mas Sartre aponta para uma aparente autocontradição na própria idéia de repressão. Temos de atribuir o ato ou processo de reprimir a algum elemento no interior da mente ("o censor"); mas esse censor tem de ser capaz de fazer distinções entre o que reprimir e o que manter na consciência, de modo que tem de ter consciência da idéia reprimida, mas supostamente para *não* ter consciência dela. Sartre conclui que o próprio censor está numa situação de má-fé e que não chegamos a uma explicação de como a má-fé é possível ao localizá-la numa parte da mente, e não na pessoa como um todo (pp. 52-3).

Sartre alega ainda que aquilo que chama de "boa-fé" ou "sinceridade" também apresenta um problema conceitual. Porque tão logo alguém se descreve de alguma maneira (por exemplo, "sou garçom", "sou tímido", "sou gay"), nesse mesmo ato está envolvida uma distinção entre o eu que descreve e o eu descrito. O ideal da sinceridade completa parece fadado ao fracasso (p. 62), porque nunca podemos ser meros objetos a ser observados e descritos: assim, a tentativa de alcançar a sinceridade se torna apenas outra forma de má-fé. O exemplo de Sartre é de alguém que tem um claro registro de atividades homossexuais, mas resiste a descrever-se como homossexual (p. 63). Seu amigo, "um defensor da sinceridade", exige que ele se reconheça como homossexual. Mas Sartre assinala que ninguém *é* simplesmente gay da mesma maneira que uma mesa é uma mesa ou uma pessoa é ruiva (mesmo que pensemos que as *inclinações* homossexuais de uma pessoa estejam na mesma categoria do ser ruivo, a alegação de Sartre se refere a *ações*). Se fosse admitir reflexivamente que é gay, e dizer com isso que não pode interromper suas atividades homossexuais, a pessoa que o fizesse estaria numa condição de má-fé – e o mesmo aconteceria com todo "defensor da sinceridade" que exigisse uma tal admissão (p. 63). Temos aqui outro tipo de má-fé, que consiste em não admitir a liberdade de se agir de maneira distinta daquela como se age.

Sartre toca aqui nas profundas dificuldades do autoconhecimento, aquilo que outros chamaram de "a inapreensibilidade sistemática do eu". Mas a sua exposição ameaça tornar essas questões ainda mais confusas e complicadas do que são, visto que ele exibe um gosto extraordinário pela fórmula paradoxal segundo a qual "a realidade humana tem de ser o que não é e não ser o que é" (por exemplo, pp. xli, 67). Trata-se naturalmente de uma contradição, de modo que não podemos tomá-la em termos literais. Mas Sartre recorre com demasiada facilidade a declarações paradoxais como essas, parecendo em conseqüência furtar-se à difícil tarefa de explicar clara e coerentemente o que há no conceito de consciência que gera a possibilidade da má-fé. (Ele repetiu seu lema, "a consciência é aquilo que não é e não aquilo que é" com a intenção deliberada de enfurecer os filósofos? Ou induziu-se erroneamente a pensar que por meio dessa fórmula encantatória tinha atingido alguma iluminação?) Sugiro que a tomemos como uma abreviação enganosa de "a realidade humana não é *necessariamente* aquilo que é, mas tem de ser *capaz* de ser o que não é" (que é minha paráfrase do modo como ele o diz na p. 58). O ponto vital é que somos sempre livres para *tentar* ser diferentes daquilo que somos no momento.

Permanece o problema de explicar como é possível a má-fé. Sartre pode ter algo a oferecer quando distingue a consciência reflexiva (posicional, tética) e a consciência pré-reflexiva (não-posicional, não-tética). Essa distinção desempenha um papel não muito bem assinalado porém aparentemente fundamental em sua análise. Como observamos, ele diz que toda consciência é consciência "posicional" de algum objeto considerado distinto do sujeito. Contudo, acrescenta ele, "a condição necessária e suficiente para que uma consciência cognoscente seja o conhecimento de seus objetos é que ela seja consciência de si mesma como sendo esse conhecimento" (p. xxvii). Ele rejeita a sugestão de que isso implique "saber é saber que se sabe", que teria como decorrência a idéia de que toda consciência implica a consciência *reflexiva* de si mesma. E sugere em vez disso que "toda consciência posicional de um objeto é ao mesmo tempo uma consciência não-posicional de si mesma" (p. xxix). Em seu exemplo, se conto os cigarros que há no meu maço, tenho consciência dos cigarros e de que há uma dúzia deles; e, mais do que isso, sou *pré-reflexivamente* consciente de que os estou contando (como o mostra a resposta que eu poderia dar sem hesitação se me perguntassem o que estou fazendo), mas não preciso ser *reflexivamente* consciente de minha atividade de contar – ainda que, presumivelmente, eu passe a sê-lo tão logo alguém me faça essa pergunta).

Trata-se de um difícil problema filosófico, que não posso abordar mais a fundo aqui, saber se entendemos ou não bem essa distinção entre consciência reflexiva e pré-reflexiva. Podemos no entanto perceber a ironia de que Sartre rejeita a distinção freudiana entre consciente e inconsciente, só para invocar o que pode ser uma distinção igualmente obscura e controversa no interior da consciência.

Sartre apresenta uma análise aparentemente pessimista das relações interpessoais na terceira parte de *O ser e o nada*. Ele lança alguma luz sobre o tão discutido problema filosófico de outras mentes, alegando, por meio do recurso à experiência comum, que muitas vezes percebemos de modo imediato, não-inferido, os estados mentais de outras pessoas. Quando vemos dois olhos humanos dirigidos a nós, acreditamos que estamos sendo observados, e sabemos disso com a mesma certeza com que sabemos algo acerca de eventos puramente físicos do mundo. Quem se ocupa de fazer coisas que não têm aprovação social, como espiar alguém pelo buraco da fechadura, e de repente ouve (ou apenas *pensa* que ouve) um passo atrás de si sente-se vivamente *envergonhado*. Uma pessoa tem consciência de que alguém critica (ou pode criticar) suas ações (quando é observada fazendo algo admirável, uma pessoa sente *orgulho*). Logo, muitos estados emocionais envolvem, em sua própria estrutura conceitual, a existência de outras pessoas.

Mas Sartre defende a tese bem mais dúbia segundo a qual o relacionamento entre qualquer par de seres conscientes é necessariamente marcado por um conflito, em que um deles quer "possuir" o outro, torná-lo mero objeto. Nesses termos, apresenta uma versão persuasiva da famosa relação dialética hegeliana entre senhor e escravo na qual, paradoxalmente, o escravo acaba com mais poder porque o senhor precisa do escravo para *aceitá-lo* como senhor. Sartre consegue aplicar essa análise ao sadismo e ao masoquismo com bastante plausibilidade, mas depois sugere que o respeito genuíno pela liberdade dos outros, o amor não possessivo, é um ideal impossível (pp. 394 ss., 429 ss.). Nesse estágio de sua obra, a perspectiva parece de fato sombria.

Mas não haverá uma contradição entre a insistência de Sartre em nossa liberdade e sua análise da condição humana como necessariamente determinada nesses aspectos? Ele sustenta que estamos sempre querendo sentir o "nada" que é a essência de nosso ser consciente; queremos nos tornar objetos inanimados, em vez de permanecer no estado de ter possibilidades não concretizadas e decisões a tomar (p. 90). Sustenta, como vimos, que o relacionamento entre dois seres conscientes é necessariamente conflituoso. Dessas duas maneiras, analisa a vida humana como uma perpétua tentativa de alcançar o logicamente impossível. Mas *tem* de ser assim? Não pode alguém fazer a opção de *não* se tornar um objeto, ou de não tornar os outros objetos? Se mesmo a "boa-fé" é uma espécie de "má-fé", como é possível algum tipo de autenticidade? Não fica claro como Sartre resolve essas tensões presentes no cerne de sua teoria.

Prescrição

Considerando sua rejeição de valores objetivos, a prescrição de Sartre parece particularmente vazia. Não há um modo de vida *particular* que ele recomende. Tudo o que pode condenar é a má-fé, toda tentativa de fingir que não se é livre. E tudo o que pode louvar é a "autenticidade": cada um de nós tem de fazer suas opções individuais com plena consciência de que nada as determina para nós. Temos de aceitar nossa responsabilidade por tudo o que se refere a nós mesmos – não somente nossas ações, mas nossas atitudes, emoções, disposições e caracteres. O "espírito de seriedade", que é a ilusão de que os valores existem objetivamente no mundo, em vez de fundados apenas nas escolhas humanas, precisa ser definitivamente repudiado (pp. 580, 626). A consciência contém um risco permanente de má-fé; não obstante, Sartre sugere ser *possível* evitar isso e alcançar a autenticidade (p. 70). A má-fé pode ser comum, mas presumivelmente é possível (ainda que mais raro e mais difícil) *afirmar* reflexivamente a própria liberdade pessoal.

Em sua palestra *O existencialismo é um humanismo*, Sartre exemplificou a impossibilidade de uma prescrição racional por meio do caso de um jovem francês na época da ocupação nazista. Ele tinha diante de si a escolha entre juntar-se às forças francesas na Inglaterra ou ficar em casa com a mãe, que vivia só para ele. Uma linha de ação estaria voltada para o que ele via como o bem nacional, mas faria pouca diferença no esforço de guerra total. A outra teria efeito prático imediato, mas estaria dirigida para a felicidade de uma só pessoa. Sartre sustenta que nenhuma doutrina ética é capaz de arbitrar alegações incomensuráveis como essas. Nem pode a força do sentimento resolver a questão, porque não há medida desse sentimento, exceto em termos daquilo que o sujeito de fato faz, mas essa é justamente a questão em pauta. Escolher um conselheiro ou uma autoridade moral é somente outro tipo de escolha. Assim, quando consultado pelo jovem, Sartre só pôde dizer: "Você é livre; logo, faça uma opção." No entanto, nem o mais objetivo sistema de valores éticos (platônico, cristão ou kantiano) pode afirmar que oferece uma resposta certa única e determinada para *qualquer* dilema humano individual. Admitir que nem toda escolha tem uma resposta certa não é dizer que *nenhuma* escolha tem em algum momento uma resposta certa, nem que todas as regras ou valores morais são simplesmente "subjetivos".

Sartre não se compromete claramente com o valor intrínseco da escolha autêntica. Suas descrições de casos particulares de má-fé não são neutras do ponto de vista moral, mas condenam de modo implícito todo auto-engano, toda recusa de enfrentar a realidade da liberdade individual e de afirmar as próprias escolhas que se faz. Logo, ele oferece outra perspectiva para a antiga virtude do autoconhecimento prescrita por Sócrates, Espinosa, Freud e tantos outros.

A compreensão que tem Sartre da natureza e da possibilidade do autoconhecimento difere de modo crucial da de Freud. Vimos que a psicanálise se baseia na hipótese dos estados mentais inconscientes que têm efeito causal na vida mental das pessoas. Freud concebia essas causas atuando quase mecanicamente, como fluxos de energia, e julgava que sua tarefa na psicanálise fosse a descoberta dessas causas ocultas. Sartre rejeita a idéia de causas inconscientes de eventos mentais; para ele, tudo já está bem evidenciado, disponível à consciência (p. 571). Naquilo que chama de "psicanálise existencial", procuramos não as *causas* do comportamento da pessoa, mas seu *significado*, as razões inteligíveis (pp. 568-75). (Alguns psiquiatras contemporâneos seguiram-no no tocante a isso.) Sartre sustenta que, sendo a pessoa uma unidade, em vez de um mero amontoado de desejos ou hábitos sem relação entre si, tem de haver para cada pessoa uma escolha fundamental (o "projeto original"), que confere um significado ou propósito último a cada aspecto particular da sua vida (pp. 561-5). As biografias que Sartre escreveu de Baudelaire, de Genet e de Flaubert são exercícios particulares de interpretação do significado fundamental da vida de uma pessoa.

Mas não fica claro que, para cada pessoa, tenha de haver uma *única* escolha fundamental. Sartre admite que se pode por vezes fazer uma "conversão radical" do "projeto original" que se tem. É preciso haver apenas um único projeto desse tipo em cada período da vida de uma pessoa? Não se pode ter dois ou mais projetos simultâneos incomparáveis, não deduzíveis de nenhuma fórmula comum – por exemplo, família, carreira, passatempos?

Sartre implora que evitemos a má-fé e vivamos autenticamente. Mas de que modo a autenticidade difere da boa-fé ou "sinceridade" que ele diagnostica como apenas outra modalidade de má-fé? Eis outra questão conceitual enigmática à qual ele não dedica suficiente atenção. Um bom indício é que a autenticidade consiste numa escolha *reflexiva*, na transformação autoconsciente da própria liberdade que se tem num valor, ao passo que a boa-fé – a ausência de auto-ilusão – permanece no nível pré-reflexivo. Sartre de vez em quando usa uma linguagem quase religiosa, mesmo que somente em evasivas notas de rodapé: fala de "uma auto-recuperação do ser antes corrompido" (p. 70), de uma ética da "libertação e da salvação" (p. 412), e, com efeito, de "conversão radical" (pp. 465-76). Em outras passagens, fala do que chama de reflexão "pura" ou "purificadora" (pp. 155 ss.), e toda a sua argumentação tende a atribuir um poder moral peculiar à consciência reflexiva.

Mas se não se pode indicar nenhuma razão para escolher um caminho em vez de outro, fica-se com a impressão de que as escolhas humanas permanecem totalmente arbitrárias. É como se, a partir de suas próprias premissas, Sartre tivesse de recomendar ao homem que escolhe "autenticamente" dedicar a vida a exterminar judeus, seduzir mulheres ou jogar no computador, desde que opte por fazer isso com a consciência reflexiva plena, "purificadora", de que é isso que escolheu fazer. Poderia Sartre encontrar em sua filosofia alguma razão para criticar o pretenso "Super-homem" (ou a pretensa super-mulher) nietzschiano(a), que desenvolve resoluta e reflexivamente sua própria liberdade à custa de outros seres que não são super-seres humanos? Inversamente, se uma pessoa se dedica a cuidar dos filhos, ajudar os pobres ou tocar música, mas não reflete acerca de sua própria motivação para fazer isso, Sartre pelo visto teria de condená-la como inautêntica.

Ou será que se pode alegar que a autenticidade tem de envolver o respeito à liberdade dos outros, que valorizar a liberdade pessoal implica de alguma forma atribuir igual valor à liberdade de todos os outros seres conscientes e racionais? Sartre fez uma sugestão nessa direção kantiana[8] em sua palestra *O existencialismo é um humanismo*. Uma maneira de desenvolver seu pensamento seria de fato incorporar a fórmula kantiana do "Domínio dos Fins" – segundo a qual os seres racionais se acham sujeitos à lei moral que determina que tratem a si e a todos os outros nunca como meros meios, mas sempre ao mesmo tempo como fins em si mesmos (*Fundamentos da metafí-*

---

8. No sentido do "imperativo categórico" de Kant, de acordo com o qual se deve fazer o que é certo em qualquer circunstância. (N. do T.)

sica dos costumes, Cap. 2). Mas Sartre não endossou esse caminho. Terminou *O ser e o nada* com a promessa de escrever outro livro sobre o plano ético, mas nunca o completou – e houve quem entendesse isso como demonstração de que Sartre se deu conta da impossibilidade de qualquer moralidade caracteristicamente existencialista. Suas *Anotações para uma ética* foram publicadas postumamente, como os seus *Diários de guerra*, que também abordam questões de ética e de autenticidade. Em seu pensamento ulterior, ele veio a adotar um ponto de vista mais marxista, analisando as condições sociais que restringem a liberdade e buscando mudanças que permitam a *todos* os seres humanos exercê-la.

Apesar de todos os seus pontos obscuros, há algo importante a aprender com a análise que Sartre faz de como a própria noção de consciência implica a liberdade. Vimos que ele deseja estender o conceito de escolha para bem além de seu uso comum, para tornar-nos responsáveis não só por nossas ações, mas também pelas nossas emoções e mesmo por nosso caráter. Se estou irritado, fui eu quem escolhi estar assim; se sou o tipo de pessoa que tende a se resignar passivamente às condições vigentes, essa disposição também é algo que optei por manter. O ponto de vista de Sartre não é um caprichoso abuso da linguagem. Porque costumamos reprovar uns aos outros por nossas emoções e pelo nosso caráter – "Como você *pôde* se sentir assim?" "Você *precisa* ser tão egoísta ou tão impaciente?" E essas reprovações nem sempre são inúteis. Pois fazer com que as pessoas *percebam* que estão sentindo ou se comportando de uma dada maneira faz de fato diferença para elas. Quanto mais conscientes de sua raiva, de seu orgulho, de seu autocentramento, tanto mais elas não são/estão *simplesmente* irritadas, orgulhosas ou autocentradas, e tanto mais condições têm de mudar. Essa é sem dúvida a essência das afirmações de Sartre. A vasta verborragia de sua filosofia apresenta um desafio diretamente prático e íntimo a todos nós, o de nos tornarmos mais plenamente autoconscientes e exercer nossa liberdade de mudar nosso próprio ser.

Sugestões de leitura

Para instigantes introduções ao existencialismo em geral, ver William Barret, *Irrational Man: A Study in Existential Philosophy*, Londres: Heinemann, 1961, hoje infelizmente esgotado; e David E. Cooper, *Existencialism: A Reconstruction*, Oxford, Blackwell, 1990.

Para admiráveis guias breves de alguns pensadores existencialistas, ver Patrick Gardiner, *Kierkegaard*, Oxford, Oxford University Press, 1988; Michael Tanner, *Nietzsche*, Oxford, Oxford University Press, 1994, na série Past Masters; George Steiner, *Heidegger*, Londres, Fontana, 1978; Arthur C. Danto, *Sartre*, Londres, Fontana, 1975, na série Modern Masters[9].

Quem deseja ler a primeira filosofia de Sartre pode começar com seu romance *Nausea* ou sua palestra *Existencialism and Humanism* [O existencialismo é um humanismo], Londres, Methuen, 1948, e em seguida os livros curtos *The Transcendence of the Ego*, Nova York, Farrar, Straus & Giroux, 1957, bem como *Sketch for a Theory of Emotions*, Londres, Methuen, 1962, antes de mergulhar nas profundezas de *Being and Nothingness*, trad.

---

9. Ver, da editora Loyola, *Kierkegaard*, tradução da obra citada: ver também, da mesma editora, em preparação, *Heidegger*, tradução da obra citada. Há uma boa reunião de textos de Nietzsche na coleção Os Pensadores, o mesmo ocorrendo com Sartre, cujo volume respectivo contém *O existencialismo é um humanismo*, *A imaginação* e *Questão de método*. (N. do T.)

Hazel Barnes, Londres, Methuen, 1957; Nova York, Philosophical Library, 1956[10].

M. Jeanson, *Sartre and the Problem of Morality*, Bloomington, Indiana University Press, 1980, publicado pela primeira vez em francês em 1947, é uma interpretação da primeira filosofia de Sartre, e foi na época aprovada com entusiasmo pelo próprio Sartre.

Meu breve artigo, "Sartre on Bad Faith", em *Philosophy*, n. 58, 1983, pp. 253-8, tenta tornar operacional a distinção sartriana entre reflexivo e não-reflexivo; em outro número da mesma revista, Jeffrey Gordon faz uma crítica do meu artigo, vol. 60, 1985, pp. 258-62.

Ronald A. Santoni, *Bad Faith, Good Faith, and Authenticity in Sartre's Early Philosophy*, Filadélfia, Temple University Press, 1995, faz uma valorosa tentativa de distinguir as três noções do título, levando em conta a obra póstuma de Sartre. O livro é um tanto afetado pela verbosidade, repetição e abstração excessiva de Sartre, mas a Introdução oferece um levantamento útil da interpretação que Santoni faz de Sartre.

---

10. *O ser e nada* foi publicado em português pela editora Vozes. (N. do T.)

PARTE IV
DOIS EXEMPLOS DE TEORIZAÇÃO CIENTÍFICA SOBRE A NATUREZA HUMANA

10. PSICOLOGIA COMPORTAMENTALISTA: SKINNER E O CONDICIONAMENTO

Alguns leitores podem estar se perguntando se vale a pena dar tanta atenção às tradições religiosas, aos filósofos e aos teóricos especulativos do passado. Agora que o método científico estabeleceu-se como a maneira prática de compreender e explicar o mundo, não deveríamos examinar as ciências e, de modo particular, a psicologia, em busca da verdade sobre a natureza humana? Esse modo de ver as coisas inspirou muitos pensadores desde a ascensão da ciência moderna, em especial a partir do Iluminismo. No século XX, a psicologia estabeleceu-se como ramo independente da ciência empírica, delimitada institucionalmente de seu antigo ancestral filosófico. Assim, dir-se-á, não podemos com certeza esperar agora algumas respostas científicas adequadas a nossas interrogações sobre a natureza humana?

Não obstante, tem havido uma variedade de escolas de pensamento e uma variedade de metodologias no âmbito da psicologia, e ainda restam diferenças de abordagem: a psicologia não está tão livre de pressupostos e problemas filosóficos quanto gostariam de pensar muitos de seus praticantes, nem está claramente delimitada com respeito a outras disciplinas, como a sociologia e a lingüística, de um lado, ou a biologia e a fisiologia, do outro. A maioria dos psicólogos acadêmicos tem sido cautelosa ao falar qualquer coisa sobre algo tão geral quanto a "natureza humana". Quando figuras como Skinner e Lorenz elevam a cabeça acima de suas disciplinas especializadas e se aventuram a oferecer algum gênero de diagnóstico e prescrição geral para os problemas humanos, suas alegações são provavelmente tão especulativas quanto as dos outros teóricos mais gerais da natureza humana que examinamos. Traçar um panorama daquilo que todos os tipos de psicologia têm a dizer acerca da natureza humana é uma tarefa demasiado ampla para este livro introdutório, ainda que, no capítulo final, eu tente fazer um breve apanhado das principais tendências. Nos dois capítulos a seguir, concentro-me numa avaliação crítica daquilo que Skinner e Lorenz disseram sobre a natureza humana, na esperança de que as lições assim aprendidas possam ser úteis sempre que julgarmos teorizações psicológicas recentes e futuras.

Em primeiro lugar, alguns elementos históricos podem ajudar a montar o cenário. Perto do final do século XIX, a psicologia começou a emergir como ciência empírica, e foram montados os primeiros laboratórios psicológicos sob a liderança de pessoas como Wundt na Alemanha e William James nos Estados Unidos. Eles definiram a psicologia como o estudo não da alma ou da mente, mas dos estados de consciência. Supuseram que, como cada um de nós percebe seus próprios estados conscientes, podemos descrevê-los por meio da introspecção e produzir assim dados para a psicologia. Mas logo se descobriu que esses relatos raramente concordavam quanto à descrição e à classificação de sensações, imagens e sentimentos, de modo que o método introspectivo chegou a um impasse. Ao mesmo tempo, o trabalho de Freud assinalava que importantes aspectos da mente não são acessíveis à consciência. No estudo de animais, a introspecção é obviamente indisponível; apesar disso (a partir de Darwin), poder-se-ia esperar que a vida mental dos animais tivesse relações com a dos seres humanos.

Assim, quando J. B. Watson (1878-1958) proclamou, numa famosa série de palestras em 1912, que o objeto de estudo da psicologia deveria ser o *comportamento*, e não a consciência, suas concepções encontraram alguns ávidos adeptos que começaram a reorientar a psicologia acadêmica no mundo anglófono. Watson costuma ser reconhecido como o fundador do movimento "comportamentalista" na psicologia. O comportamento dos animais e dos seres humanos é publicamente observável, de modo que relatos e descrições do comportamento sob condições de observação e de controle podem produzir dados objetivos e consensuais para análise. E havia ainda um atrativo a mais no fato de o conceito de comportamento aparentemente não envolver pressupostos filosóficos questionáveis sobre a alma, a mente ou a consciência – apenas estímulos e respostas observáveis.

Essa rejeição do método introspectivo foi o aspecto mais fundamental do novo programa de Watson; tratava-se de um pronunciamento puramente *metodológico* sobre o que a psicologia deveria estudar, sobre os *dados* que constituem seu objeto de estudo. Como tal, não excluía o recurso a estados e processos mentais na explicação dos dados. Porém Watson e muitos de seus seguidores, incluindo Skinner, tendiam a impor essa restrição também à teorização psicológica. A estipulação acerca dos dados da psicologia não implica a asserção *metafísica* de que a consciência não existe nem de que se restrinja aos processos materiais no interior do crânio da pessoa. Também independe da tese filosófica (denominada comportamentalismo *lógico* ou *analítico*) segundo a qual o sentido de todas as nossas palavras comuns para vários tipos de estados mentais pode ser definido inteiramente em termos de comportamento ou de disposições de comportamento. Watson tendia a ir além desse aspecto metodológico e chegar à alegação metafísica de que a crença na consciência é um vestígio de nosso passado supersticioso, précientífico, equivalente à crença na feitiçaria. Ele afirmava que há contradições internas em nossos conceitos mentais comuns, mas nunca apresentou fundamentos para essa alegação conceitual.

O credo de Watson continha dois outros aspectos, que constituem na realidade teorias empíricas no âmbito da psicologia. O primeiro era a crença de que o ambiente é bem mais importante do que a hereditariedade na determinação do comportamento. Trata-se de um corolário natural de sua metodologia, uma vez que as influências externas sobre o comportamento de um organismo são observáveis e manipuláveis com relativa facilidade, ao passo que as influências interiores (os genes em particular) são bem mais difíceis de descobrir e manipular (ainda que novas possibilidades técnicas se tenham aberto desde a época de Watson). Essas diferenças não descartam a influência da hereditariedade sobre o comportamento, mas Watson supôs que as únicas características herdadas do comportamento eram simples reflexos fisiológicos; ele atribuía tudo o mais à aprendizagem. Daí esta sua alegação (que ele admitia ir além dos fatos conhecidos):

Dêem-me uma dezena de bebês saudáveis, bem constituídos, e meu próprio mundo específico no qual criá-los, e asseguro que posso escolher um deles ao acaso e treiná-lo para tornar-se o tipo de especialista que eu escolher – médico, advogado, artista, comerciante e, sim, até mesmo mendigo e ladrão, independentemente de seus talentos, inclinações, capacidades, vocações e da raça de seus ancestrais (*Behaviorism*, 1924, ed. rev., 1940, p. 104).

Ele esperava que a psicologia pudesse mostrar-nos como *influenciar* (e até controlar) o comportamento humano (por exemplo, na publicidade, o campo em que Watson foi ganhar a vida depois de abandonar seu cargo acadêmico).

A outra conjectura empírica de Watson foi uma teoria particular sobre como se dá a aprendizagem, ou seja, por meio do condicionamento dos reflexos. Isso foi sugerido pelo famoso experimento de Pavlov, em que se treinavam cães para salivar ao ouvir o som de uma campainha por meio da ação de tocar regularmente a campainha antes de alimentá-los. O programa de pesquisa de Watson buscava explicar todos os comportamentos complexos dos animais e dos seres humanos como resultado de tal condicionamento pelo seu ambiente.

O trabalho com a psicologia experimental desde a época de Watson lançou dúvidas tanto sobre sua ênfase extrema no ambiente como em sua teoria particular da aprendizagem por meio do condicionamento de reflexos. Mas B. F. Skinner (1904-1990), que foi professor de psicologia da Universidade Harvard entre 1948 e 1974, levou o programa comportamentalista a novos padrões de exatidão técnica e se tornou um dos mais influentes psicólogos experimentais de sua geração. Também escreveu para um público mais amplo, num estilo legível e estilisticamente atraente, oferecendo diagnósticos de problemas sociais e sugestões sobre como resolvê-los. Vamos assim encontrar muito o que discutir sem ter de mergulhar nos detalhes mais técnicos de seu trabalho experimental. A psicologia comportamental de que Skinner foi um destacado representante dominou a psicologia acadêmica, ao menos nos países anglófonos, na metade do século XX, mas em anos recentes foi em larga medida suplantada pela psicologia cognitiva.

O comportamento dos organismos: uma análise experimental (1938) foi a obra técnica fundamental de Skinner sobre o condicionamento. Ele tentou aplicar suas teorias à vida e à sociedade humanas em *Ciência e comportamento humano* (1953), e à linguagem humana em particular em *Comportamento verbal* (1957). Escreveu um romance, *Walden Dois*[1] (1948), em que descreve uma comunidade utópica organizada de acordo com seus princípios de condicionamento do comportamento. E mais tarde produziu outro pretenso livro popular com o título, pleno de conotações sinistras, *Além da liberdade e da dignidade* (1971), em que mais uma vez alega que uma tecnologia do comportamento poderia resolver os problemas da vida e da sociedade humanas desde que as pessoas renunciassem às suas ilusões de livre-arbítrio individual, de responsabilidade pela ação e de dignidade. Farei a seguir referências ao livro *Ciência e comportamento humano*, que é entre essas a obra de maior alcance e talvez a mais legível.

---

1. O título remete à obra de Henry David Thoreau, *Walden*, escrita em 1854, uma utopia na qual, ao contrário da obra de Skinner, é proposta uma vida fundada na liberdade dos seres humanos. (N. do T.)

Pressupostos teóricos de base

Skinner tinha uma imensa fé na ciência; é provável que quisesse representar a si mesmo como o mais rigorosamente "científico" de todos os teóricos considerados neste livro. Acreditava que só a ciência pode nos dizer a verdade sobre a natureza, incluindo a natureza humana, e fez audaciosas afirmações em favor do potencial que tem a ciência de resolver os problemas humanos. Ao escrever: "É possível que a ciência tenha vindo nos salvar e que a ordem acabe por ser alcançada no campo dos assuntos humanos" (p. 5), escutam-se ecos modernos de dois temas vindos de Platão – o anseio por "ordem" e a esperança de que um tipo especial de conhecimento vai nos capacitar (ou melhor, capacitar o subgrupo de elite que pode alcançá-lo) a reorganizar a sociedade humana (talvez mesmo *impor* ordem). Skinner deu continuidade às principais linhas do comportamentalismo de Watson, atendo-se com rigor à metodologia e desprezando todo recurso a entidades não observáveis na experimentação psicológica. Manteve a fé no programa de explicar o comportamento de todos os animais e seres humanos em termos de seu ambiente passado e presente, com a mediação de uns poucos mecanismos básicos de condicionamento.

Ao tentar dar sustentação a essas ousadas alegações, Skinner observa que a ciência é peculiar no âmbito da atividade humana ao mostrar progresso cumulativo (p. 11). O que é fundamental à ciência não são instrumentos nem medidas, mas o *método* científico – a disposição de ir diretamente aos fatos, sejam eles esperados ou surpreendentes, agradáveis ou repugnantes. Todas as asserções têm de ser submetidas ao teste da observação ou da experimentação, e, quando há provas insuficientes, temos de admitir nossa ignorância. O cientista tenta descobrir uniformidades e construir teorias gerais que expliquem com sucesso todos os casos particulares (pp. 13-4). Além disso, Skinner não vê uma distinção clara entre ciência e tecnologia; afirma que o trabalho da ciência não é apenas prever, mas *controlar* o mundo.

A maioria dos cientistas e filósofos da ciência pouco teria a discordar do breve esboço do método científico que Skinner fornece, embora muitos pudessem querer fazer uma distinção mais clara entre ciência e tecnologia, previsão e controle. Mas alguns cientistas são cristãos, enquanto outros são humanistas, alguns são de esquerda e outros de direita. Skinner parece pensar que só a ciência oferece bases para *qualquer* tipo de crença. Ele não vê base científica para a crença em Deus, tratando a religião como apenas uma das instituições sociais de manipulação do comportamento humano (pp. 350-8). Os juízos de valor, pensa ele, são tipicamente uma expressão da pressão para conformar-se que todo grupo social exerce (pp. 415-8), uma espécie de ordem encoberta (p. 429). Eles podem receber uma base científica se vinculam meios a fins. "Você deveria levar o guarda-chuva" pode ser traduzido *grosso modo* como "Você quer ficar seco, os guarda-chuvas o mantêm seco quando chove e vai chover" (embora Skinner proponha substituir a noção comum de "querer" ou "desejar" por sua noção supostamente mais científica de "reforço"). A única base objetiva que ele pode ver para avaliar as práticas culturais como um todo é seu valor de sobrevivência para a cultura (pp. 430-6). Mas mesmo nesse caso afirma que na verdade não *escolhemos* a sobrevivência como valor básico; ocorre simplesmente que o nosso passado nos condicionou a tal ponto que tendemos a buscar a sobrevivência de nossa cultura.

Skinner é um exemplo extremo da tendência a pensar que *todas* as questões – mesmo sobre a natureza humana e sobre o que vale a pena fazer ou empenhar-se em conseguir – podem receber respostas puramente científicas, desde que sejam de fato questões genuínas. "Cientificismo" é um rótulo conveniente para essa posição, mas se trata, naturalmente, de uma concepção *filosófica* extremamente controversa; não é ele mesmo uma teoria científica, e sem dúvida não é algo que se possa verificar por meio de provas observáveis.

Teoria da natureza humana

Skinner propõe que o estudo empírico, de cunho científico, do *comportamento* humano é a única maneira de chegar a uma autêntica teoria da natureza humana. A ciência, afirma ele, é uma busca de ordem, de relações lícitas entre eventos da natureza:

> Estamos pois voltados para as causas do comportamento humano. Queremos saber por que os homens se comportam da maneira como se comportam. Quaisquer condições ou eventos que se possa mostrar que produzem um efeito sobre o comportamento têm de ser levados em consideração. Mediante a descoberta e a análise dessas causas, podemos prever o comportamento; na medida em que as podemos manipular, podemos controlar o comportamento (p. 23).

Quais são então as causas do comportamento humano? Skinner rejeita com firmeza toda tentativa de explicar aquilo que fazemos em termos de entidades mentais "interiores". Ele admite a possibilidade de se descobrirem precondições fisiológicas do comportamento (os estados literalmente "interiores" dentro do corpo, especialmente no cérebro). Um dia saberemos, sugere ele, as condições neurológicas precisas que precedem imediatamente, por exemplo, a resposta "Não, obrigado" (p. 28). Mas alega que, mesmo quando o progresso da fisiologia nos informar sobre os estados cerebrais com uma imensa riqueza de detalhes, ainda teremos de fazer remontar *sua* causa ao ambiente, de modo que podemos muito bem deixar de lado a fisiologia e procurar diretamente as causas ambientais do comportamento: "a objeção a estados interiores não é a de que não existam, mas a de que não têm relevância numa análise funcional" (p. 35). Assim, Skinner considera que, para todo e qualquer comportamento, ainda que deva haver alguma causa fisiológica – um estado total do corpo no momento –, tem de haver também algum conjunto precedente de condições ambientais (seja no presente, no passado imediato ou no histórico de longo prazo do condicionamento do indivíduo em questão) que é a causa desse estado corporal interior. Logo, podemos nesse caso eliminar o intermediário e formular leis causais gerais que vinculam as condições ambientais relevantes ao tipo de comportamento em pauta.

Skinner é avesso a toda tentativa de explicar o comportamento humano em termos de entidades mentais, sejam conceitos cotidianos de crenças, desejos, emoções, intenções ou decisões, ou postulados mais teóricos como processos e estados cognitivos inconscientes, ou o id, ego e superego freudianos (pp. 29-30). Ele rejeita essas entidades mentais não somente porque não são observáveis, como também porque julga que, de qualquer forma, nunca vão ter valor explicativo. Do seu ponto de vista, dizer que um homem come porque tem fome não é atribuir uma causa ao seu comportamento, mas apenas redescrevê-lo (p. 31). Dizer isso não explica mais do que afirmar que o ópio faz dormir *porque* tem "propriedades soporíferas" ou que Jill conta boas piadas *porque* tem "senso de humor".

Skinner tem de admitir que os fatores genéticos são relevantes, porque é óbvio que diferentes espécies animais têm comportamentos bem distintos entre si. E, entre os seres humanos, é bem evidente ao senso comum que diferentes indivíduos nascem com diferentes capacidades inatas, por exemplo, para a matemática, a música e a arte. Mas Skinner descarta o uso que faz o leigo da "hereditariedade" como uma explicação puramente ficcional do comportamento, e diz que os fatores genéticos têm pouco valor na "análise experimental" porque não podem ser manipulados pelo experimentador (p. 26).

A exposição skinneriana da natureza humana básica é uma combinação potencialmente criadora de confusão entre preceito metodológico e teoria empírica, ambos derivados do comportamentalismo de Watson. Temos de tentar identificar os diferentes componentes da mistura. Ele obviamente descreve a psicologia como o estudo do comportamento – esse é o ponto metodológico básico. Temos porém de perguntar o que significa exatamente "comportamento" no caso dos seres humanos. Mas temos de observar antes de tudo que dizer que o comportamento constitui-se dos *dados* observáveis da psicologia não resolve a questão de saber se os psicólogos podem postular entidades não observáveis para *explicar* os dados.

A maioria dos psicólogos, antes e depois do auge do comportamentalismo, na metade do século XX, tem-se contentado com falar em termos de impulsos, emoções, memória (de curto e de longo prazo) e de muitas outras entidades "mentais". Skinner adotou uma metodologia bastante austera, rejeitando a menção a qualquer coisa não observável na explicação. Tentava com isso ser mais "científico" do que a maioria dos cientistas e filósofos da ciência, uma vez que as ciências físicas postulam tipicamente entidades teóricas como campos magnéticos, forças mecânicas e partículas subatômicas. Alguns filósofos, influenciados pelo positivismo lógico, duvidaram de que esse fosse um procedimento realmente adequado e propuseram interpretações "instrumentalistas" ou "operacionalistas" das entidades teóricas da ciência, mas hoje se reconhece em geral que essa é uma restrição implausível do método científico. Desde que o que se diz sobre entidades não observáveis seja verificável por meio da observação, não há em princípio restrições a essas entidades. Assim, se Skinner rejeita causas mentais do comportamento por serem elas não observáveis, temos de julgar isso uma metodologia desnecessariamente restritiva para qualquer ciência, incluindo a psicologia.

Não obstante, Skinner de fato apresenta outra razão para rejeitar o que chama de causas interiores "conceituais" do comportamento (p. 31), a saber, a de que não têm valor explicativo. Ele parece pensar que há algo *especialmente* não explicativo nas entidades não observáveis da psicologia, na qualidade de supostas causas mentais do comportamento. Mas terá ele demonstrado que essas causas interiores conceituais são meras redescrições daquilo que se supõe que expliquem? Tudo o que ele faz é dar uns poucos exemplos nos quais julga que isso é verdadeiro e convidar o leitor a generalizar a partir deles. É claro que um estado interior E só pode ser uma explicação genuína no comportamento C se pudermos ter outra prova da existência de E além da ocorrência de C – mas sem dúvida essa condição por vezes é satisfeita. Tomando o próprio exemplo de Skinner, podemos ter boas provas para dizer que uma pessoa está faminta, embora não esteja *efetivamente* comendo, se sabemos que ela não come há vinte e quatro horas (talvez ela até *diga* que está faminta!). Simplesmente não é verdade que as afirmações "Ele come" e "Ele está faminto" descrevam um mesmo conjunto de fatos. Como observou Platão, a Razão pode entrar em conflito com o Apetite: pode-se ter fome e não comer mesmo diante do alimento, e pode-se comer mesmo sem ter fome (por exemplo, por razões de polidez). Skinner não apresentou motivos adequados para a rejeição de todas as causas conceituais do comportamento.

E o que dizer de sua rejeição de estados fisiológicos como causas? O fato de que não são facilmente observáveis nem manipuláveis nada faz para mostrar que não desempenhem um papel crucial na causa do comportamento. Skinner supõe que os estados fisiológicos no interior de um organismo apenas servem de mediação ao efeito de seu ambiente (passado e presente) sobre seu comportamento. Assim, julga que a psicologia pode restringir sua atenção às leis que vinculam as influências ambientais diretamente ao comportamento. Mas será que isso se aplica a animais, ou mesmo a sistemas inanimados complexos como os computadores, para não mencionar os seres humanos? Aquilo que um computador faz em resposta a uma dada tecla depende sintomaticamente do estado interior em que ele estiver no momento – não há leis universais vinculando certas teclas àquilo que aparece na tela sem levar em conta o estado interior do momento. Skinner presumivelmente diria que foi todo o histórico passado das teclas acionadas que levou o computador a entrar em qualquer estado interior no qual se encontre, de modo que por certo há de haver leis vinculando esse histórico total ao estado atual do computador. Mas podemos argumentar que (a) para toda explicação integral como essa, teremos também de levar em conta a programação do computador – o *software* e talvez também características do *hardware*, como a quebra e a substituição de componentes; (b) na prática, é bem mais simples, e oferece uma explicação bem mais prontamente acessível da reação do computador ao acionamento de uma tecla, recorrer a estados interiores atuais como "uma certa parcela de texto foi selecionada".

Skinner faz aqui dois pressupostos distinguíveis: em primeiro lugar, o de que o comportamento humano é governado por *alguma* espécie de lei científica: "Se vamos usar os métodos da ciência no campo dos assuntos humanos, temos de supor que o comportamento é governado por leis e determinado" (pp. 6, 447), e, em segundo, que essas leis afirmam conexões causais entre fatores *ambientais* e o comportamento humano: "Nossas 'variáveis independentes' – as causas do comportamento – são as condições externas das quais o comportamento é uma função" (p. 35). Esses dons pressupostos podem ser interpretados de modo puramente metodológico, como expressão de um programa de *procura* de leis que governem o comportamento humano e, de maneira específica, leis que vinculem o ambiente ao comportamento. Assim entendidos, não pode haver uma objeção decisiva a eles. Mas está razoavelmente claro que Skinner também os entende como alegações gerais acerca do que é de fato o caso. Assim entendidos, temos de perguntar se há alguma boa razão para pensar que sejam verdadeiros, visto que são os pressupostos cruciais em que se baseia a teoria skinneriana da natureza humana.

Em primeiro lugar, temos de supor que *todo* comportamento humano seja governado por leis causais para estudar cientificamente o comportamento? Não há mais motivos para supor isso do que há para Marx sustentar que, se vamos estudar a história cientificamente, tem de haver leis que determinem em minúcias tudo o que acontece. O determinismo universal não é uma pressuposição necessária do conhecimento científico (*pace*[2] Kant!), embora a *busca* de leis causais seja central à ciência. Admitidamente, seria uma grande decepção se a psicologia não pudesse ir além do relato de regularidades estatísticas. Mas até que ponto há leis causais rigorosas governando o comportamento é algo que a psicologia precisa descobrir empiricamente. Dizer que *todo* comportamento é governado por leis desse gênero é um pressuposto metafísico que serve mal a um empirista supostamente rigoroso como Skinner.

O pressuposto mais específico de que todo comportamento é função de variáveis *ambientais* é ainda mais dúbio. Significa, em detalhe, que, para toda manifestação de comportamento, há um conjunto finito de condições ambientais (passadas ou presentes), de modo que é uma lei causal que todos os indivíduos a quem se apliquem essas condições vão apresentar esse comportamento. Isso lembra a alegação de Watson de que podia tomar qualquer bebê e transformá-lo no que desejasse, dado um ambiente apropriado, e nega que fatores herdados façam alguma diferença significativa no comportamento dos seres humanos. Assim, toda criança saudável poderia ser treinada para ser um velocista capaz de percorrer mil e seiscentos metros em quatro minutos, um físico nuclear

---

2. Em latim no original: "apesar do que diz". (N. do T.)

ou qualquer outra coisa? Em sua plena generalidade, essa afirmação é obviamente falsa. O fato de que as diferenças de capacidades em gêmeos idênticos criados separadamente são bem menores do que a média de capacidades na população como um todo constitui uma clara prova em contrário. A hereditariedade tem de fato *algum* papel, ainda que isso não signifique negar a imensa importância do ambiente. Atribuir todas as diferenças, ou a maioria delas, ao ambiente é outro pressuposto empírico que Skinner não submete a teste empírico.

Devemos agora dar uma breve atenção aos mecanismos específicos de condicionamento por meio dos quais Skinner julga que o ambiente controla o comportamento. Embora sua teoria descenda das idéias de Pavlov e de Watson, essa é a área na qual Skinner deu suas próprias contribuições para o avanço do conhecimento psicológico detalhado. No condicionamento "clássico" dos experimentos de Pavlov, o "reforço" (a comida) é apresentado repetidas vezes junto com um "estímulo" (o toque da sineta), e a "resposta" (a salivação) aparece então ao toque da sineta sem a presença da comida. A principal diferença do condicionamento "operante" de Skinner é que não se condiciona uma resposta reflexa como a salivação, mas qualquer tipo de comportamento que o animal possa ter espontaneamente na ausência de qualquer estímulo particular. Por exemplo, pode-se treinar ratos para acionar alavancas, e pombos para manter a cabeça anormalmente elevada, em ambos os casos alimentando-os sempre que acionam a alavanca ou levantam a cabeça acima de um certo nível. Quando o ambiente é organizado de modo que o reforço siga um certo tipo de comportamento (que Skinner chamava de "operante", porque o animal assim opera em seu ambiente), o comportamento se realiza com maior freqüência (pp. 62-6). (É claro que isso é o princípio geral a partir do qual funciona a maioria das atividades de treinamento de animais.) Por meio de um cuidadoso trabalho de experimentação, Skinner e seus seguidores descobriram muitos novos detalhes acerca da eficácia de vários processos de condicionamento ("esquemas de reforço", no jargão). Por exemplo, o reforço intermitente tende a produzir uma taxa de resposta mais elevada, de modo que, se desejarmos que um rato acione o máximo de alavancas possível, temos de alimentá-lo irregularmente, não a cada vez que ele as aciona.

O trabalho experimental de Skinner com animais (principalmente ratos e pombos) em condições artificiais de laboratório é notável, e só pode ser contestado por especialistas nesse tipo de trabalho, mas o que podemos e temos de criticar é a extrapolação que faz a partir dele para a natureza humana em geral. Na seção 2 de *Ciência e comportamento humano*, ele esboça a compreensão do comportamento que obteve a partir de seus experimentos com animais. Na seção 3, procura aplicar essa compreensão a seres humanos individuais e, nas seções de 4 a 6, a grupos e instituições humanos como o governo, a religião, a psicoterapia, a economia e a educação. Mas todo o método de inferência é altamente questionável. Pode muito bem ser que as descobertas de Skinner sobre ratos e pombos só se apliquem a esses animais (e a espécies bem próximas), mas não aos seres humanos. Ou pode ser que Skinner tenha identificado alguns mecanismos de condicionamento que se aplicam a animais (inclusive a nós), mas ignorado todas as *outras* maneiras pelas quais se pode produzir ou afetar o comportamento, mesmo em pombos e ratos, para não falar de seres humanos. Embora assinale com razão que não se pode supor que o comportamento humano seja diferente em gênero do comportamento animal (pp. 38-9), toda a sua abordagem parece supor de modo igualmente injustificado que o que se aplica a animais de laboratório se aplica (ainda que com uma diferença em matéria de complexidade) aos seres humanos (pp. 205 ss.).

Uma área especialmente importante na qual Skinner tentou aplicar suas teorias a comportamentos caracteristicamente humanos foi o uso da linguagem. Em seu livro *Comportamento verbal*, propôs-se a mostrar que toda atividade lingüística humana pode ser explicada em termos do condicionamento dos falantes por seu ambiente (incluindo como elementos decisivos nesse caso o ambiente social de seus primeiros anos de vida, os ruídos emitidos por seres humanos desse ambiente e as reações a ruídos emitidos pelos falantes quando crianças). Assim, um bebê que nasce numa família e numa cultura espanholas está sujeito a muitos exemplos do uso da língua espanhola. Skinner sugere que, quando são reproduções razoavelmente precisas do que ele ouviu, as respostas desse bebê são "reforçadas" pela aprovação e por recompensas, e assim a criança aprende a falar espanhol. Também a fala adulta é analisada por Skinner como uma série de respostas a estímulos do ambiente, incluindo estímulos verbais de outras pessoas.

As principais deficiências da abordagem skinneriana da linguagem foram apontadas por Noam Chomsky, cuja obra tem dado novas direções à pesquisa em lingüística e psicologia a partir dos anos 1960. Chomsky alega que, embora Skinner tenha tentado descrever o modo *como* a linguagem é aprendida, sua abordagem tem pouco valor por não dar atenção à questão do *que* é aprendido quando adquirimos a capacidade de falar um idioma como nossa língua nativa. Está claro que dificilmente poderemos perguntar como aprendemos X sem antes saber o que é X: temos de dispor de um critério para o *sucesso* de alguém na aprendizagem de X. A linguagem humana é um tipo de fenômeno bem diferente de ratos acionando alavancas ou pombos erguendo suas cabeças para bicar. Skinner não poderia negar isso, mas sugeriria que as diferenças são apenas uma questão de grau de complexidade. Chomsky sugere que as características *criativas* e *estruturais* da linguagem humana – a maneira pela qual podemos todos falar e compreender frases que nunca ouvimos antes simplesmente a partir do conhecimento do vocabulário e da gramática de nossa língua – faz dela um tipo de comportamento bem diferente de todo comportamento animal conhecido. Se é assim, a tentativa de analisar a fala humana em termos derivados do comportamento de animais inferiores parece desde o começo fadada ao fracasso. E o mesmo pode se aplicar a outras formas de comportamento caracteristicamente humanas.

Mesmo as sugestões que Skinner faz sobre como aprendemos o comportamento lingüístico podem ser consideradas fundadas em analogias bem frágeis. Por exemplo, o "reforço" que pode estimular a fala correta num bebê não é o alimento, mas em geral algum tipo de aprovação social. Ele sugere que podemos ser "reforçados" pelo fato de nos darem atenção – ou até simplesmente por nos dizerem algo que nos seja satisfatório, talvez apenas porque reproduzimos com precisão aquilo que ouvimos. Mas isso é mera especulação. O uso de um termo como "reforço", que tem um sentido estritamente definido para certos experimentos com animais – "reforço" costuma significar a satisfação de um desejo biológico evidente, como o de comida ou de sexo –, de modo algum garante a objetividade de seu uso em situações humanas presumivelmente análogas. Mais uma vez, a abordagem supostamente empírica estrita de Skinner revela ocultar em si uma grande parcela de especulação não empírica.

Há outro aspecto importante no qual, de acordo com os argumentos de Chomsky, as teorias de Skinner fracassam quando aplicadas à linguagem humana. Trata-se da questão dos fatores herdados, da contribuição do falante, e não do ambiente, para a aprendizagem da linguagem. É indubitável que as crianças francesas aprendem francês e as chinesas, chinês, de modo que o ambiente social tem de fato uma grande influência. Porém, mais uma vez, todas as crianças humanas normais aprendem uma das línguas humanas, ao passo que nenhum outro animal aprende algo que lembre as línguas humanas no sentido essencial de formar um número indefinido de frases complexas de acordo com regras de gramática (nem mesmo os chimpanzés, que supostamente aprenderam um sistema de sinais). Logo, parece que a capacidade de aprender uma língua é peculiar à espécie humana.

Skinner sustenta que nossa aprendizagem da linguagem deve-se a um conjunto complexo de reforços vindos de nosso ambiente humano. Chomsky alega que a espantosa velocidade com a qual as crianças aprendem as regras da gramática da língua que ouvem, a partir de uma amostra bastante limitada e imperfeita dessa língua, só pode ser explicada pelo pressuposto de que existe na espécie humana uma capacidade *inata* de processamento lingüístico a partir dessas regras. Assim, por trás da aparente variedade das linguagens humanas, tem de haver certa estrutura sistemática básica comum a todas, e temos de supor que não *aprendemos* essa estrutura a partir de nosso ambiente, mas processamos todo e qualquer estímulo lingüístico que recebemos em termos dessa estrutura. Essa fascinante hipótese, em lugar do ambientalismo extremo de Skinner, tem sido apoiada por crescentes evidências.

A fala não é a única atividade humana. Mas tem especial importância como representante das capacidades mentais humanas "superiores" (é a manifestação da faculdade de compreensão e de raciocínio que Platão e Kant enfatizaram). Assim, se as teorias de Skinner não explicam a linguagem adequadamente, temos de concluir que, mesmo que expliquem algumas características do comportamento humano, não podem oferecer uma visão apropriada da natureza humana em geral. Permanece a possibilidade de que outros aspectos importantes do comportamento humano não sejam aprendidos a partir do ambiente, mas que sejam primordialmente inatos (ver o Capítulo 11).

Diagnóstico

O diagnóstico de Skinner pode ser visto como o exato oposto do de Sartre. Como vimos no Capítulo 9, Sartre sustenta que somos livres, mas vivemos fingindo que não somos. Skinner alega que somos determinados, mas ainda assim gostamos de pensar que somos livres. Diz que nossas atuais práticas sociais se baseiam numa confusão teórica. Percebemos cada vez mais que o ambiente determina o comportamento, e por isso exoneramos as pessoas de culpa apontando todas as circunstâncias que as influenciaram – a criação, a escolarização, a cultura em geral. Mas também tendemos a sustentar que os indivíduos ainda são responsáveis por suas ações – culpamos os criminosos e dizemos que merecem punição. Skinner alega que, desse modo, encontramo-nos num instável estágio de transição e, além disso, que "a atual condição infeliz do mundo pode ser atribuída em larga medida à nossa vacilação"; "é quase certo que permaneceremos ineficazes na resolução desses problemas enquanto não adotarmos um ponto de vista coerente" (p. 9). "É necessária uma radical revisão do conceito de responsabilidade" (p. 241), já que nossa prática atual de punições é notavelmente ineficaz no controle do comportamento" (p. 342). "Teremos de abandonar a ilusão de que os seres humanos são agentes livres que estão no controle de seu próprio comportamento, porque, agrade-nos ou não, somos todos 'controlados'" (p. 438).

Esse radical diagnóstico da "condição infeliz do mundo" parece bastante dúbio. Há reconhecidamente importantes problemas práticos e éticos quanto a decidir o grau de responsabilidade, e esses problemas têm estreitos vínculos com profundas questões teóricas e filosóficas acerca do conceito de liberdade. Mas o desprezo que Skinner dedica ao conceito é uma resposta imprópria e não argumentada a esses problemas. Em *Além da liberdade e da dignidade*, ele parece dizer que, assim como era um erro do animismo tratar coisas inanimadas como se fossem pessoas, bem como atribuir-lhes pensamentos e intenções, também é um erro tratar as *pessoas* como pessoas e atribuir desejos e decisões a elas! Isso é sem dúvida absurdo.

Um primeiro movimento para sair dessa confusão é descrito a seguir. A tese do determinismo universal é a de que todo evento (incluindo todas as escolhas humanas) é dotado de um conjunto de causas precedentes suficientes. Mesmo que essa tese seja verdadeira – e recordemos que Skinner não nos apresentou razões para crer nela –, não estamos impedidos de selecionar como "livres" ações humanas que incluam entre suas causas a *escolha* da pessoa. O conceito de ação livre por certo não implica que a ação não tenha causa (isso a tornaria aleatória e, portanto, dificilmente atribuível a seu "agente"), mas sugere em vez disso que essa ação é causada pela escolha do agente. Ainda podemos considerar as pessoas responsáveis pelas ações que escolhem, mesmo que julguemos que essas escolhas têm suas próprias causas. O próprio Skinner parece crer que é importante usar métodos de controle social que dependam da consciência e, portanto, da escolha individual em algum sentido da palavra, em vez de formas ocultas e subliminares de condicionamento de que as pessoas não têm consciência. O livre-arbítrio continua, no entanto, a ser uma fonte de perplexidade filosófica mais profunda.

Prescrição

Tal como Marx, Skinner sustenta que as circunstâncias humanas podem e devem ser constituídas humanamente. Se é o ambiente social que faz de nós em larga medida aquilo que somos, que produz as mais importantes diferenças individuais e culturais, então deveríamos "mudar deliberadamente o ambiente social, de modo que o produto humano atenda a especificações mais aceitáveis" (p. 427). Skinner alegou que a psicologia chegara ao ponto de poder oferecer técnicas para a manipulação e o controle do comportamento humano e, portanto, para mudar a sociedade humana, para o bem ou para o mal (p. 437). Se ao menos renunciarmos às "ilusões" de liberdade e dignidade individual, poderemos criar uma vida mais feliz por meio do condicionamento apropriado do comportamento de todas as pessoas. Por exemplo, deixaríamos de lado a ineficiente prática das punições e, em vez disso, induziríamos as pessoas a agir moral e legalmente fazendo com que *desejem* se conformar aos padrões da sociedade (p. 345). Isso pode ser executado por uma combinação de educação e induções positivas ("reforços"), não necessariamente pela propaganda ou pela manipulação dissimulada. Logo, a ciência poderia levar a projetar um governo que de fato promovesse o bem-estar dos governados, e talvez mesmo a um conjunto de "valores morais" (que Skinner meticulosamente coloca entre aspas!) que possa receber aceitação geral. Desde que o controle seja diversificado entre diferentes indivíduos e instituições, não haveria o risco de despotismo (pp. 440-6).

Esse vago programa soa ingenuamente otimista, e, contudo, um tanto preocupante em sua extrema negação da liberdade individual. O que Skinner tem em mente fica mais claro em seu não muito atraente romance pouco absorvente *Walden Two*, em que sua comunidade ideal combina a atmosfera de consumismo cultural de uma escola de verão para adultos com o sistema político da *República* de Platão (visto que há um projetista sábio da comunidade que organizou tudo desde o começo de acordo com princípios comportamentalistas "corretos").

A utopia de Skinner está sujeita às mesmas objeções que se fazem à de Platão. A partir de que base vão os projetistas de uma cultura decidir o que é o melhor para todos? E como se poderá evitar o abuso de seu poder? Apesar da menção a salvaguardas contra o despotismo, Skinner parece politicamente ingênuo. Sua própria terminologia, "projetar uma cultura" e "o produto humano", sugere que ele sustenta o pressuposto altamente questionável segundo o qual a meta da política deveria ser a produção de um tipo ideal de sociedade e de indivíduo. Mas uma importante concepção diversa é que esse alvo deve ser compreendido em termos mais limitados, e mesmo negativos – ou seja, eliminar causas específicas da infelicidade humana como a pobreza, as doenças e a injustiça patente –, e que tentar produzir pessoas de acordo com alguma matriz é ultrapassar a fronteira do que deveria ser escolha individual. (Essa é a distinção que Popper estabeleceu, em sua crítica a Platão e a Marx, entre engenharia social "utópica" e engenharia social "gradualista".)

Logo, não temos de aceitar o juízo de Skinner de que a liberdade individual é um mito e, portanto, sem importância. Há questões práticas imediatas envolvidas aqui, porque a terapia do comportamento baseada em princípios skinnerianos de condicionamento tem sido aplicada a neuróticos e criminosos. Mas, em casos de comportamentos julgados "anormais" ou "desviantes" a partir de algum critério, quando (se for esse o caso) se tem o direito de condicionar o comportamento de outra pessoa? Como vimos no Capítulo 6, sobre Kant, há problemas profundos – factuais, conceituais e éticos – sobre o modo pelo qual se pode combinar a abordagem puramente científica das pessoas como organismos cujo comportamento tem causas identificáveis e manipuláveis com nosso tratamento comum de cada pessoa como um ser racional que é responsável por suas próprias ações. Skinner supõe que essas duas coisas são simplesmente incompatíveis e que esta última deve submeter-se à primeira. Mas essa é apenas a posição dogmática assumida por um psicólogo específico no auge do comportamentalismo. (Chomsky tem assumido uma atitude bem diferente com relação a questões sociais e políticas, tendo como base uma preocupação passional com a liberdade de indivíduos e grupos; as diferenças entre esses dois teóricos ultrapassam, portanto, a teoria acadêmica e chegam à política prática.)

Seria uma pena se os fracassos das generalizações demasiado ambiciosas e – reconheçamos – um tanto amadorísticas de Skinner sobre a natureza humana nos desistimulassem de buscar uma melhor compreensão de nós mesmos a partir da psicologia empírica. No Capítulo 11, examino um tipo diferente de abordagem, e na conclusão tento passar em revista um conjunto mais geral de perspectivas sobre o assunto.

Sugestões de leitura

Duas histórias da psicologia, amplas e instigantes, são as de G. A. Millar e R. Buckout, *Psychology: The Science of Mental Life*, 2.ª ed., Nova York, Harper & Row, 1973; Londres, Penguin, 1966, que se concentra no século XX; e L. S. Hearnshaw, *The Shaping of Modern Psychology: An Historical Introduction*, Londres, Routledge, 1987, que cobre tudo desde os tempos antigos. Em *Behaviour*, Londres, Methuen, 1961, D. E. Broadbent passa em revista o progresso do movimento comportamentalista em psicologia.

O principal texto a que se fez menção neste capítulo é B. F. Skinner, *Science and Human Behavior*, Nova York, Macmillan, 1953.

O romance utópico de Skinner, *Walden Two*, Nova York, Macmillan, 1953[3], e seu *Beyond Freedom and Dignity*[4], Nova

---

3. Trad. bras. *Walden Two: uma sociedade do futuro*, São Paulo, Editora Pedagógica e Universitária, 1977. Outros importantes livros de Skinner com edição brasileira são: *O comportamento verbal*, São Paulo, Cultrix/Edusp, 1978; *A análise do comportamento*, São Paulo, Editora Pedagógica e Universitária/Edusp, 1973; *Sobre o behaviorismo*, São Paulo, Cultrix/Edusp, 1982. (N. do T.)

4. Trad. bras. *O mito da liberdade*, Rio de Janeiro, Bloch, 1972; São Paulo, Summus, 1983. (N. do T.)

York, Bantam Books, 1972; Londres, Penguin, 1973, esboçam sua sociedade ideal e os meios pelos quais ele julga poder chegar a ela.

Beyond the Punitive Society: Operant Conditioning and Political Aspects, org. Harvey Wheeler, Londres, Wildwood House, 1973, é uma coletânea de ensaios críticos sobre o programa social de Skinner.

Para uma introdução às teorias de Chomsky, ver seu *Language and Mind*, ed. ampliada, Nova York, Harcourt Brace Jovanovich, 1972; J. Lyons, *Chomsky*, Nova York, Viking, 1979; Londres, Fontana, 1970, série Modern Masters. Steven Pinker fornece um vívido panorama de desenvolvimentos recentes em *The Language Instinct: The New Science of Language and Mind*, Nova York, Morrow, 1994; Londres, Penguin, 1995[5].

---

5. Trad. bras. Noam Chomsky, *Linguagem e pensamento*, Petrópolis, Vozes, 1973; Stiven Pinker, *O instinto da linguagem: como a mente cria a linguagem*, São Paulo, Martins Fontes, 2002. (N. do T.)

11. PSICOLOGIA EVOLUTIVA: LORENZ E A AGRESSÃO

Critiquei os comportamentalistas por deixarem de lado a possibilidade de que certas características importantes do comportamento sejam inatas à espécie em vez de aprendidas por meio da experiência. Volto-me agora para Konrad Lorenz (1903-1989), que oferece um diagnóstico dos problemas sociais humanos precisamente com base nessa alegação. Lorenz foi um dos fundadores do ramo da biologia chamado "etologia". Etimologicamente, o termo significa o estudo do caráter, mas veio a representar uma tradição particular de estudo do comportamento animal.

Vimos que os comportamentalistas estão comprometidos com pressupostos empíricos amplos, segundo os quais o comportamento é causado quase inteiramente por influências ambientais mediadas por mecanismos de condicionamento, e seus experimentos pesquisaram a maneira pela qual ambientes artificiais de laboratório podem *modificar* o comportamento. Os primeiros etologistas perceberam que muitos padrões do comportamento animal não podiam ser explicados em termos comportamentalistas. O que havia de característico em muitos comportamentos era o fato de que eram inatos ou *fixados*; esses comportamentos não podiam ser eliminados nem alterados significativamente, por mais que se manipulasse experimentalmente o ambiente. Os etologistas concentraram-se nesses padrões "instintivos" de comportamento e consideraram importante a observação cuidadosa do comportamento dos animais em seu ambiente natural antes de intervir com experimentos. A fim de explicar esses comportamentos inatos, os etologistas recorreram não à experiência passada do animal *individual*, mas ao processo de evolução que deu origem à *espécie*. Para dar conta da presença de um padrão instintivo de comportamento numa dada espécie, temos de dizer que valor de sobrevivência ele tem para os genes que contribuem para esse comportamento. A etologia se baseia, mais do que a psicologia comportamentalista, na evolução. Este parece ser, portanto, o lugar apropriado para esboçar os elementos essenciais da teoria darwiniana da evolução, que nenhuma teoria adequada da natureza humana pode negligenciar.

Teoria de base: a evolução

Depois de um longo período de observação e de reflexão, Darwin chegou à sua teoria da evolução, que abalou o mundo, publicada inicialmente em seu livro *A origem das espécies* em 1859. O título completo do livro é *A origem das espécies pela seleção natural: ou a preservação das raças favorecidas na luta pela vida*, que de fato resume sua idéia básica – a gradual divergência de diferentes espécies, a partir de ancestrais comuns, por meio da seleção natural. *A origem* foi escrito para o público culto em geral, e documenta o principal argumento com uma imensa riqueza de detalhadas provas empíricas, que Darwin tinha reunido a partir de suas pesquisas nos vinte anos precedentes. Sendo cauteloso, bem consciente das implicações revolucionárias de sua teoria, Darwin não afirma em princípio que os seres humanos também descendem de ancestrais animais – mas essa relação evidente criou uma intensa controvérsia, cujas reverberações ainda hoje se fazem sentir. Em livros posteriores, *A descendência do homem* (1871) e *A expressão das emoções no homem e nos animais* (1872), Darwin aplicou explicitamente suas teorias aos seres humanos. *A expressão das emoções*, como sugere o título, foi uma obra pioneira no campo da etologia.

A teoria de Darwin é em essência uma elegante dedução lógica a partir de quatro generalizações empíricas. As duas primeiras se referem a questões de genética:

1. há variação nas características de indivíduos de uma dada espécie, e
2. características dos pais tendem em geral a ser transmitidas aos filhos.

Essas duas verdades emergem de uma ampla gama de observações, e há muito tempo vinham sendo utilizadas na criação de novas variedades de animais domésticos e de plantas. Sua explicação teórica foi apresentada primeiramente pela teoria dos genes de Mendel, e a base bioquímica da genética na molécula do DNA veio à luz no começo da década de 1950. As outras premissas do argumento de Darwin são as seguintes:

3. as espécies são em princípio capazes de uma taxa geométrica de crescimento da população, enquanto
4. os recursos do ambiente sintomaticamente não podem suportar um tal aumento.

Segue-se de (3) e (4) que uma proporção bem pequena de sementes, de ovos e de filhotes alcançam a maturidade, de modo que há competição pela sobrevivência e pela reprodução, primordialmente entre membros da mesma espécie. A partir da inevitabilidade de competição e da (1) variação no interior da espécie, podemos deduzir que haverá certos indivíduos (aqueles cujas características são mais "adequadas" a um dado ambiente) que terão as melhores oportunidades de viver o tempo suficiente para se reproduzir e deixar descendentes; logo, dado (2) o fato da herança, as características desses indivíduos tenderão a ser transmitidas, e as características menos vantajosas tenderão a desaparecer. Assim, ao longo de inúmeras gerações, as características típicas de uma população animal podem se alterar. Portanto, dadas a imensidade do tempo geológico (confirmada primeiramente por geólogos do começo do século XIX) e a distribuição de plantas e animais numa ampla variedade de ambientes pelo mundo, diferentes espécies podem evoluir dessa maneira a partir de ancestrais comuns. Tudo o que se faz necessário é a constante pressão da seleção natural agindo sobre as variações causadas por mutações aleatórias. Não é preciso postular a herança biologicamente implausível de características "adquiridas" que Lamarck sugeriu (embora o próprio Darwin tenha turvado a clareza de sua teoria ao recorrer a essa idéia em alguns estágios de sua obra).

Afora esse argumento bem geral em favor do mecanismo da evolução, há muitas evidências empíricas diretas de nossa ancestralidade comum com outros animais. A anatomia comparada mostra que o corpo humano tem o mesmo plano geral de outros vertebrados – por exemplo, quatro membros com cinco dígitos cada um. O embrião humano passa por estágios de desenvolvimento nos quais lembra os das várias formas de vida inferiores. No corpo humano adulto, há "resquícios" dessas formas inferiores, por exemplo, uma cauda residual. A química de nosso corpo – por exemplo, o sangue, as proteínas, os genes – é semelhante à de outras criaturas. Por fim, vêm sendo descobertos cada vez mais restos fósseis de criaturas simiescas que lembram mais os seres humanos do que quaisquer símios existentes. Desse modo, nossa ancestralidade animal é confirmada de maneira irrefutável pelas provas. Ficam questões científicas interessantes sobre o mecanismo detalhado da evolução em geral, bem como, em particular, sobre a origem da humanidade, mas a evolução dos seres humanos a partir de ancestrais mais primitivos é hoje um fato científico tão estabelecido quanto qualquer outro.

Admitidamente, alguns fiéis religiosos (em especial cristãos fundamentalistas norte-americanos) reabriram o debate oitocentista sobre a evolução humana. O próprio fato de a evolução ser assim contestada é interessante como demonstração da imensa dificuldade de manter a objetividade científica quando se discute a natureza humana. Como se observou no Capítulo 1, as pessoas que têm crenças religiosas ou políticas firmemente arraigadas não estão prontas a modificá-las apenas porque alguma teoria científica se opõe a elas; é típico que essas pessoas tentem se opor às evidências científicas e à sua interpretação. É claro que não se pode responder com propriedade às alegações dos criacionistas apenas por meio do diagnóstico dos motivos ideológicos que estão em sua base – isso seria correr o risco de manter a teoria darwiniana como um "sistema fechado", o que condenamos no Capítulo 1. É nescessário antes considerar cada uma de suas objeções à teoria da evolução de forma detalhada, e mostrar que, à luz de todas as provas disponíveis, elas não se sustentam. Mas este não é o lugar para fazer isso (dessa tarefa encarregou-se com eficácia Philip Kitcher).

Eu não gostaria de sugerir que a teoria da evolução não apresente problemas: nenhuma teoria científica pode gozar de plena segurança, e a história da ciência mostra que todas as teorias científicas se desenvolvem e se modificam. Mas no meu entender não há hoje um concorrente sério de uma versão essencialmente darwiniana da evolução humana. Toda compreensão adequada da natureza humana tem por conseguinte de levar em conta nossa origem evolutiva. O que tenho em mente aqui é não só que temos de admitir isso (o que têm feito muitos teólogos cristãos há mais de um século), mas também que temos de considerar a possibilidade de nossa evolução poder *explicar* muita coisa sobre a natureza humana.

No entanto, as exatas implicações da teoria da evolução para nossa compreensão da natureza humana, da sociedade e da cultura contemporâneas é matéria de profundas disputas religiosas, filosóficas e políticas que não podem ser resolvidas pela teoria científica em si mesma. Marx recebeu bem a teoria darwiniana, tomando-a como confirmação de sua idéia do progressivo desenvolvimento da história humana, mas talvez sem avaliar que a evolução biológica difere em gênero da mudança econômica e cultural. (Marx até quis dedicar a edição inglesa de *Das Kapital* [O capital] a Darwin, mas este, com sua cautela característica, declinou polidamente da honra.) No outro lado do espectro político, pensadores de direita como Sumner[6] alegaram que a competição econômica irrestrita é tão "natural" quanto a sobrevivência dos mais capazes na evolução das espécies, e portanto, correta (essa doutrina foi chamada de "darwinismo social").

---

6. William Graham Sumner, sociólogo e economista americano do século XIX, cujas idéias se assemelham às do filósofo inglês Herbert Spencer. (N. do T.)

Entre cientistas e teóricos sociais, ao lado de cristãos que aceitam a evolução, permanecem muitas controvérsias sobre até que ponto nossa origem evolutiva pode explicar nossa condição e nossos problemas atuais. Nas décadas de 1960 e 1970, vários livros campeões de vendas tomaram como base a idéia de que nossa evolução a partir de ancestrais símios é a chave de nossa verdadeira natureza: são exemplos o livro de Robert Ardrey, *The Territorial Imperative*, e o de Desmond Morris, *The Naked Ape*. (À sua própria maneira amadorística, Arthur Koestler, em *The Ghost in the Machine*, ofereceu um diagnóstico segundo o qual algo deu errado em nosso cérebro no processo da evolução humana.) A partir da obra de Edward O. Wilson nos anos de 1970, tem havido uma verdadeira explosão de teorizações de base evolutiva acerca da natureza humana, mas não posso fazer uma resenha completa delas aqui. Proponho concentrar-me no caso particular de Konrad Lorenz, um dos pioneiros dessa abordagem, na esperança de que o exame crítico de suas idéias polêmicas nos ajude a lançar um olhar simpático mas cético sobre obras mais recentes[7].

A teoria da natureza animal proposta por Lorenz

Como Freud, Konrad Lorenz foi o produto das grandes tradições científicas e culturais de Viena. Foi pioneiro

---

7. Ardrey organizou, ao lado de Philip Turner, o livro *The Territorial Imperative: A Personal Inquiry into the Animal Origins of Property and Nations*, Nova York, Kodansha Globe, 1997. O livro de Desmond Morris tem edição brasileira: *O macaco nu*, Rio de Janeiro, Record, 1967. Edward O. Wilson tem traduzido para o português o livro *A unidade do conhecimento – consiliência*, Rio de Janeiro, Campus, 1999. (N. do T.)

de uma nova área de pesquisa científica, que ele também viu como tendo profundas implicações para a humanidade. A alegação de que ele quis ser membro do Partido Nacional Socialista Alemão nos primeiros anos do movimento deve nos fazer ver com olhos críticos suas asserções sobre os assuntos humanos (como na verdade devemos ver toda e qualquer asserção a esse respeito) – mas não nos autoriza a descartá-las sem delas ter conhecimento. Na Segunda Guerra Mundial, Lorenz teve uma carreira dramaticamente dupla – indicado como o último sucessor de Kant numa cátedra profissional em Königsberg, serviu como médico no exército alemão, e, quando da derrota deste, foi feito prisioneiro pelos russos. Quando lhe permitiram voltar à Áustria, retomou a carreira científica e alcançou fama internacional. Em seus artigos técnicos sobre o comportamento animal, Lorenz relatou e interpretou suas amplas e cuidadosas observações de muitas espécies, e alguns dos conceitos que introduziu tornaram-se correntes na ciência biológica, ao menos em sua geração. Recebeu o Prêmio Nobel por seus trabalhos etológicos.

Lorenz também escreveu para o leitor leigo, e em *O anel do Rei Salomão* (1950), *E o homem encontrou o cão* (1954) e *A agressão* (1963)[8], exibe estilo, senso de humor, uma personalidade envolvente, a compreensão de profundas questões de filosofia, de psicologia humana e de sociologia, bem como um zelo missionário com respeito à aplicação de sua especialidade aos problemas humanos. Os dois primeiros livros introduzem temas etológicos mediante uma variedade de relatos anedóticos, em muitos

---

8. Trad. port. Konrad Lorenz, *E o homem encontrou o cão*, Lisboa, Relógio d'Água, 1997.

casos dos próprios animais de estimação de Lorenz. Ele foi um grande leitor de filosofia e literatura alemãs e citava Kant e Goethe com a mesma facilidade com que se referia aos artigos técnicos mais recentes na área de biologia. Em *Por trás do espelho: em busca de uma história natural do conhecimento humano* (1973), aplicou sua abordagem biológica a questões filosóficas, vinculando suas idéias a algumas idéias de Kant e esboçando um tipo de "epistemologia evolutiva", que desde então foi desenvolvida por filósofos e cientistas cognitivos. Prometeu um segundo volume, que apresentaria um diagnóstico fundamental de problemas sociais e culturais, mas faleceu antes de terminá-lo. *A agressão* descreve padrões de comportamento agressivo em muitas espécies animais, apresentando um diagnóstico dos problemas humanos oriundos de nossas tendências agressivas supostamente inatas. Concentro-me aqui nesse livro, em primeiro lugar expondo seus principais argumentos e em seguida criticando-os.

Lorenz foi um cientista biológico, de modo que o mais importante de seus pressupostos de base é a teoria da evolução. Para explicar a existência de um órgão ou de um padrão de comportamento muito específicos, busca pelo seu valor de sobrevivência em relação à espécie. Na qualidade de etologista, introduziu os dois importantes conceitos de padrão fixo de ação e de mecanismo de liberação inato. Há certos padrões de movimento típicos de cada espécie, que parecem claramente inatos. É comum que se manifestem em resposta a certos tipos específicos de estímulo, mas somente quando o animal se acha num certo tipo de estado, por exemplo, faminto, assustado ou sexualmente excitado. O comportamento parece assim ser causado pela combinação de estímulo externo e estado interno.

Lorenz sustenta que existem muitos padrões de comportamento animal desse tipo que são "coordenações hereditárias" ou "movimentos de instinto"; são inatos e não aprendidos, e há para cada padrão um "impulso" que faz o comportamento aparecer espontaneamente. Mas ele também sugere, de modo um tanto vago e hesitante, que esses padrões fixos de ação costumam estar à disposição de um ou mais dos "quatro grandes impulsos" – a alimentação, a reprodução, a fuga e a luta ou agressão. Diz que todo comportamento manifesto é causado de modo geral por ao menos dois impulsos ou causas interiores, e que o conflito entre impulsos independentes pode dar firmeza a todo o organismo, como um equilíbrio de forças no interior de um sistema político (*A agressão*, Cap. 6).

Lorenz acredita que aquilo que toma como comportamento agressivo é instintivo, fortalecido por um dos principais impulsos. Mas não se preocupa com qualquer comportamento que possa à primeira vista ser "agressivo", e sim com lutas e ameaças entre membros da *mesma* espécie. Os ataques dos predadores às presas, e a autodefesa de um animal acuado, incluindo o cerco a predadores praticado por presas potenciais, não contam para Lorenz como agressão. Concentrando-se na agressão intra-espécie, ele pergunta qual pode ser sua função específica de preservação da espécie e chega a várias respostas. Ela pode fazer com que os indivíduos de uma espécie se espalhem pelo território disponível de modo que haja alimento para todos. Num recife de corais, cada tipo de peixe tem sua fonte específica de alimentação, e cada indivíduo defende seu "território" de membros da mesma espécie, embora tolere peixes de outras espécies. Em segundo lugar, a agressão entre machos rivais de uma dada espécie assegura que os indivíduos mais fortes deixem descendentes e fiquem disponíveis para a defesa da família e da prole. Por fim, a agressão pode servir para estabelecer e manter uma "ordem de bicada" ou hierarquia numa comunidade animal, o que pode ser benéfico ao permitir que os animais mais velhos e mais experientes possam liderar o grupo e transmitir o que aprenderam (Cap. 2).

Mas como pode a agressão intra-espécie ter esse valor de sobrevivência sem levar a ferimentos e à morte, o que obviamente contradiz a sobrevivência? O fato notável é que, apesar da onipresença da agressão entre animais vertebrados, é raro que um animal seja morto ou fique seriamente ferido na selva por membros de sua própria espécie. Boa parte do comportamento agressivo toma a forma antes de ameaças e perseguições do que de combate físico real. Lorenz alega que a evolução produziu uma "ritualização" da luta de modo que pudesse produzir vantagens biológicas sem causar ferimentos reais. Especialmente em animais com alta capacidade defensiva, que têm de cooperar para os fins da reprodução e talvez da caça, há necessidade de um mecanismo capaz de inibir a agressão. Assim, há tipicamente um gesto de concessão ou de submissão ritual por meio do qual um animal pode inibir a agressão da parte de outro. Cães derrotados, por exemplo, oferecem seu pescoço vulnerável às mandíbulas do oponente vencedor, e isso parece ativar algum mecanismo específico de inibição, dado que, nesse caso, é como se o vencedor não conseguisse desfechar uma mordida fatal, mas simplesmente aceitasse que a vitória lhe foi concedida (Cap. 7).

De acordo com Lorenz, há um impulso inato para a agressão intra-espécie, com seu acúmulo peculiar de energia e seus próprios mecanismos inatos de liberação. O que ele apresenta nesse caso pode ser descrito como um modelo hidráulico de explicação do comportamento inato. Quando a pressão aumenta num sistema interno (como a água na descarga ou, na verdade, a pressão crescente na bexiga), o limiar do comportamento relevante se reduz, e o comportamento pode ser "liberado" por um pequeno estímulo. Em casos extremos, pode "transbordar" sem nenhum estímulo externo. Os padrões fixos de ação por vezes ocorrem espontaneamente, como se incitados por causas interiores ao animal. Assim, uma pomba macho privada de parceira começa a fazer a dança da corte diante de uma fêmea empalhada, de um pedaço de pano ou mesmo do canto vazio da gaiola, do mesmo modo como o estorninho malhado criado em cativeiro que nunca apanhou moscas nem viu outro pássaro faz os movimentos de apanhá-las mesmo na sua ausência (Cap. 4).

Teoria da natureza humana

Lorenz vê os seres humanos como uma espécie particular que evoluiu a partir de outras. Do mesmo modo como nosso corpo e sua fisiologia revelam uma continuidade reconhecível com os de outros animais, também ele espera que nossos padrões de comportamento sejam fundamentalmente similares. Pensar em nós mesmos como de tipo diferente, seja em virtude de nossa consciência ou de nosso suposto livre-arbítrio, é uma ilusão. Nosso comportamento se acha sujeito às mesmas leis causais de todo comportamento animal, e será pior para nós, sugere ele, deixar de reconhecê-lo. É claro que somos diferentes em *grau* do resto do mundo animal; somos a "mais elevada" realização até agora alcançada pela evolução. Explicar causalmente nosso comportamento não nos retira necessariamente a "dignidade" ou o "valor", nem indicam que não somos livres, já que todo aumento de conhecimento de nossa própria natureza aumenta nosso poder de controlar a nós mesmos (*A agressão*, Caps. 12-3). Embora não leve muito adiante nesse livro essas questões filosóficas, Lorenz se mostra bem mais sensível a elas do que Skinner.

Um ponto decisivo na visão de Lorenz sobre a natureza humana é a teoria segundo a qual, como muitos outros animais, temos um impulso inato para o comportamento agressivo com relação a nossa própria espécie. Ele julga que essa é a única explicação possível dos conflitos e guerras que têm ocorrido ao longo de toda a história humana, da persistência do comportamento não razoável de seres supostamente razoáveis. Lorenz sugere que a teoria freudiana do instinto de morte é uma interpretação desse mesmo fato repugnante da natureza humana. Procura uma explicação evolutiva para nossa agressividade inata e para sua natureza peculiarmente *comunitária* (a luta humana mais destrutiva não se trava entre indivíduos, mas entre grupos antagônicos, organizados, como na guerra, ou desorganizados, como nos massacres de comunidades). Especula que, num certo estágio de sua evolução, nossos ancestrais tinham vencido mais ou menos os perigos de seu ambiente não humano; a principal ameaça que os atingia vinha de outros grupos humanos. (Teorias recentes levantaram a idéia de competição com hominídeos aparentados mas diferentes como os homens de Neandertal.) A competição entre tribos teria sido o principal fator da seleção natural, de modo que haveria valor de sobrevivência nas "virtudes do guerreiro". Nesse dado estágio pré-histórico, os grupos que melhor se uniam para combater outros grupos tendiam a sobreviver por mais tempo. Assim Lorenz oferece uma explicação do que chama de "entusiasmo belicoso", em que uma multidão humana se torna exaltadamente agressiva contra outro grupo percebido como estranho a ela, perdendo todo o controle moral e todas as inibições. Essa tendência, sugere ele, evoluiu a partir da resposta comunitária de defesa de nossos ancestrais pré-humanos.

Diagnóstico

"Todos os grandes perigos que ameaçam a humanidade de extinção são conseqüência direta do pensamento conceitual e da linguagem verbal." Nossos maiores talentos são bênçãos ambivalentes. Os homens são criaturas onívoras, fisicamente bem frágeis, sem garras, bicos, chifres ou dentes perigosos, de modo que é bem difícil a um homem matar um semelhante num combate sem armas. Conseqüentemente, não havia necessidade evolutiva de mecanismos muito fortes de inibição para fazer cessar as lutas entre homens-macacos. Os animais mais bem dotados de meios de agressão precisam dessas inibições para impedir que se firam mutuamente, mas outros não necessitam delas, ao menos em seus ambientes normais. Mas a pomba – o próprio símbolo da paz – pode bicar desinibidamente uma outra pomba até a morte se ambas forem presas em condições artificiais numa gaiola e não puderem escapar. No caso dos seres humanos, o desenvolvimento cultural e tecnológico põe à nossa disposição armas artificiais – dos paus e pedras dos ancestrais pré-humanos às balas e bombas, às armas químicas e nucleares de nossos dias, passando pelos arcos e espadas da história. Perturba-se assim o equilíbrio biológico entre potencial assassino e inibição. Logo, Lorenz sugere que os seres humanos são os únicos animais que se comprazem com matança em massa de sua própria espécie.

Os apelos à racionalidade e à responsabilidade moral têm sido notoriamente ineficazes no controle do conflito humano. Lorenz afirma que a agressão nos é inata; como os instintos do id freudiano, ela tem de encontrar alguma saída, de um jeito ou de outro. A razão por si só é impotente; só pode conceber meios voltados para fins acerca dos quais decidimos de outras maneiras, e só pode exercer controle sobre nosso comportamento se tiver o apoio de alguma motivação instintual. Assim, Lorenz, como Freud, vê um conflito entre os instintos que a evolução implantou em nós e as novas restrições morais necessárias à sociedade civilizada. Ele especula que, nos grupos pré-humanos, certamente houve uma moralidade primitiva que condenava a agressão no interior do grupo mas estimulava o "entusiasmo belicoso" contra todo grupo percebido como estranho. Nossa tecnologia armamentista foi muito além das restrições instintivas ao seu uso, de modo que nos vemos na situação altamente perigosa de hoje, dispondo tanto do poder de destruir milhões de vidas, ou mesmo o mundo inteiro, como da *propensão* a fazê-lo em certas situações.

Prescrição

Se a agressão é de fato inata aos seres humanos, parece haver pouca esperança para a raça humana. Apelos à razão e à moralidade de pouco valem, e, se tentarmos eliminar todos os estímulos que provocam a agressão, o impulso interior vai continuar a buscar saídas. Teoricamente, podemos cortá-lo pela raiz mediante o planejamento eugênico da reprodução humana. Mas, ainda que isso fosse política e moralmente possível, Lorenz julga ser bastante desaconselhável, uma vez que não sabemos até que ponto o impulso agressivo pode ser essencial à formação da personalidade humana. Se tentássemos eliminar a agressão, poderíamos destruir no mesmo movimento muitas das formas mais elevadas de realização humana.

Mesmo assim, Lorenz se confessa otimista no capítulo final de *A agressão*. Ele crê que "a razão pode e vai exercer uma pressão de seleção na direção correta". Quanto mais começarmos a compreender a natureza de nosso impulso agressivo, tanto mais poderemos dar passos racionais no sentido de mudar sua direção. O autoconhecimento é o primeiro passo rumo à salvação (outro eco de Freud, Sartre e Sócrates). Uma das possibilidades é a sublimação, o redirecionamento da agressão para objetos substitutos de maneira não prejudicial. Podemos esmagar objetos cerâmicos baratos para descarregar a raiva, assim como podemos canalizar a competitividade grupal para jogos coletivos. Temos de acabar com a desconfiança entre grupos promovendo o contato pessoal entre indivíduos de diferentes nações, classes, culturas e partidos. E temos de redirigir nosso entusiasmo para causas universalmente aceitáveis – a arte, a ciência, a medicina. Por fim, Lorenz exprime grande confiança no senso de humor dos seres humanos como instrumento de promoção da amizade, do combate à fraude e de liberação da tensão sem perda do controle racional. O humor e o conhecimento são suas grandes esperanças de civilização. Ele alega por esse motivo ver razões para acalentar a esperança de que, em séculos vindouros, nosso impulso agressivo possa ser reduzido a um nível tolerável sem perturbações de sua função essencial.

Discussão crítica

Lorenz escreve com eloqüência e pode fazer com que suas idéias soem bem persuasivas: parece combinar a compreensão humana de Freud com o rigor científico de Skinner. Há, contudo, interrogações importantes acerca de sua teoria e de seu diagnóstico. Outros biólogos levantaram dúvidas sobre algumas de suas teorizações – Dawkins[9] o considera culpado de uma compreensão não darwiniana da evolução como "seleção de grupo", operando de modo implausível antes em grupos do que em indivíduos. E algumas de suas alegações sobre certas espécies, por exemplo, as supostas "sangrentas batalhas de massa" dos ratos, sofreram objeções.

O que podemos discutir aqui sem entrar em detalhadas controvérsias científicas é a metodologia de postular instintos ou impulsos interiores para explicar o comportamento. Vimos ser essa uma das fraquezas das teorias de Freud, mas não podemos concordar com a total rejeição desse postulado da parte de Skinner. Terá Lorenz descoberto o meio-termo correto entre esses dois extremos? A questão crucial é se sua aplicação dos conceitos de impulso e instinto é verificável por meio da observação e da experimentação. Quando ele postula um impulso para expli-

---

9. Richard Dawkins tem vários livros publicados em português, como *O gene egoísta*, pela Villa Rica, e alguns pela Companhia das Letras. (N. do T.)

car um padrão fixo de ação de uma espécie específica, como a rotina de apanhar moscas do estorninho malhado, parece haver maneiras claras de verificar a proposição. Podemos estabelecer que um dado padrão de ação é inato ao mostrar que todos os indivíduos normais da espécie, com a idade e o sexo respectivos, executam essa ação sem prévia aprendizagem com outros indivíduos e sem recorrer a tentativa e erro. Se também descobrimos que o estímulo que de modo geral desencadeia a ação nem sempre faz isso com a mesma eficácia (por exemplo, o comportamento de acasalamento varia de acordo com a estação), bem como que a ação pode algumas vezes ser produzida sem a presença do estímulo usual (como no caso da corte solitária da ave ao canto de sua gaiola), é razoável dizer que há algum fator motriz interior cuja intensidade sofre variações.

O que há de mais duvidoso na metodologia de Lorenz é sua sugestão de que esses "pequenos impulsos parciais" costumam estar a serviço de um ou mais dos "quatro grandes impulsos" (alimentação, reprodução, fuga e agressão). Ele sustenta que uma "função autocontida" nunca resulta de um único impulso e chega a sugerir que a agressão é uma das forças motrizes que "estão na base de padrões de comportamento que exteriormente não têm nenhuma relação com a agressão, e até se mostram como seu extremo oposto" (*A agressão*, Cap. 3). Isso nos permite em princípio atribuir todo tipo de comportamento à agressão, tornando essa atribuição não verificável e a-científica. (Isso soa suspeitamente semelhante à teoria freudiana da "formação de reação", graças à qual uma tendência interior pode ser expressa pelo comportamento oposto.) Se não há meios de verificar essas alegações sobre impulsos básicos, combinação de impulsos e desvio de impulsos para comportamentos distintos, essa teorização não tem caráter científico. E até que testes confirmem essas teorias, não há motivo para supor que sejam verdadeiras.

A agressão é inata, "espontânea", produzida por um reservatório identificável de energia que vai sendo enchido interiormente? O modelo da pressão hidráulica pode ser aplicado a alguns comportamentos, como a defecação, o impulso sexual (ao menos nos machos de muitas espécies) e comportamentos gerados pela fome, como a ação de caçar. Mas não está claro que exista um armazenamento interior de energia para outras formas de comportamento que parecem ser meras *reações* a estímulos externos. Por exemplo, é implausível a afirmação de que as criaturas têm uma necessidade interior de *fugir*, necessidade que é desencadeada por um estímulo ameaçador. E é controverso afirmar que alguma criatura tenha uma *necessidade* interior de lutar, em vez de mera disposição para lutar em certas circunstâncias.

Além dessas questões metodológicas sobre a teoria geral de Lorenz, há certamente dúvidas consideráveis acerca da maneira como ele extrapola dos animais para os seres humanos. (Essa foi também uma crítica importante feita a Skinner.) Em *A agressão*, Lorenz extrai a maioria de seus exemplos de peixes e aves, bem menos de mamíferos e praticamente nada de nossos parentes mais próximos, os grandes macacos. Mas ele tem condições de argumentar por analogia que, se os peixes e as aves são inatamente agressivos, o comportamento humano está sujeito às mesmas leis básicas. A agressão pode ser inata a peixes territoriais, ou a cervos no cio – mas dizer que isso se aplica a seres humanos é no mínimo bastante discutível. A analogia deve ser considerada fraca. Ela seria mais forte se Lorenz tivesse feito estudos detalhados de nossos parentes mais próximos, os chimpanzés e os gorilas, como fizeram etologistas mais recentes como Jane van Lawick-Goodall e Diane Fossey.

Mas mesmo as evidências advindas dos grandes símios estão longe de provar a natureza essencial da humanidade, ainda que muitos escritores evolucionistas tentem nos fazer acreditar no contrário, visto que as *diferenças* entre os seres humanos e outros animais podem ser tão importantes quanto as semelhanças. De modo geral, mostrar que X evoluiu a partir de Y não prova que X seja Y, não seja senão Y ou seja essencialmente Y. Mesmo que se pudesse provar que o conflito sectário, étnico ou racial (por exemplo, em Los Angeles, na Irlanda do Norte ou na Bósnia) evoluiu dos mecanismos de defesa territorial de tribos de homens-macacos, isso não prova que os homens não passem de macacos. De todo modo, as teorias sobre o comportamento pré-humano, como as sugestões de Lorenz sobre a competição entre tribos hostis, são altamente especulativas, sendo difícil ver como podemos encontrar hoje sólidas evidências a favor ou contra elas.

Essas dúvidas têm, portanto, de afetar a característica fundamental da teoria da natureza humana proposta por Lorenz – a idéia da agressão inata. Porque, se a analogia com os animais não constitui prova, temos de fazer observações diretas do comportamento humano para verificá-la. No tocante a isso, Lorenz é tão amador quanto nós que não somos antropólogos sociais nem sociólogos. Temos de ver não suas especulações, mas os fatos. Os antropólogos sociais têm descrito algumas sociedades das quais a agressão está notavelmente ausente. Isso indica que a agressão é mais aprendida socialmente do que inata. Nas modernas sociedades industriais, a violência aberta varia de acordo com a posição social. Alguns podem sugerir que a competição econômica de classe média é tão "agressiva" como a briga de gangues da classe trabalhadora, mas nesse uso o termo está recebendo uma ampliação de sentido para cobrir mais do que a violência física ou a ameaça dela. Uma definição conceitual mais clara da agressão é um pré-requisito de uma investigação mais ampla, e essa investigação parece ao menos tão sociológica quanto biológica. Temos de avaliar a teoria da agressão humana inata proposta por Lorenz como uma generalização especulativa não comprovada advinda de suas observações dos animais.

A agressão sem dúvida traz problemas urgentes para a humanidade. Ao longo da história, tribos, raças e nações têm feito as mais terríveis coisas umas contra as outras, e todos os dias os noticiários trazem mais exemplos disso vindos de todo o planeta. Os mais insolúveis problemas políticos e militares de todo o mundo envolvem a hostilidade intercomunitária, e a própria sobrevivência da espécie humana na terra é ainda ameaçada pela existência de armas nucleares, químicas e biológicas. Há esperança no fato de a hostilidade entre nações ou alianças poder às vezes se alterar com relativa rapidez; por exemplo, a Guerra Fria durou menos de cinqüenta anos, o que não é muito em termos históricos. Mas, no nível ético, é deprimente refletir sobre a hostilidade transmitida no curso dos séculos de geração a geração em tantas partes do mundo.

Não é fácil compreender e explicar, ou ao menos definir, a agressão. A hipótese freudiana/lorenziana de um impulso ou instinto agressivo específico que busca constantemente liberação parece hoje, no mínimo, uma simplificação excessiva. Uma concepção mais plausível, que confere ao ambiente social um papel crucial, é a de que nossos genes nos predispõem a nos mostrar altamente agressivos uns com os outros de maneiras caracteristicamente comunitárias, mas somente em certas condições sociais.

Teóricos evolucionistas como Lorenz, que investigam a etologia ou a sociobiologia humanas, têm sido criticados por aqueles que sustentam que, com a exceção de universais biológicos mais evidentes como comer, dormir e copular, o comportamento humano depende bem mais da cultura do que da biologia. Parte desse protesto pode refletir o ressentimento de sociólogos e antropólogos sociais com respeito a outros acadêmicos, que são vistos como "invadindo seu território". Mas os críticos também manifestaram a suspeita acerca das motivações ideológicas que estão na base de teorias segundo as quais certas formas de comportamento humano como a agressão e a competição são inatas à nossa natureza biológica. Eles percebem o perigo de que essas alegações sejam usadas para justificar como "naturais" ou "inevitáveis" certas práticas sociais – como o estímulo à agressividade, a predominância masculina, as guerras e os preparativos para a guerra ou sistemas econômicos competitivos. Mas, é claro, pode haver motivações sociais e políticas por trás de algumas das *resistências* a alegações sociobiológicas. Nesses, como em outros casos, não podemos nos contentar com o ataque às motivações uns dos outros: temos de nos encarregar da árdua tarefa de investigar as provas em favor das próprias alegações.

Sugestões de leitura

Para a primeira formulação clássica da teoria da evolução por Darwin, ver seu *Origin of Species*, reimpressa na série de clássicos da Pelican em 1968, e num volume Mentor em brochura da New American Library, Nova York[10].

Para uma cuidadosa discussão crítica das pretensões científicas do "criacionismo", ver Philip Kitcher, *Abusing Science: the Case against Creationism*, Cambridge, Massachusetts, MIT Press, 1982; Milton Keynes, Open University Press, 1983.

Para um proveitoso panorama da etologia e de sua relação com outras disciplinas, ver Robert A. Hinde, *Ethology*, Londres, Fontana, 1982.

O principal texto a que se fez referência aqui é Konrad Lorenz, *On Aggression*, trad. Marjorie Latzke, Londres, Methuen, 1966; Nova York, Bantam Books, 1974. A última obra de Lorenz, *Behind the Mirror, A Search for a Natural History of Human Knowledge*, Londres, Methuen, 1973, prometia um diagnóstico mais geral do mal-estar da civilização, mas parecer ter ficado incompleta[11].

Para críticas a Lorenz e outros diagnósticos etológicos da condição humana, ver Erich Fromm, *The Anatomy of Human Destructiveness*, Greenwich, Connecticut, Fawcett Publications, 1973; *Man and Agression*, 2.ª ed., org. M. F. Ashley Montagu, Nova York, Oxford University Press, 1973; e Steven Rose, R. C. Lewontin e Leon J. Kamin, *Not in Our Genes: Biology, Ideology and Human Nature*, Harmondsworth, Penguin, 1984.

---

10. Há várias edições dessa obra em português. A mais recente é Charles Darwin, *A origem das espécies e a seleção natural*, 5.ª ed. São Paulo, Hemus, 2000. (N. do T.)

11. Trad. bras. Konrad Lorenz. *A agressão. Uma história natural do mal*. São Paulo, Martins Fontes, 1973. (N. do T.)

PARTE V
CONCLUSÃO

12. PARA UMA COMPREENSÃO UNIFICADA: NOVE TIPOS DE PSICOLOGIA

A expectativa de terminar este livro com alguma verdade definitiva ou total a respeito da natureza humana seria uma tolice. As verdades definitivas não parecem estar ao alcance de nós, seres humanos finitos, exceto talvez na matemática – ainda menos em se tratando de um tópico tão complexo e controverso quanto a natureza humana. Assim, não tenho uma décima primeira teoria a oferecer, mas antes um convite a tentar reunir aquilo que parece mais aceitável a partir das que aqui examinamos – e de muitas outras. Embora alguns leitores possam pensar as várias teorias como candidatas à nossa adesão, elas não são incompatíveis entre si em todos os aspectos. Cada uma dessas teorias pode sem dúvida dar alguma contribuição positiva à nossa compreensão de nós mesmos e de nosso lugar no universo. A menos que se tenha um compromisso especial com uma estrutura de pensamento em particular, o tipo de adesão total e exclusiva a um "sistema fechado" que discutimos no Capítulo 1, pode-se ver cada concepção enfatizando (embora talvez *superenfatizando*) diferentes aspectos da verdade cabal e intrincada sobre a natureza humana. Assim, pode-se começar a ver as diferentes teorias adicionando-se e não anulando-se umas às outras.

Para esse projeto conciliatório, aventuro-me a sugerir que o sistema de pensamento de Kant (desde que com algumas modernizações) é o mais abrangente, aquele que tem mais condições de incluir o que há de aceitável em outras concepções numa concepção geral coerente. Sua distinção entre diferentes tipos de verdade ou níveis de teorização – *a priori* e *a posteriori*[1] – permite que reconheçamos um lugar tanto para a reflexão puramente filosófica quanto para resultados científicos baseados na observação. Kant, naturalmente, escreveu antes de Darwin, mas nada há que nos impeça de integrar a teoria da evolução ao lado empírico de seu pensamento. Logo, podemos chegar tanto a uma conclusão *a priori* do que distingue os seres humanos como pensadores racionais e agentes morais quanto a conclusões *a posteriori* de como esses fatos de percepção, de pensamento, de sentimento e de ação evoluíram e vieram a tomar corpo em nossa espécie biológica. Por meio do estudo empírico da história e da antropologia, podemos ter uma compreensão de como a expressão das faculdades humanas se desenvolveu nas várias culturas humanas. E talvez possamos acalentar algumas esperanças de um progresso ético, político e social no futuro.

Uma das grandes questões que Kant levantou foi até que ponto as ações e os pensamentos humanos são suscetíveis de explicação científica. Surge aqui uma multiplicidade de difíceis problemas filosóficos. Quem crê, como

---

1. Em latim no original: respectivamente "dedutivo", ou "a partir de hipóteses", e "indutivo", ou a "a partir da observação". (N. do T.)

Platão e Descartes, que somos essencialmente almas não materiais vai considerar nossa natureza mais caracteristicamente humana como além de toda e qualquer investigação científica. A questão metafísica de dualismo ou do monismo tem de ser enfrentada – somos feitos somente de matéria ou a consciência é necessariamente de natureza não material? São os estados mentais (por exemplo, sensações, emoções, crenças, desejos) e os estados cerebrais (os processos elétricos e químicos investigados pelos neurofisiologistas) duas coisas distintas ou apenas dois aspectos de um só conjunto de eventos? Entre as teorias consideradas neste livro, apenas Platão é um dualista inequívoco, e isso somente em algumas partes de sua obra: aleguei que o dualismo de corpo e alma não é essencial à sua teoria dos três elementos em conflito no âmbito da natureza humana.

Mesmo que rejeitemos um dualismo de substâncias, ainda parece haver algo de característico acerca da ação e do pensamento humanos que torna inadequada a explicação científica em termos de causas e leis da natureza. Encontramos uma dualidade de *aspectos* (propriedades ou vocabulários) humanos – mentais e físicos – inevitável na prática, mas também isso causa perplexidade filosófica. Uma maneira tradicional de levantar esse conjunto de questões consiste em perguntar como há espaço para o livre-arbítrio num mundo de causas determinantes; mas recentemente essa pergunta tem sido vista como parte de outra questão: como há espaço para a *racionalidade* num mundo físico, como pessoas cujo funcionamento cerebral consiste em desencadear sinapses podem dispor de razões para suas crenças e seus atos. Como vimos, essas interrogações são fundamentais no pensamento de Kant, estão envolvidas na avaliação crítica de Freud e de Skinner, e são apresentadas de maneira notável, embora singularíssima, por Sartre. Elas ocupam o centro da filosofia contemporânea da mente e da ação, sendo fundamentais para a psicologia e para todos os estudos da natureza humana.

Ainda está cercada de dificuldades e controvérsias profundas a maneira exata de se entender a psicologia e as outras ditas ciências da natureza humana – o que estudam, quais seus métodos e dados e a que tipos de resultados e de teorias podem aspirar a chegar. Nos dois capítulos anteriores, examinei duas teorias supostamente científicas da natureza humana, as de Skinner e Lorenz, mas elas representam apenas dois tipos particulares de psicologia. Tem havido uma ampla variedade de escolas de pensamento e metodologias no âmbito da psicologia, e ainda restam diferenças significativas. Fazendo um panorama histórico, eis algumas das principais respostas à pergunta "O que é a psicologia?".

1. Estudo da *alma*, como sugere a etimologia da palavra "psicologia"[2]. (Uma maneira de interpretar isso é como o amor à sabedoria – *philo-sophia* –, sobre como viver, como preparar-se para a morte e talvez para uma vida após a morte, métodos práticos de autodisciplina, ensino, psicoterapia, desenvolvimento ou orientação espiritual, meditação ou oração, como nas várias tradições religiosas e, em certa medida, em Sócrates e Platão.)

2. Estudo dos conceitos de capacidades e operações mentais ("psicologia moral", "psicologia filosófica". As tradições religiosas envolvem algumas dessas concepções, mas estas são desenvolvidas de modo mais sistemático em Platão, Aristóteles, Kant e na filosofia moderna).

---

2. *Psyche* é a palavra grega para "alma". (N. do T.)

3. Estudo dos *estados de consciência* (como concebidos pelos empiristas clássicos como Locke, Hume e J. S. Mill; os psicólogos introspeccionistas como Wundt e William James; e Freud, na interpretação de sonhos e fantasias; algumas modalidades de psicologia da *Gestalt* e de fenomenologia).

4. Estudo das *ações humanas* em seu contexto social, como definidas pelas intenções dos seres humanos (por exemplo, psicologia social e boa parte da sociologia e da antropologia social; o estudo freudiano dos lapsos, dos chistes e do comportamento neurótico; a psicanálise existencial de Sartre).

5. Estudo do *comportamento*, compreendido como movimentos físicos do corpo, sem interpretação em termos de intenções ou propósitos (por exemplo, Pavlov e comportamentalistas americanos como Skinner, que estudaram o comportamento de animais em condições controladas em laboratório).

6. Estudo do *comportamento*, entendido como movimentos físicos do corpo, sem envolver intenções mas admitindo a interpretação em termos de *função biológica* e *origem evolutiva* (os etologistas, incluindo Tinbergen e Lorenz, que estudaram o comportamento natural dos animais no próprio *habitat*).

7. Estudo da natureza e do desenvolvimento de *estruturas e processos cognitivos*, que são considerados tanto a base do comportamento e dos estados de consciência como sua explicação (a teorização de alto nível de Piaget, Chomsky e a "ciência cognitiva" contemporânea).

8. Estudo da natureza e do desenvolvimento de *estados e processos motivacionais e emocionais*, que são considerados tanto a base do comportamento e dos estados de consciência como sua explicação (a teorização de alto ní-

vel de Freud e de psicanalistas do desenvolvimento posteriores como Bowlby, bem como de alguns etologistas como Lorenz).

· 9. Estudo de *estados e processos fisiológicos* do cérebro e do sistema nervoso central, que são considerados tanto a base do comportamento e da consciência como sua explicação.

A definição de psicologia de William James foi "estudo científico da vida mental", algo amplo e vago o bastante para abranger todas essas tendências. Mas a disciplina acadêmica da psicologia que se desenvolveu nos departamentos universitários do século XX tendem a se restringir a questões definidas com muito cuidado acerca de tópicos específicos. Boa parte dela se concentrou por algum tempo em (5) e, mais recentemente, em (7) e (9). O emotivo e o social – para não mencionar o filosófico ou espiritual – muitas vezes não têm sido vistos como passíveis de um tratamento científico preciso. Logo, a maioria dos psicólogos experimentais tem sido cautelosa em falar de algo tão geral quanto "natureza humana". Os tópicos (1) e (2) têm sido sintomaticamente descartados como "fora dos limites" em termos profissionais. Houve recentemente certa ampliação da abordagem, como por exemplo na noção de Jerôme Bruner da "psicologia cultural", que se propõe a tornar (4) seu território natural, estando (7) e (8) bastante envolvidos na explicação.

A concentração evolucionista de Lorenz em (6) tem-se mostrado, apesar de todas as suas falhas, mais fértil do que a restrição de Skinner a (5). Em 1975, E. O. Wilson publicou seu *Sociobiologia: a nova síntese,* em cujo último capítulo alega que os novos métodos daquilo que denomina "sociobiologia" podem ser aplicados aos seres humanos e vão revolucionar as ciências sociais. No livro seguinte, que traz o pretensioso título de *Sobre a natureza humana*, Wilson aplicou sua abordagem evolucionista a algumas categorias específicas do comportamento humano, incluindo a agressão, o sexo, o altruísmo e a religião. Outros biólogos criticaram acaloradamente tanto as alegações científicas da sociobiologia quanto o que viram como pronunciamentos sociais e políticos reacionários feitos a partir de uma base supostamente científica.

Tocamos aqui mais uma vez na questão da ideologia (levantada no Capítulo 1 e em nossa discussão sobre Marx). Qualquer modo de vida humano supõe algumas crenças acerca da natureza humana; e, quando uma tal crença fundamental imbui seus modos de pensamento e de ação, as pessoas em geral resistem a alterá-la. Os proponentes da mudança social podem apelar a suas próprias alegações acerca da natureza humana, talvez inspirados pela ênfase de Marx na idéia de que a cultura humana molda a natureza humana. Portanto, sempre que se mencionam provas supostamente científicas em favor de alegações sobre nossa evolução, ou sobre diferenças entre as raças, os sexos e as classes sociais dos seres humanos, temos de estar alertas para a possibilidade de essas asserções poderem servir ao interesse de certos grupos sociais em detrimento dos de outros. As provas factuais podem mostrar apenas como as pessoas se comportaram até agora em certas formas de sociedade que podemos desejar mudar. Por exemplo, o movimento feminista levantou importantes questões sobre até que ponto as diferenças entre homens e mulheres decorrem de tendências inatas, biológicas, "naturais", e sobre até que ponto resultam do condicionamento cultural que serve aos interesses dos homens.

Nas décadas de 1980 e 1990, houve uma grande explosão de teorizações de base evolucionista sobre a natureza humana, e a expressão "psicologia evolucionista" entrou em voga por causa das controvérsias políticas em torno da "sociobiologia". Boa parte dos escritos recentes, embora vise ser estritamente científica, tem certo apelo popular, já que promete alguma explicação e algum diagnóstico da condição humana e, talvez, algumas prescrições de política, mas esses escritos são moral, política e filosoficamente controversos justamente por essa razão. Se aprendemos alguma coisa com este livro, trata-se do fato de que a avaliação filosófica crítica sempre é necessária quando são propostas novas teorias sobre a natureza humana.

É indiscutível que existem *algumas* tendências inatas na natureza humana – por exemplo, o comportamento sexual tem óbvias raízes em nossa natureza biológica. Mas mesmo esse exemplo incontornável levanta de imediato problemas e dúvidas, uma vez que as formas assumidas pela sexualidade variam consideravelmente de sociedade para sociedade, e, em celibatários religiosos como monges e freiras, sua expressão pode ser deliberadamente suprimida. Temos por certo alguns impulsos biológicos inatos – mas aparentemente somos únicos na maneira pela qual nosso comportamento depende da cultura humana particular na qual crescemos e, em certa medida, de escolhas individuais. (Discriminaram-se diferenças culturais rudimentares em alguns símios, mas nada que se compare com a escala humana.)

A cultura é, portanto, crucial para a natureza humana. Embora com certeza estivesse errado em ver os meios de influência cultural como redutíveis aos mecanismos do condicionamento operante que impôs a seus animais de laboratório, Skinner acertou ao reconhecer a enorme influência da cultura e do ambiente social sobre todos indivíduos humanos a partir do nascimento. (Nas economias capitalistas que ora dominam o mundo, boa parte da influência é obviamente exercida pela força do dinheiro.)

O próprio estudo da evolução humana nos leva ao estudo das culturas humanas; por exemplo, pode muito bem haver uma interação de mão dupla entre o uso de instrumentos e o desenvolvimento das mãos e do cérebro humanos, bem como entre o aumento do tamanho do cérebro e a crescente sofisticação dos seres humanos no que se refere à linguagem e à organização social. Não obstante, nossos sistemas culturais de significação implicam valores e crenças – teorias da natureza humana no sentido amplo do termo usado neste livro, incluindo uma concepção do lugar e do propósito globais dos seres humanos no universo e, por conseguinte, uma crença de cunho religioso, ainda que não necessariamente de conteúdo metafísico transcendente. (O confucionismo e a "a religião dentro dos limites da simples razão", de Kant, são dois exemplos distintos disso, em contraste com as crenças transcendentes do hinduísmo, do judaísmo, do cristianismo e da teoria platônica das Formas.)

É evidente que a religião tem imenso poder emocional sobre a maior parte dos seres humanos, em comparação com a abordagem puramente racional da ciência e da filosofia, que são interesses de uma minoria. Mesmo para aqueles que diriam (como Freud e Marx) que o conteúdo metafísico das crenças religiosas é ilusório, surge a questão óbvia: por que todas as sociedades humanas conhecidas sofrem de alguma forma dessa ilusão? Isso pode ser explicado em termos da teoria psicanalítica (o desejo de uma imagem paterna), em termos sociológicos, como alegaram Marx e Durkheim, ou em termos evolucionistas, como sugerem Wilson e outros? Essas várias explicações redutoras são intelectualmente interessantes; mas alguma delas é de fato convincente? Não é a religião uma tentativa de lidar com problemas que afetam *qualquer* ser humano, por mais confortável que seja sua situação e em qualquer sociedade, como quer que tenha sido reformada – como enfrentar a inevitabilidade da própria morte e da morte de entes queridos, como lidar com a própria consciência do fracasso e do erro e como saber o que buscar e o que esperar?

Não obstante, há que se enfrentar a questão filosófica de se o conteúdo transcendente das asserções religiosas é ilusório ou não. Formulamos interrogações críticas como essas sobre o cristianismo no Capítulo 4, e descobrimos que Kant as expressava em suas últimas meditações sobre a religião. A avaliação de alegações religiosas é um roteiro para inquirições filosóficas centrais acerca do significado, da epistemologia e da metafísica. As explicações psicológicas ou sociológicas da religião dependem de pressupostos acerca do significado e da verdade ou falsidade das crenças a ser explicadas. Por conseguinte, são inevitáveis as questões filosóficas sobre a religião.

Ao final de um livro que apresenta parcela tão grande de generalizações e *teorizações*, vale a pena recordarmo-nos quanta compreensão da natureza humana adquirimos de maneira prática, não teórica, a partir de nossa experiência com casos particulares. Vêm naturalmente em primeiro lugar nossas próprias experiências individuais de vida – as pessoas com quem nos relacionamos e as comunidades e culturas nas quais vivemos. Mas o estudo da história e da antropologia social pode levar nossos relacionamentos para além de nossa reduzida experiência própria, a outros indivíduos e sociedades, distantes no tempo ou no espaço, com seu próprio caráter particular.

Recordemos ainda que a literatura nos apresenta casos particulares imaginários, mas em outro sentido bem "reais", de homens e mulheres que exibem sua natureza humana em sentimentos, pensamentos e ações. Nas obras mais grandiosas, nossa compreensão da natureza humana se amplia e aprofunda, embora nem sempre possamos exprimi-la com palavras. Para tomar um exemplo óbvio mas infalível, consideremos as peças de Shakespeare, interpretadas por bons atores. As obras ficcionais que gozam de maior popularidade na televisão e no cinema contemporâneos tendem a apresentar personagens, bem como situações sociais/culturais, vazias e estereotipadas, restringindo assim, em vez de expandir, nossa compreensão da natureza humana. (Platão se deu conta de como pode ser enorme a influência das artes e da "mídia", para o bem ou para o mal.) Mas a compreensão pode, no entanto, ser aprofundada mediante a atenção a casos particulares, sejam os encontrados em nossa própria experiência, os relatados pela história ou pela antropologia ou apresentados pela imaginação na arte em geral.

A natureza humana como tópico rompe as fronteiras entre as ciências e as humanidades. Problemas sociais e políticos mundiais clamam por uma melhor compreensão da natureza humana – e muitas vezes os problemas técnicos são solúveis, mas o que parece insuperável são os obstáculos políticos, sociais e psicológicos. Mesmo na paz e na abundância, permanecem problemas existenciais, dilemas e tensões individuais. Não há contradição entre a esperança de Kant no progresso social e seu reconhecimento da necessidade de cada pessoa chegar a um acordo com seu próprio destino individual, *sub specie eternitatis*. Parafraseando Alexander Pope, o estudo adequado dos seres humanos é a natureza humana e a condição humana[3].

---

3. Alexander Pope afirmou, em seu *Ensaio sobre o homem* (*An Essay on Man*), que "o estudo adequado da Humanidade é o Homem". (N. do T.)

Sugestões de leitura

Para descrições gerais da história da psicologia, ver os livros recomendados ao final do capítulo sobre Skinner. Em *Acts of Meaning*[4]. Cambridge, Massachusetts, Harvard University Press, 1990, Jerôme Bruner traça um panorama do progresso da psicologia e recomenda a "psicologia cultural". Para uma introdução recente e inovadora a uma variedade de abordagens da teoria da personalidade e da psicologia social, ver *Understanding the Self*, org. R. Stevens, Londres, Sage, 1996. Um livro de referência repleto de artigos fascinantes sobre uma imensa variedade de tópicos é *The Oxford Companion to the Mind*, org. R. L. Gregory, Oxford, Oxford University Press, 1987.

Para a abordagem sociobiológica da natureza humana de E. O. Wilson, ver o último capítulo de *Sociobiology: The New Synthesis*, Cambridge, Massachusetts, Harvard University Press, 1975, e *On Human Nature*[5], Cambridge, Massachusetts, Harvard University Press, 1978.

Para descrições filosóficas da sociobiologia, ver M. Ruse, *Sociobiology: Sense or Nonsense?*, Dordrecht, Reidel, 1979[6]; Mary Midgeley, *Beast and Man: The Roots of Human Nature*, Londres, Methuen, 1980; F. von Schilcher e N. Tennan. *Philosophy, Evolution and Human Nature*, Londres, Routledge, 1984; e Philip Kitcher, *Vaulting Ambition: Sociobiology and the Quest for Human Nature*, Cambridge, Massachusetts, MIT Press, 1985.

Robert Wright. *The Moral Animal: Evolutionary Psychology and Everyday Life*, Nova York, Pantheon Books, 1994; Londres, Abacus, 1996, reúne de modo perspicaz as idéias e a bio-

---

4. Bruner, Jerôme. *Atos de significação*, Porto Alegre, Artes Médicas 1997. (N. do T.)

5. Trad. bras. *Da natureza humana*, São Paulo, Edusp, 1981. (N. do T.)

6. Trad. bras. *Sociobiologia: senso ou contra-senso*, Belo Horizonte, Itatiaia; São Paulo, Edusp, 1983. (N. do T.)

grafia de Darwin, recentes desenvolvimentos na teoria da evolução e sua aplicação à natureza humana. Para boas introduções à teoria evolucionista e à genética contemporâneas, ver Richard Dawkins, *The Selfish Gene*, Oxford, Oxford University Press, 1989, e Steve Jones, *The Language of the Genes*, Londres, Flamingo, 1994.

Dois pontos de entrada na explosão de escritos sobre questões feministas no tocante à natureza humana são: Jean Grimshaw, *Feminist Philosophers: Women's Perspectives on Philosophical Traditions*, Mineápolis, University of Minnesota Press, 1986; Brighton: Wheatsheaf Books, 1986; e Alison Jaggar, *Feminist Politics and Human Nature*, Totawa, Nova Jérsei: Rowman e Allenheld, 1983; Brighton, Harvester Press, 1983.

Uma interessante seleção de leituras, que vão da revolução científica do século XVII a recentes discussões de temas "pós-modernistas", é *Knowledge and Postmodernism in Historical Perspective*, org. Joyce Applleby *et al.*, Nova York, Routledge, 1996.

Roger Scruton, *An Intelligent Person's Guide to Philosophy*, Londres, Duckworth, 1996, é um introdução anticonvencional ao assunto, alimentada por sua convicção de que "a verdade científica tem a ilusão humana como seu subproduto regular, e [de] que a filosofia é a nossa arma mais eficiente na tentativa de resgatar a verdade do interior dessa condição" – uma mensagem que espero que este livro tenha reforçado.

ÍNDICE REMISSIVO

Adler, 239
Agir desinteressado, 45-6
Agostinho, Santo, 112, 121, 156, 158, 165, 208, 244
Agressão, 218, 225, 239, 298-320
Alienação, 10-1, 76, 189-93, 204-8
Alma, 17, 70-5, 81-4, 89, 103, 106, 112-20, 138, 165, 170, 183-4, 325-6
Analíticas, 26-8, 163
Angústia, ansiedade, 77, 255
Animais, 27-8, 169, 174, 202, 220, 240, 273, 283, 300-2, 306-11, 316, 327
Aparências, 69, 76, 81-4, 131-3, 163, 171-3, 246
Aquino, Santo Tomás de 120, 158
Ardrey, R., 304
Aristóteles, 12, 107-8, 130, 138, 156, 158, 167-8, 182
Artes, 132, 152, 155, 333

Ateísmo, 6, 103, 193, 245-50
Atman, 72-4, 79
Autêntico, autenticidade, 244, 265-7
Autoconhecimento, 129, 171-2, 177, 221, 231, 260-3, 272

Bakúnin, 191
Benevolência. *Ver* Virtudes
Berlin, I., XII
Bíblia, 6, 96-122, 177
Biologia, 13, 100, 203, 219, 251-2, 299-306, 319
Bowlby, 328
Brahman, 66-76, 81-9, 91
Brentano, 215, 251
Breuer, 216, 225, 230
Brücke, 215
Bruner, 328, 334

Calvino, 159
Caminho dos Sábios, O, 37-9, 44

Capitalismo, 9, 17, 187, 192-200, 205-12, 305, 331
Catolicismo, 8, 97, 120
Charcot, 215
Chomsky, 288-91, 295-6, 327
Chuang-Tzu, 62
Ciência, 12, 29, 32, 159-65, 170, 194, 198, 220, 235-41, 279, 282, 304, 335
Civilização. *Ver* Cultura
Classe, 12, 61, 94, 153-4, 200, 204-11, 318
Clássicos, 48-54
Comportamentalismo, 271-91, 327-9
Comunismo, 7-12, 17-8, 187, 191-200, 208-11
Condicionamento, 273-98, 327-8
Condorcet, 160
Confucionismo, Confúcio, 13, 15, 35-62, 97, 179, 331
Conhecimento. *Ver* Teoria do Conhecimento
Consciência, 74, 84, 87, 201, 209, 220-2, 246, 251-2, 257-65, 266-7, 272, 310
Criacionismo, 100-1, 105-7, 302
Crianças, infância, 152, 175, 203, 225-9, 240
Cristianismo, 7-11, 16-8, 96-122, 162, 187, 210, 212, 244, 264, 302-4, 331
Culto, 36, 65, 82-92, 108, 115-6, 131
Cultura, 5, 41, 116, 219, 228, 232, 293-5, 311, 318-9, 328-33

Darwin, 13, 100, 197, 220, 299-304, 324, 335
Dawkins, 314, 335
de la Méttrie, 139
Decreto do Céu, 36-41, 46, 52
Definição. *Ver* Analíticos
Democracia, 8, 107, 127-8, 148, 155-6
Descartes, 164, 170
Destino, 36-7, 40, 46
Determinismo, 6, 10, 17, 76-8, 164, 170-3, 208-9, 221, 254, 284, 290-3
Deus, deuses, 6-7, 9-11, 16-8, 30-1, 37-8, 66-8, 73, 81-92, 98-104, 131-2, 136, 162, 165, 180-3, 190, 244-50, 278
Dostoiévski, 250
Dualismo, 107, 111, 121, 137-9, 164, 170, 219, 251, 331
Durkheim, 190, 331

Economia, 5, 7, 9, 17, 194-200, 205-11, 303
Édipo, complexo de, 226
Educação, 47, 60, 134, 151-2, 176, 211-2, 228, 293-4
Egoísmo, 14, 42-3, 56, 76, 171-9
Emoção, 141-2, 166, 174, 216, 223, 254-5, 327
Empírico 28-32, 274, 285-6
Engels, 191-3, 203
Epifenomenalismo, 201
Epistemologia. *Ver* Teoria do conhecimento
Espinosa, 159, 263
Etologia, 298-9, 305-10, 327

ÍNDICE REMISSIVO

Evolução, 6, 13-5, 100, 105, 197, 220, 299-304, 324
Existencialismo, 8, 150, 193, 243-68
Explicação do comportamento, 221, 236-40, 265-7, 272-90, 305, 323-8, 333

Falsificabilidade/falsificação, 29-32, 102-3, 254-8, 315
Família, valores familiares, 43-8, 94, 152, 203, 223-9
Fêmea, feminismo, X, 7, 41, 61, 107, 112, 143, 156, 203, 216, 226, 329, 335
Fenomenologia, 246-7, 327-8
Feuerbach, 190-1, 205, 245
Formas, teoria das, 70, 131-8, 152
Fossey, D., 317
Freud, freudiano, 13, 20, 139, 190, 212, 214-42, 253, 263, 305, 310-5, 326-32
Fromm, 229

Galileu, 159
Genes, genética, 274, 281, 300
Graça, 89-90, 117, 121-2, 179-84

Hegel, 184, 188-94, 205, 244-9, 261
Heidegger, 246-50, 255, 267
Hinduísmo, 15, 64-94, 97
Hipnotismo, 215, 236
Histeria, 215-6, 222, 230
História, 9, 18-9, 30-1, 184, 188-200, 303, 322

Hobbes, 13, 159
Homossexualidade, 25-6, 143
Hsun-tzu, 54, 57-62
Hume, 100, 159, 180, 193, 327
Husserl, 247-9

Id, ego e superego, 218, 223-8, 280
Ideologia, 14, 20-4, 193-203, 233, 302, 319, 329
Iluminismo/Ilustração, XI, 13, 159-63, 184, 187
Imaginação, 167-8, 247, 253
Inato, 138, 285-6, 289-319
Inconsciente, 217-27, 230-2, 235, 253, 257, 263, 280
Instintos, 218, 223, 232, 240, 299, 306-19
Introspecção. *Ver* Autoconhecimento
Islamismo, 9, 96, 98, 116, 158, 196

Jaggar, A., 213
James, W., 272, 327-8
Jeanson, M., 268
Jesus, 9, 17, 111-22, 207
Judaísmo, 9, 96-111, 219, 331
Juízos de valor, 8, 25-6, 135-6, 204, 250, 262-7, 278, 294
Jung, 239

Kant, 15, 100, 158-86, 207-8, 263-7, 285, 291, 295, 305, 323-6, 331
Karma, 77, 84
Kierkegaard, 165, 245, 255, 267
Kitcher, P., 303, 320
Koestler, A., 304

Lamarck, 301
Lênin, 209
Liberalismo, 8, 14
Liberdade, livre-arbítrio, 6, 10, 17, 77-8, 84, 90-1, 107, 121, 163-5, 170-3, 208-10, 221, 243-67, 275-6, 291-3, 309
Linguagem, 276, 288-91
Literatura, 243-7, 275-6, 332-3
Locke, 159, 327
Lorenz, XII, 13, 15, 240, 272, 298-320, 327-8
Lutero, 159

Má-fé, 259-64
Mal, XI, 16-7, 56-7, 102, 108, 112, 176-81
Marx, marxista, 6-11, 17-9, 184, 187-213, 221, 244-51, 266, 285, 293-4, 303, 329, 331
Materialista, teoria da história, 9, 192-200, 304
Materialista, teoria da mente, 9, 17, 106, 138-9, 164-5, 170, 200-1, 220-1, 273, 278, 331
Maya, 81-3, 88
Meditação, 75, 77, 85, 92
Mêncio, 54-62
Mendel, 300
Metafísico, metafísica, 29-32, 36, 62, 65-71, 81, 99-103, 119-20, 131-4, 163-5, 272, 285, 331-3
Mídia. *Ver* Artes
Mill, J. S., 327
Moksha, 75

Moral, filosofia; moralidade, 23, 37-8, 50-4, 92, 107-8, 135-6, 144-9, 170, 172, 175-6, 250, 262-7, 294
Morris, D., 304
Mulheres. *Ver* Fêmea, feminismo

Natural, natureza, 25-6
Neurose, 226-9
Newton, 159, 198
Nietzsche, 22-3, 114, 245-6, 250, 265-6

Panteísmo, 99, 189
Paradigmática, ação, 53-4, 60
Pascal, 165, 244
Paulo, 111-8, 139, 177, 244
Pavlov, 275, 286, 327
Pecado, 10, 42-3, 74, 108-13, 179-82
Pelágio, 121, 208
Perfeição humana, 38-41, 44-5, 49-54, 59, 174-84
Pessoas, 27, 102, 104-5, 120, 260, 293
Piaget, 327
Platão, XII, 12, 15, 28, 107, 112, 127-58, 170, 175, 224, 226, 252, 263, 277, 291, 294, 325-6, 333
Política, 5, 17, 48, 93, 127-30, 151-6, 188-93, 209-11, 248-9, 293-4, 305, 318
Popper, XII, 29, 157, 295
Positivismo lógico, 31
Pós-modernismo, XI, 22-3, 335
Protestantismo. *Ver* Reforma

Proudhon, 191
Psicanálise, 13-4, 214-42, 248, 263-4
Psicologia, XIII, 13, 170, 215-21, 232, 271-96, 323-34
Pulsões/Impulsos, 142, 174, 224, 239, 307-18

Quatro sementes da virtude, quatro tendências incipientes, 55-60

Racionalidade, razão, XI, 21-4, 105-8, 128, 141-4, 157-64, 168, 174-9, 236-9, 291, 312, 325
Ramanuja, 80, 86-95
Redenção, regeneração, 11, 19, 110-1, 115-6, 187, 212
Reforma, 97-8, 159, 162
Relativismo cultural, XI, XIII, 22-3, 128, 136, 245
Relativismo. *Ver* Relativismo cultural
Religião, experiência religiosa, 9, 12, 86-94, 97-103, 181-4, 190, 196, 219, 245-6, 264, 326, 330-1
Renascença, 159, 226-9
Renúncia, 65, 85, 89-1
Repressão, resistência, 217, 222-30, 257
Ressurreição. *Ver* Alma
Retificação de nomes, 48
Revolução, 11, 17, 192, 199, 208-10
Rousseau, 160, 179

Sábios, 38-43, 49-58, 56-61,
Salvação. *Ver* Redenção
Sartre, 6, 212, 238, 243-66, 291, 313, 327
Sexualidade, 112, 140, 149, 203, 218, 225-30, 239-40, 316, 329
Shakespeare, 333
Shankara, 80-95
Significação/Significado, 27-32, 102-3
Sistema fechado, 18-21, 233, 302, 323
Skinner, XII, 13, 15, 271-97, 316, 325-9
Smith, Adam, 190
Social, natureza dos seres humanos, 6, 42-8, 145, 179, 203, 229
Sociobiologia, 318, 328-9, 334
Sociologia, 194-204, 317-8
Sócrates, 127-30, 136, 156, 263, 313, 326
Sonhos, 218, 222, 230-7
Sumner, 303

Tao, taoísmo, 38-9, 61-2
Teoria do conhecimento, 24, 75, 79, 103, 131-7, 163-70, 306, 332
Terapia, 215-8, 230-1
Tinbergen, 327
Transcendência, transcendente, 69-70, 93, 98-104, 118, 332
Transferência, 217, 231
Tripartites, teorias da mente ou da alma, 139-51, 218, 223-5

Van Lawick-Goodall, 317
Verificabilidade, verificação, 29-32, 255-40
Vida após a morte. *Ver* Alma
Virtudes, 37-60, 107-8, 136, 144-51, 170-9, 262-7, 313, 326
Voltaire, 159, 193

Vontade, 46-7, 136, 143, 150

Watson, J. B., 272-5, 285-6
Wilson, E. O., 304, 329, 331
Wittgenstein, 252
Wundt, 272, 327

Yajnavalkya, 66-8, 77, 91

IMPRESSÃO E ACABAMENTO:
YANGRAF Fone/Fax: 6195.77.22
e-mail:yangraf.comercial@terra.com.br